Oa
3.

Oa
3.

O. ~~1290.~~ ~~1270.~~ posté

MÉMOIRES
SUR
L'ÉGYPTE ANCIENNE
ET MODERNE,
SUIVIS

D'une Description du Golfe Arabique ou de la Mer Rouge.

Par M. D'Anville, de l'Académie royale des Belles-Lettres, & de celle des Sciences de Pétersbourg, Secrétaire de S. A. S. M. le Duc d'Orléans.

A PARIS,
DE L'IMPRIMERIE ROYALE.

M. DCCLXVI.

PRÉFACE.

L'APPLICATION que j'ai donnée à l'ancienne Géographie, ne me permettoit pas de négliger l'Égypte, ce pays si célèbre dans l'antiquité. Et parce qu'il est de nécessité absolue, que les notions actuelles du local accompagnent l'étude de l'ancienne Géographie, qui privée de ce secours demeure indéterminée, sans lumière, & sans appui; j'ai recherché depuis long-temps des matériaux, dont on pût construire avec quelque solidité, & quelque richesse dans le détail, une carte de l'Égypte en son état actuel. Mon travail sur ce sujet n'est point récent ou de fraîche date. Une carte de l'Égypte moderne, renfermée manuscrite dans le porte-feuille depuis l'an 1750, ne diffère guère de celle que je publie dans le présent ouvrage, que parce qu'elle est plus resserrée dans son échelle. La lecture de cet ouvrage fera connoître; combien il m'a été avantageux de pouvoir faire usage d'une

a ij

PRÉFACE.

grande carte dreſſée au Caire en 1722, par le P. Sicard, miſſionnaire en Égypte, & dont il a paru pluſieurs écrits dans le recueil des Miſſions du Levant. LE ROI, par une faveur ſingulière, & qui m'impoſoit le devoir d'un travail ſpécial ſur l'Égypte, daigna me confier cette carte il y a environ trente-ſept ans, & je conſerve la copie très-fidèle que j'en fis alors. Il eſt de l'intérêt du Public qu'il ſoit averti, qu'une copie publiée ici en une ſeule feuille de la grande carte d'Égypte en ſept feuilles de M. Richard Pococke, n'eſt point d'après celle du P. Sicard, comme il eſt dit dans le titre de cette copie, où le nom du véritable auteur ne paroît point. Une petite carte de l'Égypte, in-férée dans un des volumes de l'Hiſtoire Romaine des PP. Catrou & Rouillé, eſt véritablement & preſque en tout, une réduction de la carte du P. Sicard, quoiqu'avec quelques changemens au-dedans & des additions extérieures à l'égard de l'Égypte, qui paroiſſent peu convenables.

Pluſieurs morceaux que j'avois recueillis avant que la carte du P. Sicard fût entre mes mains, pouvoient concourir à perfectionner la Géographie de l'Égypte. Je citerai une carte manuſcrite des

PRÉFACE.

deux principales branches du Nil au-deſſous du Caire, & juſqu'à la mer: une autre carte envoyée du Caire, par une perſonne ayant caractère en cette ville, & une grande curioſité de s'inſtruire du pays, M. Le Noir du Roule. Celle-ci me donnoit le cours du fleuve, avec un détail de poſitions riveraines (comme dans la précédente); juſqu'à Girgé, la principale des villes de la haute Égypte; & la copie que j'en ai conſervée eſt datée de 1715. On ne doit point douter que ces différens morceaux n'aient été comparés à ce qui a été publié de relations; & on ſera peut-être étonné de ne point voir citer les cartes inſérées dans la magnifique relation de M. Norden. Comment imaginer, que le cours du Nil au-deſſus du Caire, diſtribué en 29 feuilles, ne mérite aucune confiance dans ſes poſitions ? Perſonne ne ſauroit être plus ſurpris, & en même temps plus mortifié que je l'ai été, de ne pouvoir tirer aucun ſecours, & d'être au contraire en défiance continuelle, de ce que donne ce cours du Nil. Quelques défauts capitaux, & plus extraordinaires que d'autres, mis en évidence dans la ſuite de cet ouvrage, ſans entrer dans un détail qui ſeroit

a iij

infini, fuffiront pour déterminer l'opinion qu'on doit avoir fur ce fujet.

Les lieux donnés dans la carte du P. Sicard font ceux qui appartiennent à l'ancienne Géographie, felon qu'il a jugé de leur pofition; & il paroît avoir voulu n'en omettre aucun, ou peu s'en faut, nonobftant la difficulté, pour ne pas dire l'impoffi-bilité, de les reconnoître tous fur quelque indice plus ou moins fuffifant. Sa carte eft accompagnée d'une table, dans laquelle les noms anciens, du moins la plupart, ont un nom moderne corref-pondant, ce qui donne des pofitions actuelles. Plus difficile que le P. Sicard fur ce qui peut fonder la correfpondance des lieux, je n'ai point fait entrer dans la carte que je publie de l'ancienne Égypte, quelques pofitions qu'il a inférées dans la fienne. Si je ne fuis pas d'accord avec lui fur d'autres pofitions, la lecture du préfent ouvrage fera connoître les raifons qui fervent de fondement à une opinion différente fur ces pofitions. Un long exercice dans la difcuffion des points de cette nature, lorfque le P. Sicard en faifoit pour ainfi dire l'effai dans un travail qu'on lui avoit demandé fur l'Égypte; une grande familiarité avec

PRÉFACE.

les monumens de l'antiquité fur tous les objets qu'embraffe également l'ancienne Géographie, & dont il doit naître un fentiment propre à apprécier le témoignage de ces monumens, peuvent donner quelque avantage en pareille matière. La carte qui a réfulté des différens moyens de la compofer, n'eft point la même que celle du P. Sicard, quoique cette carte du P. Sicard ait beaucoup contribué à ce que l'autre peut avoir de perfection : & ce mérite feroit vraifemblablement demeuré enféveli, s'il n'étoit confervé dans l'ouvrage que je publie fur l'Égypte.

L'objet de cet ouvrage eft la Géographie d'un pays, qui eft affez connu par d'autres endroits. On eft inftruit des faifons & des qualités du climat, des productions du fol, du temps & des effets de l'inondation d'un fleuve qui fait toute la richeffe du pays. Les débris des édifices de l'ancienne Égypte font décrits, & repréfentés par des deffeins, dont plufieurs font déjà des répétitions d'après un original commun. C'eft fur la Géographie particulièrement, qu'on pouvoit defirer quelque chofe de moins imparfait que ce qui étoit donné. Dans un ouvrage fait pour accompagner des

PRÉFACE.

cartes de l'Égypte ancienne & moderne, & pour en juſtifier les poſitions, convenoit-il de répéter ſur d'autres ſujets ce que contiennent des relations, qui ſont entre les mains de tout le monde! Si donc il eſt queſtion des Pyramides, c'eſt pour examiner & concilier ce qu'on lit dans les écrits de l'antiquité ſur le lieu qu'elles occupent, relativement à une poſition auſſi importante que celle de Memphis. En parlant de la grande Thèbes, on ne répète point ce qui eſt ailleurs ſur les ruines de ſes palais : mais, entre autres circonſtances à l'égard d'un lieu de cette conſidération, la manière d'entendre les anciens ſur l'étendue d'une ville immenſe, dans des rapports qui paroiſſent contradictoires, avoit beſoin d'un éclairciſſement aſſez ſimple & naturel pour être étonné qu'il ſoit nouveau.

Il falloit s'appliquer à mettre de l'ordre & de la méthode dans un ouvrage chargé d'un grand détail. Le premier objet a été de fixer rigoureuſement le pays dans ſes limites, par des moyens convenables à une géographie poſitive. La véritable terre d'Égypte, ſuſceptible de culture & de fertilité par les inondations du Nil, a été diſtinguée des

déſerts

PRÉFACE.

déferts adjacens, & qui la refferrent; ce qui a donné lieu à une circonftance fingulière, qui eft d'en évaluer le contenu en furface. A cela fuccède la divifion du pays en provinces & diftricts, felon l'état préfent, comme dans les temps antérieurs. Le détail des objets moins généraux commence par un examen des différens bras formés par le Nil depuis fa première divifion, pour fe rendre dans la mer. Il eft queftion enfuite de faire la recherche des pofitions de lieu en particulier; & fur cet article, l'Égypte inférieure, dans laquelle ces pofitions font femées dans un efpace affez vafte, eft plus difficile à débrouiller que la fupérieure, parce que celle-ci renfermée dans une vallée, ne contient guère de pofitions qui ne fe fuccèdent dans le voifinage du Nil, que l'on remonte jufqu'à la Cataracte. La manière de procéder dans cette recherche de pofitions a été, de faire de ce qu'on trouve dans l'antiquité une application fuivie & rigoureufe au local actuel qui y correfpond. Ce n'eft que par ce moyen qu'on peut fe flatter de marcher d'un pas affuré dans cette carrière. Des lieux qui exiftent autrement que Ptolémée ne les place, principalement dans

PRÉFACE.

la partie que divifent les bras du Nil, fur lefquels il paroît grièvement en faute, mettront en évidence l'avantage d'avoir acquis quelque connoiffance d'un pays, lorfqu'on fe propofe d'y retrouver des pofitions que fourniffent les monumens de l'antiquité. Il peut fuffire de lire Cellarius, pour voir un dénombrement de lieux en Égypte, diftribué avec quelque ordre entre eux, mais non pas pour les voir fixés dans la place qui leur convient, & avoir en même temps une fidèle image du pays fous les yeux. Quand on n'aura de Géographie fur ce pays que d'après les anciens, on ne s'apercevra point du plus ou du moins d'exactitude & de précifion qu'ils y ont mife, puifque c'eft par des notions actuelles & pofitives de nos jours, qu'on en reconnoît l'infuffifance & les défauts. Il faut être prévenu, que pour trouver quelque fatisfaction dans la lecture d'un ouvrage du genre de celui-ci, on doit fuivre de l'œil fur la carte tout le détail dont il eft rempli. C'eft un effet de la liaifon intime des anciennes pofitions avec les circonftances du local qui peuvent les réclamer. Et par ce moyen, le lecteur tranfporté en Égypte, & l'ayant parcourue toute entière, depuis la mer jufqu'à la

PRÉFACE.

cataracte, pourra croire avoir fixé dans sa route les lieux principaux d'une contrée si célèbre autrefois, & qui a encore des droits sur notre curiosité. Des méprises trop étranges sur des lieux anciens dans quelques relations modernes, n'ont point paru mériter qu'on prît soin de les relever toutes.

Pour rendre complète une description de l'Égypte, il eût été indispensable de se porter sur la côte Afriquaine du Golfe Arabique, ou de la Mer Rouge, puisque l'Égypte vers le levant occupe une partie de cette côte. Mais, un travail particulier, & fait depuis long-temps sur toute l'étendue de cette Mer, m'a paru un supplément convenable à des Mémoires sur l'Égypte. Les matériaux qui m'étoient tombés entre les mains, étoient très-propres à faire desirer qu'on les mît en œuvre. Une carte Turque, dressée sur les galères du Suez, qui font annuellement route vers Giddah, le port de la Mekke, me fut communiquée il y a environ quarante ans par M. l'abbé de Longuerue. J'avois acquis dans le même temps un porte-feuille rempli de morceaux manuscrits des parties de l'Orient, & qui avoit appartenu à Melchisédec Thevenot, que l'on sait avoir été fort appliqué à de pareilles recherches. Entre autres étoient des plans particuliers de côtes & de ports renfermés dans la Mer Rouge, & qui paroiſſoient avoir été dreſſés ſur une flotte Portugaiſe, commandée dans cette mer par D. Eſtevan de Gama, & dans laquelle D. Jean de Caſtro, dont on a le journal, commandoit un bâtiment. On me fit préſent en 1740 de deux cartes manuſcrites, l'une Angloiſe, l'autre Françoiſe, dreſſée ſur un navire de la Compagnie des Indes, avec un journal, en 1734. Ces cartes me donnoient ce que la carte Turque avoit de plus imparfait, ſavoir la partie qui s'éloigne de Giddah vers le midi. Elles étoient accompagnées d'un morceau particulier, & dû à des navigateurs François, ſur la côte d'Abiſſinie.

Ces acquiſitions me déterminèrent dès la même année 1740, à dreſſer une carte de la partie reculée du Golfe entre Giddah & le Détroit, & je l'ai conſervée dans mes papiers. Mais, en 1746 je repris le travail du Golfe, pour en deſſiner la carte en entier, l'accompagnant d'un aſſez long mémoire, que je n'ai fait que réduire & mettre en meilleur ordre, dans la forme que je donne à la deſcription du Golfe Arabique ou de la Mer

PRÉFACE.

Rouge. On connoîtra par cette description, l'usage qui a été fait des différentes pièces que je viens de citer, ainsi que de plusieurs autres instructions recueillies de différens endroits. L'attention que je fais profession d'avoir sur ce qui intéresse l'ancienne Géographie, a partagé mon étude sur le Golfe Arabique entre l'antiquité & les positions actuelles. Je n'ai donc point parcouru les rivages de ce Golfe, sans chercher à reconnoître quels pouvoient être les lieux dont il est mention dans les anciens monumens ; & on doit savoir se contenter, en ne se livrant point inconsidérément aux conjectures, de pouvoir fixer les lieux principaux, & dont on desire plus particulièrement d'être instruit.

Il faut qu'on soit prévenu en jetant les yeux sur la carte, que les ombres qui accompagnent les rivages sont couchées dans les terres, à la manière des cartes marines, pour que ces ombres n'offusquent point en différens endroits ce qu'il y a de détail adjacent au rivage, & qu'il est très-important pour la sûreté de la navigation en rangeant la côte, de connoître, & de bien distinguer. Cette mer n'est pas assez spacieuse en largeur, pour qu'il fût nécessaire de l'assujettir à la projection d'une carte réduite, qui a naturellement quelque chose de répugnant par son inégalité dans le point d'échelle en changeant de hauteur. Et où il n'y a point de nécessité de pointer la carte, comme il est nécessaire de le faire dans la vaste étendue d'un Océan, la projection sphérique, ou celle qui en approche, sera toujours préférable. Au reste, si par le compte même que je rends de la construction d'une carte de la Mer Rouge, on juge que cette carte n'a pas encore acquis un degré de perfection, auquel il ne semble guère permis de prétendre; je me croirai bien dédommagé de mon travail, & autorisé de l'avoir publié, pour peu qu'on ait égard à l'état d'imperfection du même objet antérieurement. Feu MONSEIGNEUR LE DAUPHIN ayant eu connoissance de ces Mémoires, avoit daigné témoigner qu'il les verroit volontiers publiés sous ses auspices. C'est par son ordre précisément, que la carte d'*Ægyptus antiqua*, porte dans son titre, *mandato serenissimi Delphini publici juris facta*. Et il m'est trop honorable de pouvoir joindre ce grand Nom à celui des PRINCES D'ORLÉANS, qui ont singulièrement favorisé mes ouvrages, pour

PRÉFACE.

n'en pas faire mention avant que de terminer cette Préface.

TABLE DES SECTIONS.

Préliminaire.

I. *Détermination des points qui fixent l'étendue de l'Égypte en latitude.* page 2

II. *Étendue de l'Égypte sur la Mer Méditerranée. Mesure du Schêne Égyptien.* 8

III. *Largeur de la Vallée que parcourt le Nil. Examen des moyens donnés pour en établir la direction.* 15

IV. *Mesure en surface des terres de l'Égypte qu'on peut estimer être propres à la culture.* 23

V. *Division de l'Égypte en provinces.* 31

VI. *Des différens bras du Nil, & de ses embouchures dans la mer.* 41

VII. *Alexandrie.* 52

VIII. *Environs d'Alexandrie, & partie de l'Égypte inférieure sur la gauche du canal tendant à la bouche Canopique.* 63

IX. *Du Delta, entre la bouche Canopique & la Phatmétique, ou celle de Damiat.* 76

X. *Du Delta, entre la bouche Phatmétique & la Pélusiaque, & de la partie maritime jusqu'aux limites de l'Égypte.* 88

xvj

XI. *Suite de l'Égypte inférieure au levant du Nil.* 104

XII. *Continuation & fin du même sujet.* 118

XIII. *Du Caire.* 130

XIV. *De Memphis, & des Pyramides.* 138

XV. *Du lac Mœris, & des Labyrinthes.* 149

XVI. *De l'Heptanomide.* 163

XVII. *De la Thébaïde jusqu'à Thèbes.* 180

XVIII. *De Thèbes, & de ce qui reste de la Thébaïde jusqu'à la Cataracte.* 198

Description du Golfe Arabique ou de la Mer Rouge, divisée en quatre Sections. 219

MÉMOIRES

ÆGYPTUS ANTIQUA
MANDATO SERENISSIMI DELPHINI PUBLICI JURIS FACTA

Auctore D'ANVILLE
Regiæ Humaniorum Litterarum Academiæ et Scientiarum Petropolitanæ Socio, et Aurelianorum Celsiss.º Duci a Secretis.
M. DCC. LXV.

NOMORUM
(sive Præfecturarum)
Series

I. Alexandrinorum
II. Menelaïtis
III. Andropolites et Gynæcopolites
IV. Letopolites
V. Nitriotis
VI. Metelites
VII. Phthenotes
VIII. Cabasites
IX. Saïtes
X. Naucratites
XI. Phthembuthi
XII. Prosopites
XIII. Sebennytes Superior
ÆGYPTI XIV. Sebennytes Inferior
INFER. XV. Onuphites
XVI. Busirites
XVII. Xoïtes
XVIII. Mendesius et Thmuites
XIX. Neut
XX. Tanites
XXI. Sethroïtes
XXII. Arabia
XXIII. Leontopolites
XXIV. Athribites
XXV. Bubastites
XXVI. Thabasites
XXVII. Heropolites
XXVIII. Phagroriopolites
XXIX. Heliopolites
XXX. Memphites
XXXI. Arsinoïtes
XXXII. Heracleopolites
XXXIII. Oxyrynchites
HEPTA XXXIV. Cynopolites
NOMID. XXXV. Hermopolites
XXXVI. Aphroditopolites
XXXVII. Antinoïtes
XXXVIII. Oasitis Siva
XXXIX.
XL. Lycopolites
XLI. Hypselites
XLII. Aphroditopolites
XLIII. Antæopolites
XLIV. Panopolites
XLV. Thinites
ÆGYPTI XLVI. Diospolites
SUPER. XLVII. Tentyrites
XLVIII. Coptites
XLIX. Thebarum
L. Phaturites
LI. Hermonthites
LII. Apollopolites
LIII. Ombites

MENSURÆ ITINERARIÆ
MILLIARIA ROMANA, Hexapodis 756 debitis.

MÉMOIRES
SUR
L'ÉGYPTE ANCIENNE
ET MODERNE.

L'ÉGYPTE est proprement une longue vallée, qui prend du sud au nord l'espace de six degrés, & environ un tiers de degré ; & ce qui succède à cette vallée, en s'élargissant pour donner passage aux différens bras que forme le Nil près de la mer, est contenu dans un degré avec une même portion de degré. Ainsi, l'étendue de l'Égypte en longueur se renferme en ce que valent sept à huit degrés. Une pareille situation, si peu variée dans les circonstances locales, bornée à ce qui accompagne le cours d'un seul & même fleuve, paroît en rendre la description plus simple & plus facile que celle de plusieurs autres contrées, dont la célébrité dans les temps de l'antiquité, fait autant d'objets intéressans pour une curiosité bien placée. Ce qu'il y a de terres adjacentes à la vallée que parcourt le fleuve, soit du côté du levant jufqu'au Golfe Arabique, foit au couchant en fe confondant avec les déferts de la Libye, eft d'une ftérilité, qui n'a été dans aucun temps fufceptible d'amélioration par la culture : il n'étoit permis qu'à quelques races originaires d'Arabie, à des Nomades ou Pâtres, habitant les cavités des rochers, de vivre difperfés en quelques endroits du vafte continent de ces terres ingrates. Pour ce qui eft de la véritable terre d'Égypte, refferrée entre les montagnes qui forment la vallée, ou plus fpacieufe dans la partie inférieure ou maritime; l'induftrie & les travaux d'un peuple nombreux, contenu pendant une longue fuite de fiècles dans fes limites, & peu porté d'inclination à s'étendre au dehors, avoient extrêmement fertilifé cette terre, & au-delà vraifemblablement d'une abondance de production commune à d'autres contrées.

I.

Détermination des points qui fixent l'étendue de l'Égypte en Latitude.

Le Nil ne quitte la Nubie pour entrer en Égypte, qu'en franchiffant la Cataracte, au-deffous de laquelle immédiatement eft Syéné, la plus reculée des villes de l'Égypte vers le midi : c'eft de-là qu'il convient de partir, pour compter la latitude dans l'étendue de notre fujet. Les Anciens ont eftimé que cette pofition de Syéné fe rencontroit à la plus grande obliquité de l'Écliptique, sur ce que les côtés ou le contour d'un puits paroiſſoient également éclairés au ſolſtice d'été, ce qui fait dire à Lucain, *umbras nuſquam flectente Syene (lib. II, v. 587)*. Mais, on ſait que ce phénomène peut avoir lieu dans la largeur d'une zône, qui vaut une portion de degré, & il n'en réſultoit point un lieu de latitude déterminé avec préciſion. Dans la Géographie de Ptolémée, la latitude de Syéné eſt marquée 23 degrés & demi & un tiers, c'eſt-à-dire, 50 minutes. Ptolémée, dans ſon Almageſte *(lib. II, cap. 1, 2)*, rangeant Syéné ſous le parallèle où le plus long jour eſt de treize heures & demie équinoxiales, il en conclut 23 degrés 51 minutes : & c'eſt la hauteur qu'il attribuoit par obſervation à la plus grande obliquité de l'Écliptique, en quoi il témoigne être d'accord, à peu de choſe près, avec ce qu'Ératoſthène & Hipparque avoient établi. Ce n'eſt pas une minute de plus ou de moins entre la Géographie de Ptolémée & ſon Almageſte, qui mérite conſidération : c'eſt de voir par le détail de l'Almageſte, une opération particulière ſur le lieu convenable à Syéné.

Ératoſthène, Blibliothécaire d'Alexandrie, ſous le troiſième des rois Ptolémées, ou Évergète, ayant pour objet de meſurer la Terre, avoit obſervé à Alexandrie, que par l'ombre d'un ſtyle, élevé du fond d'un hémi-ſphère concave, & perpendiculaire ſur le centre de cet hémiſphère, le Soleil déclinoit de la cinquantième partie d'un cercle du méridien à l'égard du zénith, lorſqu'à Syéné le Soleil étoit jugé vertical, par la raiſon qu'un pareil ſtyle n'y faiſoit point ombre : & il en concluoit, que la différence de hauteur entre Syéné & Alexandrie étoit de ſept degrés & un cinquième, puiſque cette quantité de graduation eſt la cinquantième partie de la diviſion du cercle en 360 degrés. Cléomède, qui dans ſes théories des Météores, nous a conſervé la méthode d'Ératoſthène, ajoute, que les ſtyles, qui au ſolſtice d'hiver devoient faire ombre à Syéné & ſous le Tropique d'été, auſſi-bien qu'à Alexandrie, donnoient l'excédant de l'ombre à Alexandrie ſur celle de Syéné, de la cinquantième partie d'un grand cercle.

En partant de la détermination de Syéné à 23 degrés 50 ou 51 minutes, la différence de 7 degrés 12 minutes entre Syéné & Alexandrie, donne la hauteur d'Alexandrie à 31 degrés & 2 ou 3 minutes. Obſervée de nos jours par M. de Chazelles, elle paſſe les 31 degrés d'environ 11 minutes ; & ſi l'on ſe renferme rigoureuſement dans la différence de 7 degrés 12 minutes entre Syéné & Alexandrie, & que l'on rétrograde de la hauteur d'Alexandrie par 31 degrés 11 minutes, celle de Syéné eſt amenée à 23 degrés 59 minutes. Mais, nonobſtant l'opinion que l'obliquité de l'Écliptique pourroit avoir été plus élevée qu'on ne la connoît aujourd'hui, on a peine à ſe perſuader, qu'à un demi-degré plus au nord que l'obliquité actuelle, les ſtyles ne donnaſſent aucun ſoupçon d'ombre ſur le côté boréal. Il faudroit d'ailleurs, que la Meſure de la Terre par Ératoſthène, qui a fait le ſujet d'un Mémoire que j'ai donné à l'Académie *(tome XXVI, p. 92)*, ne fournît aucune matière à la critique, pour fe croire aftreint en toute rigueur à la différence de 7 degrés 12 minutes, fans fouffrir quelques minutes de plus entre Syéné & Alexandrie. Pour ne point rifquer d'enlever à l'Égypte quelque portion de l'étendue qui peut lui appartenir, laiffons fubfifter Syéné dans la hauteur donnée de 50 ou 51 minutes.

Mais, celle d'Alexandrie ne fait pas le terme boréal de l'Égypte. La partie maritime n'étant point rangée auffi directement vers l'eft qu'elle le paroît dans les cartes de Ptolémée, elle s'élève en portion de cercle le long de la bafe du Delta, pour s'abaiffer enfuite, & décliner au point d'être vers la bouche Pélufiaque au-deffous du parallèle d'Alexandrie, bien que dans Ptolémée la pofition de Pélufe foit plus élevée que celle d'Alexandrie. Il eft conftant par la connoiffance actuelle du local, que Rafcid près de la bouche Bolbitine, eft un lieu de latitude plus élevé qu'Alexandrie; & la hauteur obfervée par M. de Chazelles à Damiat (ou Damiette) près de la bouche Phatmétique, eft de 31 degrés 21 minutes. La pointe de Berelos, en pofition intermédiaire de Rafcid & de Damiat, & qui paroît la terre d'Égypte la plus avancée en mer, peut en conféquence s'eftimer par 31 degrés & à peu près 30 minutes : d'où il fuit, qu'en partant du voifinage de la Cataracte & de Syéné, à environ 10 minutes au-deffous du parallèle de 24 degrés, l'étendue de l'Égypte en latitude eft de

7 degrés environ 40 minutes, en s'expliquant fur ce point plus rigoureusement qu'on n'a fait dans le préliminaire.

Quant à la détermination qui y est marquée de six degrés & à peu près un tiers de degré pour la longueur de l'Égypte, en ce qu'elle occupe d'espace resserré dans une vallée, à quoi il ne reste à ajouter pour la partie plus spacieuse de l'Égypte inférieure, qu'un degré & le tiers d'un degré, ou peu de chose de plus; c'est la hauteur du Caire qui en décide. Elle est donnée comme observée dans la Connoissance des Temps, & c'est sur les observations de M. de Chazelles, à 30 degrés 2 minutes ou 2 minutes & demie; & en rapportant ce lieu à la partie septentrionale de la ville, qui s'étend en longueur, on peut estimer que le château du Caire, placé à l'extrémité méridionale, est par 30 degrés & une minute ou environ. Cette hauteur convient à ce que témoigne Golius, que la latitude de Foſtat (ou du Vieux-Caire) selon les observations actuelles, est la même que celle de Babylon dans Ptolémée, savoir 30 degrés. Or, la séparation du Nil au sommet du Delta, paroîtra s'élever de 6 à 7 minutes de plus que cette hauteur, comme une étude particulière sur l'emplacement de Memphis, dont il sera question dans la suite de cet ouvrage, donne lieu de l'estimer: donc, la pointe du Delta par 30 degrés & à peu près 8 minutes, & conséquemment 6 degrés 18 minutes, depuis le point de la Cataracte & l'entrée du

SUR L'ÉGYPTE.

Nil en Égypte par 23 degrés environ 50 minutes. Et de la hauteur de 30 degrés 8 minutes à celle de 31 degrés environ 30 minutes, jufqu'où la partie maritime paroît reculée, l'efpace eft d'un degré & 20 minutes ou peu de chofe de plus. Ainfi, en s'expliquant d'une manière générale dans le préliminaire, on a pu dire, que la longueur de l'Égypte dans la vallée qui la renferme, eft de fix degrés environ un tiers; & que fa partie inférieure eft contenue dans l'efpace d'un degré & d'une même portion de degré.

Je ne fuis point informé qu'il y ait des obfervations, qui puiffent autorifer la pofition du Caire à un cinquième de degré au-deffous du parallèle de 30 degrés, comme je vois cette pofition dans la carte manufcrite du P. Sicard, & de même dans celle qui a été publiée par le doƈteur Richard Pococke. C'eft en conféquence vraifemblablement, qu'il a fallu dans ces cartes reculer le point de Syéné jufqu'à 23 degrés 30 minutes, au lieu de s'arrêter à 23 degrés 50 ou 51 minutes, & de fe foutenir même encore plus au nord, en déférant fcrupuleufement à l'obfervation Aftronomique d'Ératofthène, pour connoître la différence de hauteur entre Syéné & Alexandrie. Reculer ainfi Syéné, c'étoit n'avoir point connoiffance de cette obfervation, ou ne pas fentir l'inconvénient de s'écarter confidérablement de ce qui en réfulte. Car, fi au lieu de 7 degrés 12 minutes entre Syéné & Alexandrie, on écarte ces pofitions de 7 degrés 40 minutes, comme il s'enfuit de placer Syéné à 23 degrés & demi; la longueur de l'ombre donnée par le style élevé à Alexandrie, différera fensiblement de celle qu'Ératofthène avoit vue & déterminée. Elle auroit été pour l'espace de 7 degrés 40 ou 41 minutes, depuis 30 degrés 30 minutes jusqu'à 31 degrés 10 ou 11 minutes, non la cinquantième partie du cercle, mais la quarante-feptième au moins. Or, un défaut de précifion auffi fenfible que peut l'être une dix-feptième partie de l'objet mefuré, & foumis à l'œil de l'obfervateur, n'eft pas croyable dans l'opération d'Ératofthène, en ne regardant même fon eftime fur le pied d'un cinquantième du cercle, que comme un compte rond, fans délicateffe de fraction. Ptolémée, qui dans fon Almagefte, donne le point d'Alexandrie à 30 degrés 58 minutes, après avoir fixé Syéné à 23. 51, étoit bien éloigné d'ajouter au réfultat d'Ératofthène, puifqu'il ne laiffoit ainfi que 7 degrés 7 minutes entre Syéné & Alexandrie. Et n'y auroit-il point de rifque, à faire cette différence de latitude plus forte de 33 minutes, que celle dans laquelle Ptolémée paroît ainfi fe renfermer ?

I I.

Étendue de l'Égypte fur la Méditerranée: Mefure du Schène Égyptien.

Hérodote, qui a vu l'Égypte dans un état plus femblable à celui de la haute antiquité, qu'aux temps poftérieurs, dans cet âge qui femble avoir procuré à cette contrée fa plus grande célébrité, fixe les limites du pays le long de la mer, d'un côté au lac Sirbonide, voisin du mont Casius, comme il s'en explique, de l'autre au golfe de Plinthiné. Le premier de ces deux termes est de la plus grande notoriété en Géographie ; le second se rapporte à une anse spacieuse, que forme la mer au couchant d'Alexandrie, & plus précisément sous un lieu, dont le nom actuel d'Abousir conserve celui qui étoit Taposiris dans l'antiquité.

La longueur de cet espace sur le rivage de la mer, est donnée par Hérodote de 60 schènes, ou de 360 stades. Le Schène, selon le témoignage d'Hérodote, est la plus étendue des mesures en usage chez les Égyptiens, pour définir des espaces plus ou moins grands : & la comparaison de nombre de 60 à 360, entre les schènes & les stades, s'accorde avec une définition positive de 60 stades pour un schène, que l'on doit également à Hérodote. Diodore de Sicile fournit la même définition, en évaluant la distance de 10 schènes entre Memphis & le lac de Myris à 600 stades.

On lit dans Saint Jérôme (*Comment. sur Joël*), que sur les rives du Nil, les bâtimens étant tirés par des hommes (ce que nous appelons *haller à la cordelle*), la longueur de chaque espace où les bateliers se relaient dans ce travail, est appelée *funiculus*, ou *cordeau*. Le terme grec de *schoinos* répond proprement en latin à celui de *funis*. Dans un Mémoire donné à l'Académie, j'ai recherché quelle pouvoit être la longueur du schène (*tome XXVI, page 82*). Un lieu, sous le nom de

B

Penta-fchœnon dans l'Itinéraire d'Antonin, en position intermédiaire du mont Casius & de Péluse, & dont la distance à l'égard de Péluse comme du mont Casius est marquée xx milles, témoigne par sa dénomination, que 5 schènes répondent à 20 milles romains, ce qui définit le schène à 4 milles. C'est à cette définition qu'il faut rapporter ce qu'on lit dans Pline, que le schène comprend 32 stades, selon la proportion du stade olympique & le plus ordinaire avec le mille romain, à raison de 8 stades pour un mille. Pour un plus grand détail de discussion sur le schène, on peut recourir au Mémoire qui en traite spécialement. L'évaluation propre au mille romain étant de 756 toises, il s'ensuit, que le schène comprenant 4 milles, est de 3024 toises. Le stade, qui entroit dans la composition du schène, stade fort différent du stade olympique, se définit ainsi à raison de 60 stades dans un schène, à 50 toises 2 pieds & près de 5 pouces. Et une pareille mesure de stade ne paroît pas produite par le hasard, quand on a reconnu par une étude profonde de la Géographie, que ce stade a été propre à une antiquité reculée. Dans le traité du Ciel, attribué à Aristote, les 1111 stades auxquels le degré terrestre s'évalue, sont des stades de 51 toises. Différens moyens donnés me l'ont fait évaluer en d'autres circonstances, à quelques toises de plus, dont on ne pourroit conclure que le défaut d'une rigoureuse précision, qu'il ne conviendroit pas d'exiger.

SUR L'ÉGYPTE.

Mais, il est à propos de consulter d'autres indications que nous fournissent les Anciens, & qui remplissent le même espace maritime de l'Égypte, déterminé par Hérodote. On trouve dans la Table Théodosienne xxv milles entre Taposiris sur le golfe de Plinthiné & Alexandrie. Selon Strabon, la distance entre l'île de Pharos par le travers d'Alexandrie, & la bouche Canopique, est de 150 stades. Entre la bouche Canopique & Péluse, on comptoit 1300 stades: & Diodore de Sicile, qui, comme Strabon, appelle cette distance la *base du Delta*, est d'accord avec lui sur ce compte de 1300 stades. L'un & l'autre de ces auteurs connoissoit l'Égypte pour l'avoir vue, ainsi qu'Hérodote, à la différence près de l'âge, qui en avoit apporté dans l'usage des mesures itinéraires. Ainsi, 1450 stades entre Pharos & Péluse; & en prenant les stades sur le plus grand pied, & à raison de 8 pour un mille, les 1450 font 181 milles; ce qui étant précédé d'une distance de 25 milles entre Taposiris & Alexandrie, donc en partant de Taposiris, ou du golfe de Plinthiné, jusqu'à Péluse, 206 milles. De Péluse au mont Casius, voisin du lac Sirbonide, l'Itinéraire d'Antonin conduisant par la mansion intermédiaire de Penta-schœnon, nous indique 40 milles. Donc, 246 milles entre le golfe de Plinthiné & le mont Casius. Or, les 60 schènes d'un compte rond dans Hérodote, fournissent 240 milles, par une suite de l'évaluation du schène à 4 milles. Et si l'on prend un moyen terme entre 240 & 246, on ne courra d'autre risque que de 3 milles de plus ou de moins, ou d'une lieue commune, sur un espace de 80; & il n'est pas toujours donné en Géographie d'approcher d'aussi près de ce qui peut convenir au local en toute rigueur.

Au reste, nous ne devons point retrouver le même espace dans une seule ouverture de compas, entre les deux termes prescrits. Il est clair par le détail des distances particulières, qu'elles circulent en suivant la courbe que décrit la côte entre les embouchures Canopique & Pélusiaque. Ce qui paroît ainsi fournir 81 ou 82 lieues sur le pied d'environ 25 au degré, peut bien se réduire sur la carte, & en droite ligne, à environ 75, qui ne vaudront même que 68, en faisant la lieue de 2500 toises, sur ce que valent 3000 pas géométriques mesurés au pied de Paris.

Une analogie assez marquée entre cette évaluation d'espace, & deux autres espaces donnés, immédiatement adhérens à ce premier espace, & qui se tirent également des monumens de l'antiquité, mérite d'entrer en considération. Dans Artémidore d'Éphèse, cité par Strabon, la distance d'Alexandrie à la pointe du Delta, ou au sommet de l'angle formé par la division du Nil, étoit indiquée de 28 schènes. Et elle étoit de 25 schènes, au rapport du même auteur, entre Péluse & la même pointe du Delta. Cette dernière distance est en grand rapport avec ce qu'on lit dans Diodore, qu'un rempart élevé par Séfostris, pour couvrir l'Égypte entre Péluse & Héliopolis, traversoit un espace de 1500 ſtades. Car, la poſition d'Héliopolis s'éloigne peu de la pointe du Delta, & il eſt évident que les 1500 ſtades répondent à 25 ſchènes compoſés de 60 ſtades.

Or je trouve, qu'en conſéquence des hauteurs obſervées du Caire & d'Alexandrie, & de l'angle de poſition donné par la différence d'un degré dix minutes de longitude entre Alexandrie & le Caire, ſelon la Connoiſſance des Temps; l'intervalle d'Alexandrie à la pointe du Delta eſt en droite-ligne d'environ 27 ſchènes, s'il n'eſt pas complètement de 28 : & c'eſt préciſément la meſure d'échelle que détermine l'analyſe de l'eſpace ſur la côte d'Égypte (ou la baſe du Delta) entre Alexandrie & la bouche Péluſiaque, qui fournit cette diſtance à l'ouverture du compas. Pour ce qui eſt des 25 ſchènes entre Péluſe & la pointe du Delta, la conſtruction de la carte d'Égypte les admet dans toute leur étendue, & peut même par quelque abondance en cette meſure, compenſer ce que l'eſpace précédent paroîtroit avoir de trop reſſerré. Quand on lit dans Hérodote (*lib. II, n. 7*), que de la mer à Héliopolis, la diſtance en traverſant un pays aride eſt de 1500 ſtades, cela doit s'entendre de l'eſpace dont il vient d'être queſtion en dernier lieu. Mais, quand Hérodote compare enſuite cette diſtance à celle qui ſépare la poſition de Piſe ou d'Olympie d'avec Athènes, d'après un nombre de ſtades à peu près égal, c'eſt faute de faire une diſtinction rigoureuſe & géodéſique d'un ſtade de plus grande étendue entre Athènes & Olympie, que celui qui en entrant en Égypte conduit à Héliopolis. Il ne faut pas s'étonner qu'une pareille diſtinction échappe à l'hiſtorien, puiſque des auteurs de l'antiquité qui ont traité ſpécialement de la Géographie, ſont ſurpris dans le même défaut, qu'une connoiſſance poſitive du local actuel fait apercevoir. Mais, nonobſtant cette obſervation, qui par une critique exacte & néceſſaire m'a paru avoir lieu en plus d'une rencontre; j'ai eu la ſatisfaction de voir, qu'à ſuivre les principaux circuits du Nil, dont il ſera parlé dans la ſection ſuivante, en remontant du Delta vers la Cataracte, les 4000 ſtades que Strabon compte dans cet eſpace, ſont très-convenables ſur la meſure du ſtade olympique, le plus en uſage du temps de ce Géographe, & à raiſon de 8 pour un mille. J'ai trouvé la même choſe à l'égard de 3000 ſtades appliqués au circuit du Delta. Car, les deux côtés du triangle, l'un ſur le pied de 28 ſchènes, l'autre de 25, comme on a vu ci-deſſus, donnant enſemble 53 ſchènes, il en réſulte à raiſon de 4 milles pour le ſchène, ſelon l'évaluation qui lui eſt propre, 1696 des mêmes ſtades. Or, la baſe ou l'ouverture de ce triangle nous ayant fourni un compte de 1300 ſtades, il fera le complément de la ſomme donnée de 3000 ſtades de compte rond. Il y a quelque vide dans Diodore de Sicile, en n'évaluant chacun des côtés du triangle qu'à 750 ſtades également. Mais, nous tirerons de ce défaut l'avantage de faire ſentir celui dont j'ai parlé dans la ſection précédente, qui eſt de reculer le point du Caire au-deſſous du trentième degré de latitude.

III.
Largeur de la Vallée que parcourt le Nil: Examen des moyens donnés pour en établir la direction.

Dans la ſection précédente, l'étendue de l'Égypte inférieure paroît aſſujettie à un triangle, dont les côtés, à partir de la pointe du Delta, tendent d'une part vers Alexandrie, de l'autre vers Péluſe, & dont l'ouverture ou la baſe eſt déterminée par la diſtance d'Alexandrie à Péluſe. Pour ce qui concerne l'Égypte ſupérieure, dont l'étendue eſt en longueur, il faut voir ce que les montagnes qui la reſſerrent laiſſent d'intervalle entre elles.

La montagne orientale, déſignée dans l'antiquité par le nom d'*Arabique*, eſt preſque généralement plus voiſine du Nil que celle qui lui eſt oppoſée ſous le nom de *Libyque*: elle borde le fleuve, & même avec continuité, dans de grands eſpaces. Eſcarpée en quelques endroits, elle eſt appelée par les Arabes *Gebel Mocattem*, ou la *Montagne taillée* ou *coupée*. C'eſt immédiatement au-deſſus de ce qu'on nomme aujourd'hui le Vieux-Caire, qu'elle commence à ſuivre la rive du Nil de fort près. Et entre elle & la montagne occidentale, juſqu'à la hauteur du nome Arſinoïte, ou de la petite contrée de Feïum, la largeur commune entre les deux montagnes, après avoir été de 7 ou 8 milles, s'étend jusqu'à 12, ou environ 4 lieues de 25 au degré. Cette contrée de Feïum, favorisée de la Nature autant qu'aucune autre partie de l'Égypte, ne tient à la vallée que parcourt le Nil, que par une ouverture dans la montagne Libyque. C'est par cette ouverture assez étroite, qu'un canal dont l'ouvrage est attribué au patriarche Joseph par les Coptes, entre dans ce fond de terre, terminé au nord dans toute son étendue par un lac, & que des montagnes bornent vers le midi. Sa longueur sur le lac peut être estimée d'environ 40 milles, sa plus grande largeur de 30, en formant un triangle irrégulier. Et si l'on veut que Strabon ne se soit point trompé, en donnant 300 stades de largeur à quelque endroit de l'Égypte au-dessus du Delta, c'est ce qui ne peut absolument convenir qu'à l'extension particulière que donne le nome Arsinoïte, & ce qui ne convient nulle part ailleurs.

On ne trouve la vallée du Nil aussi spacieuse en aucun endroit, qu'au-delà du Feïum en remontant. Cette plus grande largeur d'un terrain, qui n'est fertilisé qu'autant que les eaux du Nil peuvent s'y répandre par des dérivations, est précisément ce qui avoit demandé qu'un lac prolongé du sud au nord d'environ 60 milles, & qui est le Mœris d'Hérodote & de Diodore, fût creusé dans un intervalle où la montagne Libyque s'écarte plus qu'ailleurs du cours du Nil. On peut estimer 16 à 18 milles d'espace entre les montagnes

SUR L'ÉGYPTE.

montagnes qui forment la vallée, & dont celle qui est distinguée par le nom d'Arabique, borde de près la rive du Nil, ce qui donne presque toute la largeur de la vallée à ce qui sépare le fleuve de la montagne Libyque. Entre les Voyageurs qu'on peut consulter, & qui méritent le plus de considération; Vansleb, qui a vu & décrit une grande partie de la haute Égypte, détermine sa largeur où elle est plus spacieuse, à moins de quatre heures de chemin à cheval, & moins de trois en quelques endroits. Or, un espace de 18 milles fournit suffisamment de carrière à trois ou quatre heures d'un homme de cheval.

Mais, la vallée ne conserve point cette largeur : & le Nil variant dans son cours entre les deux montagnes; la ville de Siut, qui est l'ancienne Lycopolis, écartée du fleuve vers le couchant d'environ un mille, n'est qu'à la même distance de la montagne occidentale ou Libyque. Une mesure commune de largeur dans un grand espace, en remontant jusqu'à la grande Thèbes, peut se réduire à 12 milles. Et au-dessus de Thèbes, 5 ou 6 milles font tout l'espace contenu entre les montagnes. Il y a même plus d'un endroit, où ces montagnes ne paroissent laisser d'intervalle que ce qu'il en faut pour le passage du fleuve, notamment à l'endroit qui est appelé le *Mont de la Chaîne*. Voilà ce qu'une étude particulière du local détermine, sur le premier des objets qu'on s'est proposé d'examiner dans cette section.

Pour ce qui est de la direction donnée à cette partie supérieure de l'Égypte, dans ce qu'elle prend d'étendue en longueur, en partant de la pointe du Delta, & de la position actuelle du Caire, ce qui n'est pas un article de peu de considération ; je rendrai compte de ce que m'ont paru vouloir sur ce point les notions géographiques, qu'il est possible jusqu'à présent d'y faire servir.

C'est un défaut bien étrange dans la carte du cours du Nil au-dessus du Caire, qui a paru dans la relation de M. Norden, de n'y voir aucune déviation considérable d'une ligne directe dans tout l'espace prolongé jusqu'à la Cataracte. La direction générale que donne le Nil, dans un espace d'environ 60 milles en remontant du Caire, prend du sud vers l'ouest à peu près un quart & demi de vent ; & la carte manuscrite du P. Sicard est la première qui nous conduise ainsi. Mais ; ce qui lui sert de preuve, c'est la position très-oblique, & au rhumb du sud-ouest, de la ville de Feïum à l'égard du Caire, la distance qui sépare cette ville du passage du Nil n'étant pas aussi grande qu'elle devroit l'être, pour que le Nil n'eût aucune part à cette obliquité de position. Car, cette distance ne peut s'estimer que d'une petite journée, conformément à celle que Vansleb indique *(page 271)* entre la ville de Feïum, & une position assise au bord du Nil. Ératosthène, qui dans ses hypothèses sur la mesure de la Terre, supposoit Syéné au même méridien qu'Alexandrie, pouvoit être induit à le croire sur cette direction du Nil au-dessus de Memphis immédiatement, faute d'avoir porté sa vue au-delà de cette première direction, & jugeant de pouvoir reprendre ainsi vers l'ouest, ce qu'il étoit assez évident que la position de Memphis avoit de plus vers l'est que celle d'Alexandrie.

Mais, le cours du Nil en remontant plus haut conduit au sud, dans un espace d'environ 100 milles, & donne même ensuite une déclinaison vers l'est, qui fait rentrer dans la longitude du Caire, vers la hauteur plus méridionale d'environ trois degrés que celle du Caire. Et si l'on jugeoit convenable de s'assujettir à Ptolémée, faute de tout autre moyen de détermination, on verroit que la position de *Ptolemais Hermii* dans l'Égypte supérieure, étant rangée au même méridien que Memphis par Ptolémée, cette position peu différente de celle qui est connue aujourd'hui sous le nom de *Girgé*, convient à quelques minutes près, à ce que donne la route que nous avons suivie. Un grand circuit dans le cours du Nil au-dessus de la petite Diospolis, & quelque distance entre la rive du fleuve & la position de Keft ou Coptos, portent cette position de Coptos dans l'est à plus d'un demi-degré de longitude au-delà de Girgé. Ptolémée a connu cette divergence, & ses tables donnent deux tiers de degré entre la longitude de Ptolemaïs & celle de Coptos.

Au-dessus de Coptos, le Nil coule de manière à ramener vers l'ouest en remontant, & Ptolémée concourt à l'indiquer. Je remarque, qu'un demi-degré d'écart en longitude vers l'ouest dans Ptolémée, entre Coptos & la grande Thèbes, s'il ne convient pas précisément à un point pris dans l'emplacement de Thèbes, pour avoir quelque chose de trop, il se trouve convenable entre la position de Keft & un coude dans le cours du fleuve un peu au-dessus de Thèbes, selon que les notions actuelles donnent lieu de figurer le Nil dans ses replis. De ce coude résulte une direction contraire à la précédente, & divergente à l'est, terminée ensuite par un retour vers le sud, qui conduit enfin jusqu'à Syéné sous la Cataracte.

C'est ainsi que des circonstances locales, jusqu'à présent peu connues, nous tracent le cours du Nil, en épargnant actuellement au lecteur un plus grand détail de combinaison, & des analyses de distance, qu'on verra par la suite de cet ouvrage être propres à fixer divers lieux en particulier, dans cette longue route, qui nous fait arriver aux extrémités de l'Égypte. Mais, sur cette route je vois une position, qui par une distance donnée doit avoir une liaison immédiate avec le Golfe Arabique ou la Mer Rouge; & il est à propos d'examiner, si les notions acquises sur le Golfe Arabique, séparement de celles qui concernent le Nil, feront trouver quelque correspondance entre des lieux donnés par des voies différentes.

Dans la description du Golfe Arabique, qui doit faire un supplément à ces Mémoires sur l'Égypte, l'extrémité du golfe dans la position du Suez sera liée à la position du Caire, par une évaluation sévère de l'espace qui sépare ces positions. Et en partant ensuite du Suez, des observations que la navigation de cette mer a donné lieu de faire, & propres à déterminer le gisement de la côte qui répond à toute l'étendue de l'Égypte, serviront à fixer une ancienne position de Bérénicé, par la même hauteur que celle de Syéné. Une exposition détaillée des circonstances locales sur ce sujet, est réservée à ce que je dois écrire sur le golfe en particulier, & le lecteur curieux d'en prendre connoissance pourra y recourir. Or, il y avoit une route frayée entre cette Bérénicé & Coptos. Ptolémée Philadelphe voulant épargner aux bâtimens chargés des marchandises de l'Inde, de l'Arabie, & de la haute Éthiopie, le risque de naviguer le golfe jusqu'à son enfoncement le plus reculé, avoit ouvert cette voie, en la faisant passer par quelques lieux moins dépourvus d'eau, que ne l'est en général la traversée de ce pays aride & sans habitation : *aquationum ratione mansionibus dispositis*, selon le témoignage de Pline *(lib. VI, c. 23)*. Plusieurs de nos Écrivains modernes, & même de grand nom, se sont trompés en prenant cette voie pour un canal. Ce qui a pu les induire en erreur, c'est que la position de Coptos étant écartée du Nil de quelques milles, un canal dérivé du fleuve conduisoit à cette ville, comme Strabon le rapporte, & ce canal est encore existant. Pline, l'Itinéraire d'Antonin, la Table

Théodosienne, fournissent un détail de mansions & de distances entre Coptos & Bérénice. Sous la domination Romaine, on y comptoit 258 milles. On lit dans l'Itinéraire, *à Copto Berenicen* CCLVIII; & dans Pline, *Berenice, portus Rubri maris, à Copto* CCLVIII *mill. passuum*. Si dans le détail des distances particulières, l'Itinéraire fait compter 271, l'excès que renferme ce compte vient, 1.º de ce qu'on lit XXXIII entre la mansion nommée *Compasi* & celle de *Jovis hydreum*, au lieu de lire XXIII, selon la leçon du manuscrit de l'Escurial donnée par Surita, ou XXII, selon la Table : 2.º de ce que la distance de Coptos à la mansion qui lui est immédiate sous le nom de *Phœnicon*, se lit XXVII, au lieu de XXIV, selon le même manuscrit. Car, la déduction de III en cette partie, & de X dans la précédente, réduit le compte de 271 à 258, comme l'Itinéraire lui-même la veut par le total qu'il indique, indépendamment de l'autorité de Pline.

Après avoir reconnu quelle étoit la mesure itinéraire entre Coptos & Bérénice, voyons maintenant ce que la construction de la carte, par les moyens qui y ont servi, fait trouver d'espace dans cet intervalle. Il seroit absurde de vouloir, que la ligne aërienne & directe n'apportât point de réduction à la mesure d'une route, que la nécessité de conduire par différens lieux, les moins désavantageux dans un vaste désert, avoit fait circuler. L'ouverture du compas donnant plus de 245, & près de 250 milles, si la déduction d'un vingt-cinquième sur 258 n'est jugée convenable que par estime, on peut au moins se flatter de n'être pas éloigné de ce qui peut avoir rapport au local en toute rigueur. Ainsi, ce qui résulte des notions actuelles à l'égard du Golfe Arabique, se concilie avec celles qui nous ont gouverné en remontant le cours du Nil.

IV.

Mesure en surface des terres de l'Égypte qu'on peut estimer être propres à la culture.

On a dû remarquer, que dans l'étendue de l'Égypte, il y avoit une distinction à faire de la terre qui pouvoit être susceptible de culture, d'avec des espaces très-vastes, auxquels la Nature avoit refusé cet avantage. Ce pays n'étant fertilisé que par les eaux du Nil, tout ce qui s'éloigne des canaux naturels du fleuve, ou des dérivations que le travail des hommes a ajoutées à ces canaux, dans les endroits où la disposition du terrain rendoit ces dérivations praticables, demeure stérile, & n'est qu'un désert sablonneux & aride. Et si l'on veut un témoignage, qu'il en étoit de même dans les siècles antérieurs, comme il en est actuellement à notre connoissance; Strabon, qui avoit vu l'Égypte entière, fournit ce témoignage de la manière la plus précise, disant *(page 786)*, qu'il n'y a de terre habitable que celle qui reçoit les inondations du Nil, & que tout ce qui est plus élevé que le niveau de ces inondations, est abfolument fans habitation. Léon d'Afrique décrivant l'Égypte; *de larghezza*, dit-il, *ha quafi niente, percioche altro non v'è che quel poco terreno, che è fopra le rive del Nilo, il quale corre fra alcuni monti fecchi, che confinano co i deferti; & tanto è di culto, & di habitato, quanto è delle rive del fiume à i detti monti.* Les circonſtances locales dans la partie qui peut être cultivée, ſoit en longueur, ſoit en ſa largeur plus ou moins grande en différens cantons, me paroiſſent aujourd'hui aſſez connues, & une carte de l'Égypte acquiert aſſez de détail & de perfection, pour qu'il ſoit permis d'entreprendre de meſurer la ſurface du terrain en cette partie, avec quelque confiance de n'être pas fort éloigné d'une préciſion rigoureuſe.

Pour circonſcrire la terre d'Égypte dans ſa partie inférieure & maritime, ſelon les bornes poſées par la Nature à ce qui peut être cultivé, il faut en partant du rivage ſur le Golfe de Tapoſiris, décrire une première ligne, qui rentre un peu dans les terres, pour éviter les ſables du déſert de Sceté, peu diſtans de la branche gauche du Nil deſcendant à Raſcid, & continuer cette ligne juſqu'au parallèle du trentième degré, qui eſt à peu près la hauteur du Caire. De cette hauteur, où l'Égypte a peu de largeur, une ſeconde ligne tirée des derrières du Caire juſqu'à la poſition de Caſium, aujourd'hui Catich, en prenant plutôt en dehors de ce côté-là qu'en dedans, au riſque d'embraſſer quelques terres peu différentes de celles du déſert limitrophe,

limitrophe, termine l'extenſion de cette partie inférieure. En embraſſant tout ce qu'il y a d'eſpace juſqu'aux plages qui règnent le long de la mer, c'eſt y comprendre ce que le lac Maréotis hors du Delta, le lac de Butus, & celui de Manzalé & de Tennis encore plus étendu, comme on peut voir dans la carte, couvrent de terrain. Cependant, la diviſion de cette partie, la plus ſpacieuſe de l'Égypte, en carreaux d'une lieue en carré, lieue de 25 au degré, dont le carré peut ſe comparer à ce que contiennent 9 milles romains, ne fournit au plus qu'environ 1300 carreaux repréſentans des lieues carrées, & une plus grande délicateſſe dans un pareil compte n'eſt pas exigible.

Ce qui deſſine en quelque manière la partie ſupérieure, en s'expliquant ſur ce ſujet, ſelon que Strabon s'en explique préciſément *(page 789)*, c'eſt le pied des montagnes, qui réduiſent cette partie à une langue de terre, en fixant des limites plus ou moins reſſerrées en différens endroits. Et ſans omettre l'extenſion particulière du nome Arſinoïte, ou de la petite contrée du Feïum, le compte des carreaux appliqués à cette partie, depuis le parallèle de 30 degrés juſqu'à la Cataracte en remontant, eſt à peu près de 800. Cette addition aux 1300 de la partie inférieure, donne 2100 lieues carrées pour ce qu'il y a de terres cultivables en Égypte; & je ſuis très-perſuadé que c'eſt donner plus que moins, & que la connoiſſance poſitive du local ne permet rien au-delà. J'avouerai même, que

D

par une première dimenfion, plus rigidement contenue dans fes limites, le nombre des lieues fe bornoit à 2000; environ 1250 d'une part, 750 de l'autre; & l'excédant ne peut être attribué qu'à un relâchement de cette rigueur.

Je ne puis me difpenfer de remarquer, qu'un auteur moderne, dont je refpecte les qualités perfonnelles, & qui fort prévenu en faveur de l'Égypte, a fait des antiquités Égyptiennes l'objet de fon étude, mais des connoiffances duquel on ne doit pas exiger dans une efpèce d'arpentage du fol de cette contrée, la févérité réfervée à un travail vraiment topographique; confidère l'Égypte inférieure & fupérieure fous la figure de deux parallélogrammes, dans l'un defquels il fait entrer 2160 lieues carrées, & dans l'autre 1560. Il y ajoute encore 400 lieues, en évaluant jufqu'à ce point, & par fuppofition, trois cantons dans la partie Libyque, fous le nom d'*Oafés*. Strabon fait en effet mention de trois Oafes. Ptolémée n'en connoît que deux dans les limites de l'Égypte, la grande & la petite. Je parlerai d'El-Wah, ou de la grande Oafis, dans la fuite de cet ouvrage, d'après un Mémoire manufcrit d'un François diftingué, que l'honneur d'avoir été chargé d'une ambaffade a fait périr en Nubie. Nous manquons de notions actuelles fur la petite Oafis. Si la troifième fe rapporte à l'emplacement d'Ammon, comme le veut Strabon, cet emplacement nous fera courir 100 lieues dans les fables de la Libye, pour agrandir la terre d'Égypte. Et d'ailleurs, qui nous inſtruira, que ce morceau de terre pris fort au loin ſur la Libye, peut tenir lieu d'un tiers ou d'un quart des 400 lieues attribuées aux trois Oaſes !

Dans l'évaluation du ſol de l'Égypte à une ſomme de lieues beaucoup trop conſidérable, on a cru pouvoir s'autoriſer d'un nombre d'arpens, qui feroient face à ce que paroîtroient demander d'anciennes traditions Égyptiennes ſur le partage des terres de l'Égypte. Mais, on y emploie la meſure de l'arpent François, fort différente de celle de l'*Arure* Égyptien, dont il eſt mention dans Hérodote & dans Strabon. Hérodote nous fournit le moyen de l'évaluer, en diſant *(lib. II, n. 168)* que ſon étendue eſt de 100 pics ou coudées en carré. Or, le *Drah*, ou la coudée Égyptienne, que ſon emploi dans la meſure des crûes du Nil ſur les Nilomètres élevés pour cet objet, a dû maintenir dans tous les temps, vu les conſéquences, & rendre invariable malgré les changemens de domination, revient à 20 pouces & demi du pied de Paris, ſelon l'analyſe qui en eſt faite dans un ouvrage que j'ai donné ſur l'ancienne Jéruſalem. Et cette évaluation de longueur dans une coudée, ne ſera pas réputée foible vis-à-vis d'une coudée commune, déterminée à environ 18 pouces, & même 17, par la proportion qui convient à ſa meſure naturelle. En remarquant même, que dans Hérodote la coudée Égyptienne eſt comparée à la coudée Samienne, il n'y a point de riſque à ſuppoſer que cette coudée pouvoit être plus forte que la Gréque, quoique Samos fût habitée par des Grecs. La comparaison du pied Grec au pied Romain comme 25 est à 24, le fait évaluer à 136 lignes du pied de Paris, & la coudée n'est en conséquence que de 204 lignes, ou de 17 pouces. Mais, sans rien ôter au Drah de la longueur qui lui est propre, il en résulte, que chaque côté de l'arure revient à 2050 pouces, qui font 170 pieds 10 pouces, ou 28 toises 2 pieds 10 pouces. L'arpent François, qui est de 10 perches en carré, à 22 pieds pour une perche, ou de 36 toises 4 pieds, est donc sensiblement plus grand que l'arure. Et parce que 8 arpens renfermeront 13 arures, les 2100 lieues carrées, qui font tout le terrain de l'Égypte, fourniront un nombre d'arures assez peu inférieur au nombre d'arpens, qu'on vouloit tirer d'une évaluation exagérée de deux parallélogrammes comparés à l'Égypte supérieure & inférieure. Pour être bien fondé à s'en tenir étroitement à ces deux parties de l'Égypte, on peut se prévaloir de l'autorité de Strabon, qui dit formellement *(page 790)*, que les anciens n'appliquoient le nom d'Égypte qu'aux terres arrosées par le Nil, depuis Syéné jusqu'à la mer.

Quant à la distribution qu'on imaginera pouvoir faire des terres de l'Égypte, partagées en domaine royal, & en terres sacerdotales & militaires, mon dessein n'est point de m'y arrêter, dans la crainte de ne pas voir assez clair en pareille matière. Je me contenterai de dire, que si l'Égypte dans les temps reculés renfermoit 18 ou 20000 villes, selon ce que Diodore &

Hérodote rapportent fur la foi des anciens Égyptiens ; il faut de toute néceffité faire bonne compofition fur ce terme de villes, dont 9 ou 10 auroient été contenues dans un efpace commun d'une lieue carrée. Car, nous ne forcerons point la Nature, pour agrandir la véritable terre de l'Égypte, en faifant reculer les montagnes & les fables, dont elle étoit autrefois refferrée comme elle l'eft aujourd'hui.

Si la Géographie étoit moins négligée qu'elle ne le paroît dans ce qu'on a vu d'imprimé fur l'Égypte comme étant de M. Maillet, je ferois plus furpris d'y voir, que l'Égypte contient actuellement plus de 20000 villes, bourgs, ou villages. J'ai entre les mains un dénombrement du pays, traduit de l'Arabe, & qui doit être forti du Divan du Caire. L'original manufcrit de M. Picques, qui étoit inftruit dans les langues orientales, m'a été communiqué par le feu P. le Quien. Dans ce dénombrement, où le diftrict qui renferme chaque lieu eft indiqué, le nombre des lieux eft de 2696. Or, ce dénombrement doit abonder plus que moins en peuplades. J'en ai reconnu plufieurs qui font éloignées des limites de l'Égypte, quoiqu'elles aient été foumifes à fon gouvernement. D'ailleurs, un Lexicographe Arabe, cité fréquemment par M. Schultens, dans l'Index Géographique très-eftimable qu'il a joint à la vie de Saladin, nous apprend, que des calculateurs inftruits, des Greffiers, comptent dans le pays de Mifr 2495 villes ou bourgs, dont 957 dans le Saïd, ou le pays supérieur, & 1439 dans le pays inférieur, ce qui donne 2496, au lieu de 2495. Si on lit dans l'imprimé de M. Maillet, plus de vingt mille, ne seroit-ce pas pour avoir vu en chiffre, ou ajouté par méprise un zéro de plus que ce qui convient à la réalité ! Je ne vois point d'autre moyen de justifier M. Maillet, & de souscrire à son témoignage sur ce qui est rapporté d'après lui ; & il n'y a qu'une prévention trop grande à l'égard de l'Égypte qui puisse s'y laisser tromper.

Si l'on est curieux de comparer la terre d'Égypte susceptible de culture, avec l'étendue de la France, qui renferme près de 25000 lieues carrées sur le pied de 25 au degré ; on verra que cette terre, qui ne peut être évaluée qu'à 2100 lieues au plus, ne prendroit en France qu'un douzième de son étendue. Et parce que l'on compte en France environ 39000 villes, bourgs, ou villages ayant clocher, le nombre d'environ 2700 peuplades en Égypte, n'égale pas en proportion l'étendue de la surface du sol, puisque de 2700 multipliés par 12, il ne résulte que 32400. Qui peut douter au reste, que l'Égypte ne soit aujourd'hui que l'ombre en quelque manière de ce qu'elle étoit, lorsque le travail d'un nombre supérieur à la population ordinaire dans les cultivateurs, contribuoit beaucoup à sa fertilité. Encore doit-on dire, que de tous les pays qui ont subi le joug Ottoman, l'Égypte est celui qui paroît le moins dégradé.

V.

Division de l'Égypte en Provinces.

On est prévenu d'avance de distinguer en Égypte deux contrées, la supérieure & l'inférieure. Celle-ci est quelquefois désignée par le nom de Delta, quoique d'une manière insuffisante, par la raison que l'Égypte inférieure déborde les terres renfermées dans le Delta, sur-tout vers la partie Arabique. Elle remonte même un peu au-dessus de la division du Nil qui forme le Delta, puisqu'Héliopolis & Babylon lui sont adjugées par Ptolémée. Memphis n'y étant point comprise, il s'ensuit qu'une ligne qui traversera le Nil, en laissant Babylon d'un côté, & Memphis de l'autre, fera la séparation de l'Égypte inférieure d'avec la supérieure.

Quoique le nom d'Égypte supérieure accompagne souvent le nom de Thébaïde, celui-ci ne répond pas à l'autre en son entier. Une partie intermédiaire de l'Égypte inférieure & de la Thébaïde, devance la Thébaïde sous le nom d'*Hepta-nomis*, qui désigne sept préfectures ou départemens. Ce nom est remplacé par celui d'*Hepta-polis* dans Denys Périégète. Et si au lieu de sept nomes, on en compte huit dans Ptolémée, je pense que c'est par l'addition d'un nome Antinoïte, qui pouvoit être de nouvelle création, d'autant qu'il est peu vraisemblable qu'un lieu obscur sous le nom de Besa, situé au même endroit qu'Antinoë avant la fondation de cette ville par l'empereur Adrien, fut le chef-lieu d'un district particulier. Je remarque même, que ce qu'on nomme aujourd'hui Enfené, par l'altération du nom d'Antinoë, est compris dans le district d'Ashmunein ou d'Hermopolis, duquel on peut croire que celui d'Antinoë auroit été distrait. Quand Strabon, dans la distribution de 36 nomes en tout ce que contenoit l'Égypte, en attribue jusqu'à 16 à l'Égypte du milieu, il donneroit à penser que ce ne pourroit être que dans un état de cette province fort différent de celui que décrit Ptolémée. On sait qu'à la dénomination d'*Hepta-nomis* a succédé celle d'*Arcadia*, qui doit se rapporter à l'empereur Arcadius, fils du grand Théodose, selon le témoignage d'Eustathe *(in Dionyf. Perieg. v. 251)*, non pas à ce que cette Arcadie tenoit le milieu de l'Égypte, comme l'ancienne Arcadie dans le Péloponèse, selon que l'a imaginé le P. Hardouin. Son étendue, en remontant d'après Ptolémée jusqu'aux limites de la grande Hermopolis inclusivement, est un espace qui n'excède guère deux degrés de latitude, laissant à la Thébaïde toute la partie supérieure jusqu'à la Cataracte. Antinoë & Hermopolis sont même enlevées à l'Arcadie par la Notice d'Hiérocles ; & dans la Notice de l'Empire, Hermopolis est du nombre des postes militaires de la Thébaïde.

Telle est la division la plus ancienne que nous connoissions des provinces de l'Égypte, jusqu'au temps de la Notice de l'Empire, que l'on juge avoir été dressée vers la fin du quatrième siècle, dans laquelle on trouve une quatrième province sous le nom d'*Auguſtamnica*. Cette province 'eſt même diviſée en première & ſeconde dans la Notice d'Hiérocles. Et par les villes qui leur ſont attribuées, on voit que la partie de l'Égypte inférieure limitrophe de l'Arabie, & au levant du bras du Nil tendant à Damiat, compoſoit l'Auguſtamnique en général ; en donnant à la première en particulier le voiſinage de la mer, avec quelques poſitions au-delà des limites de l'ancienne Égypte ; & à la ſeconde l'intérieur des terres, juſqu'à Héliopolis & Babylon. J'ai même fait cette obſervation dans la Notice de l'Empire, que ſous les ordres d'un Comte, ayant le département de la guerre en Égypte, divers poſtes enveloppés dans l'étendue de l'Arcadie, ſur la rive orientale du Nil à remonter juſque vers Antinoë, ſont mentionnés comme étant de l'Auguſtamnique, *provinciæ Auguſtamnicæ*.

Ce que l'Auguſtamnique n'avoit point enlevé à l'Égypte inférieure, conſerva comme propre le nom d'*Ægyptus*. Cette province qui eſt une dans la Notice d'Hiérocles, étoit diviſée en deux ſous Juſtinien ; & dans une autre Notice que celle d'Hiérocles, on voit une Égypte ſeconde, que les villes dont elle étoit compoſée ſont connoître s'étendre dans des limites aſſez étroites au couchant du bras du Nil, par lequel l'Égypte antérieure étoit ſéparée de l'Auguſtamnique. Il reſte à parler de la Thébaïde, pour dire que n'en étant mention que comme d'une ſeule province dans

E

la Notice de l'Empire, elle en fait deux dans la Notice d'Hiérocles, en diftinguant la première par le terme de ἐγγίστα, c'eft-à-dire *proxima*, & la feconde par τῆς ἄνω, comme étant fupérieure à l'égard de l'autre. Les limites entre elles traverfoient le Nil entre Panopolis & Ptolemaïs Hermii.

Quant à la fubdivifion de l'Égypte en préfectures, que les Égyptiens appeloient *Nomes*, felon les termes de Pline *(lib. V, c. 9)*, il n'eft pas poffible d'établir quelque chofe de fixe fur ce fujet; & au dire de Saint Cyrille *(in If. c. 19)*, toute ville en Égypte avec les bourgs & villages des environs compofe un nome. On lit dans Diodore *(lib. I, 54)*, que Sefoftris partagea l'Égypte en 36 nomes, & Strabon *(p.787)* eft d'accord fur le nombre. Mais, la diftribution de ce nombre, favoir dix dans l'Égypte inférieure, & dix de même dans la Thébaïde, en attribuant jufqu'à feize nomes au pays intermédiaire, ne répond point à l'idée qu'on peut fe faire de l'étendue refpective des trois parties de l'Égypte. Et il vaudroit mieux ne lire que fix, & non pas fix & dix comme on lit dans cet endroit de Strabon. Le labyrinthe, qui felon fon propre témoignage, ayant vifité le lieu même, avoit été deftiné à l'affemblée des préfectures, étoit diftribué à raifon de leur nombre en vingt-fept appartemens. Or, les fept nomes fixés par la dénomination d'*Hepta-nomis*, s'accorderoient à ce nombre de vingt-fept avec les vingt nomes partagés également entre l'Égypte inférieure & la Thébaïde.

SUR L'ÉGYPTE.

Ptolémée fait compter 24 nomes dans l'Égypte inférieure, & on pourroit même en ajouter quelques autres d'après Strabon, & d'après Pline. On a vu ci-dessus huit nomes au lieu de sept dans l'Heptanomide, & il faut encore y joindre les Oases, qui étoient annexées à cette province. Pour ce qui concerne la Thébaïde, Ptolémée ne fournit qu'un seul nome de plus que le nombre assigné par Strabon à cette partie de l'Égypte : mais Pline en ajoute trois à ceux que désigne Ptolémée. Enfin, les auteurs de l'antiquité feront compter plus de 50 nomes dans l'étendue de l'Égypte. Pour que la carte d'*Ægyptus antiqua*, & sur-tout la partie inférieure, plus abondante en détails que ce qui se renferme dans la vallée du Nil, ne fût point embarrassée du titre de tous ces nomes, on y a suppléé par des chiffres qui en tiennent la place, & auxquels répond un Index, placé dans le vide du désert du côté de la Libye.

Après avoir parlé de l'état ancien de l'Égypte, passons à l'état actuel. On sait qu'un nom familier dans l'usage du pays, & autorisé par une ancienne tradition, est *Mesr* ou *Misr*, en rapportant ce nom à l'auteur de la nation, Misraïm, fils de Cham. Les Turcs, qui ne prononcent pas volontiers deux consonnes de suite dans une même syllabe, prononcent ce nom de *Misr* comme s'il étoit écrit *Missir*, en faisant sentir l's dure, ou le *sad*, employé dans ce nom de *Misr*. Chez le peuple originaire de cette terre, & distingué des Arabes & des Turcs, dont il est dominé, le nom d'*Égypte* se conserve encore fous la forme de *Kypt*; & Léon d'Afrique en étoit inftruit, quoiqu'on life *Chibth* d'une manière peu correcte, dans le texte Italien *(tom. 1, fol. 81)* publié par Ramufio. Croyons même, que de ce nom de Kuñt eft dérivé celui de Kuñtoi, ou des *Coptes*, felon l'ufage vulgaire de défigner un refte de l'ancien peuple Égyptien; & je doute que l'opinion d'un favant Miffionnaire *(Miff. du Levant, fec. Lettre, p. 13)*, qui veut que ce nom vienne de Koñtor, défignant un peuple circoncis, foit plus convenable.

On fait aujourd'hui comme anciennement, diftinction de trois contrées principales en Égypte, l'inférieure, dont le nom de *Bahri* dans la langue Arabe, aujourd'hui dominante en Égypte, exprime cette fituation: *Voftani*, ou celle du milieu; & *Saïd*, ou la fupérieure, qu'Abulféda oppofe à l'inférieure immédiatement, fans tenir compte d'une partie intermédiaire, en adjugeant au Saïd tout ce qui eft au-deffus de la pofition de Foftat, qu'on appelle communément le Vieux-Caire. Le même auteur fubftitue au nom de *Bahri* pour la partie inférieure, une autre dénomination, celle de *Rif*, qui paroît convenir fpécialement à un pays maritime; & j'ai trouvé dans des Mémoires tirés des premières navigations des Européens dans les mers de l'Orient, que la terre qui borde le Golfe Arabique du côté de l'Égypte eft appelée *Rifa*. On lit *Errif* dans Léon d'Afrique *(tome I, fol. 81)*, parce qu'il emploie ce nom avec l'article préfixe. Mais, en bornant ce qu'il appelle *Riviera d'Errif*,

SUR L'ÉGYPTE

selon le texte Italien, à la partie occidentale du pays entre le Caire & Roffet, il ne défigne ainfi que ce qu'on verra ci-deffous être diftingué dans une plus grande étendue d'Errif ou de Bahri, fous la dénomination particulière de *Bahiré*. Et le nom qui fe lit *Bechria* dans Léon à quelques lignes plus bas, avec l'interprétation de *cioe è Maremma*, il l'applique au pays que traverfent les bras de Damiat & de Teneffe ou Tennis, ce qui eft déplacé, fi Bechria n'eft autre chofe qu'une altération du nom de Bahiré, comme il y a toute apparence.

Mais, il ne faut pas s'en tenir à ces parties principales de l'Égypte, & nous entrerons dans un détail de fubdivifions. Le dénombrement dont j'ai parlé dans la fection précédente, fournira fur cet article des lumières qu'on ne trouve point ailleurs. On peut diftinguer trois contrées principales dans la baffe Égypte : *Bahiré, Garbié, Sharkié*. *Bahiré* s'étend depuis le fommet du Delta, le long de la rive gauche du bras qui defcend à Rafcid ou Roffet. Je vois dans le dénombrement un diftrict particulier d'Alexandrie, féparément du Bahiré ; & entre les lieux dénommés en ce diftrict, j'en reconnois plufieurs que l'Égypte ne renferme point, Bartoun, ou l'ancien Parætonium, Tolometa, ou Ptolemaïs de la Cyrénaïque. C'eft un veftige de l'extenfion que les princes qui ont régné en Égypte depuis le Mahométifme avoient donnée à leur domination, comme il en avoit été fous les Ptolémées, &

même fous le gouvernement Romain, qui tenoit la Libye annexée aux provinces de l'Égypte.

L'autre bras du Nil qui defcend à Damiat, fait la diftinction de ce qu'on nomme *Garbié* & *Sharkié* : *Garbié* au couchant, comme le terme de *Garb* le défigne en Arabe ; & *Sharkié* au levant, felon la fignification du terme de *Shark*, oppofée à la précédente. Mais, un diftrict qui porte en particulier le nom de *Garbié*, eft refferré par un autre diftrict fitué dans l'angle que forme la féparation des deux bras du Nil, & auquel *Menuf* qui en eft le chef-lieu, donne le nom de *Menufié*. Deux diftricts de peu d'étendue, felon le petit nombre de lieux que leur attribue le dénombrement, fe reculent dans la partie inférieure du Delta : celui de *Foûa*, ville confidérable fur la rive droite du bras qui paffe fous Rafcid ; & plus bas encore celui qui porte le nom de *Neftraoa*, entre les lieux duquel les noms de Rafcid & de Bérélos me font connoître le canton qui convient à ce diftrict.

Le nom de *Sharkié* pouvant s'appliquer en général à tout ce qui s'étend au levant du Nil, jufqu'aux frontières de l'Arabie, peut ainfi repréfenter ce que nous avons diftingué dans l'Égypte inférieure fous le nom d'*Auguftamnique*. Mais, dans cette extenfion fe trouve compris un diftrict particulier, nommé *Dakelié*, qui borde le grand lac de Manzalé & de Tennis, entre Damiat & Tineh, qui eft Pélufe. Ce canton par lequel on arrive communément en Égypte, & qui comme les précédens paroît tenir fon nom des Arabes, tireroit-il ce nom du terme *Dakal*, qui fignifie *entrée !* Manfora paroît la ville dominante en ce diftrict, & Vanfleb en fait la réfidence d'un Cashef. On fait que c'eft le titre affecté aux Gouverneurs particuliers ou Intendans des départemens qui divifent l'Égypte ; & Vanfleb *(p. 25)* le fait dériver d'un verbe Arabe, qui fignifie *découvrir ;* & dans l'établiffement de ces Cashefs, envoyés comme Infpecteurs en différens lieux, il femble qu'ils euffent quelque chofe de commun avec nos *Miffi dominici.* Keliub & Belbeis, dans la contrée de Sharkié, font auffi des Casheflics. Keliub, felon le dénombrement forme un diftrict, mais Belbeis eft confondu entre les peuplades du Sharkié. Ce dénombrement donne un territoire particulier de Kahiré, ou du Caire ; & un autre affigné à Damiat, & qui doit être refferré dans Dakelié. Ce qui concerne ainfi la baffe Égypte ne pouvoit être expofé plus brièvement.

L'Égypte du milieu, ou *Voftani*, remonte depuis les limites de Bahiré jufqu'à une ligne tirée entre le diftrict actuel de Momflot & celui de Siut ; & Siut eft l'ancienne Lycopolis, la première des villes que l'on rencontre en entrant dans la Thébaïde. Ainfi, Voftani répond précifément à ce qui précédoit la Thébaïde fous le nom d'*Hepta-nomis*. Et quoiqu'il n'y ait point d'égalité dans le nombre des diftricts, je remarque néanmoins qu'on peut y trouver de la correfpondance. Le diftrict qui confine au Bahiré de la baffe Égypte, & dont le chef-lieu aujourd'hui eſt Gizeh vis-à-vis du Vieux-Caire, peut repréſenter le nome auquel Memphis donnoit le nom. On ſait que le Feïum répond au nome Arſinoïte. Behneſé, qui eſt immédiat à Gizeh, comprend avec le nome d'Oxyrynchus celui d'Heracléopolis. L'ancien nome Hermopolite devoit s'étendre ſur Momflot comme ſur le diſtrict d'Ashmunein, par la raiſon que les El-Wahah dépendent de Momflot comme les Oaſes dépendoient de l'Heptanomide. Enfin, le diſtrict d'Atfieh, ſeul ſur la rive orientale du Nil, où le terrain de l'Égypte eſt très-reſſerré, tient lieu du nome Aphroditopolite.

Pour ce qui concerne l'ancienne Thébaïde, le dénombrement ne diviſe toute cette partie ſupérieure, depuis les limites de l'Heptanomide juſqu'à la Cataracte, qu'en trois départemens ; Oſiot ou Siut, Akmim, & Kous. Les deux premiers paroiſſent ſe rapporter à la première des deux provinces qui partageoient la Thébaïde ſous le bas Empire ; & le diſtrict de Kous peut ainſi repréſenter la haute Thébaïde. Je remarquerai même en paſſant, que pluſieurs Savans ont pris Kous pour l'ancienne Thèbes, mais en confondant deux poſitions différentes, comme on verra par la ſuite. Un grand nombre de Casheflics, ou de petits diſtricts particuliers, que l'on cite actuellement dans cette même partie de l'Égypte au-deſſus de Siut, & qui ſurpaſſe celui des anciens Nomes, n'eſt pas d'une conſidération à tenir place dans la diſtribution de l'Égypte en provinces.

VI.

SUR L'ÉGYPTE.
VI.
Des différens bras du Nil, & de ses embouchures dans la mer.

Après avoir traité de ce qui concerne l'Égypte d'une manière générale, il faut en venir à un détail d'objets particuliers, & commencer par ce que renferme la partie inférieure, voisine de la mer, & moins reculée de nos regards, que ce qui s'éloigne en remontant jusqu'aux limites de la partie supérieure. Reconnoître les différens bras entre lesquels le Nil se partage avant que d'arriver à la mer, c'est ce qu'il y a de plus difficile à démêler dans le local de l'Égypte.

La division du Nil pour former le Delta, se fait à trois lieues de ce qu'on nomme le Vieux-Caire, à trois schènes de Memphis au rapport de Strabon, autrement quinze milles selon Pline; & ces distances seront analysées dans la suite de cet ouvrage, lorsqu'il sera question de rechercher l'ancien emplacement de Memphis. Nous ne connoissons guère par nos Voyageurs que deux bras du Nil, qui à la vérité sont les principaux, & les seuls navigables en tout temps de l'année : & personne n'ignore, que l'un de ces bras est celui qui descend à Rascid, dont le nom altéré par l'usage que les Francs en ont fait est Rosset; & que l'autre bras conduit à Damiat ou Damiette.

Il sort de la rive gauche du bras tendant à Rascid plusieurs canaux : & celui dont je remarque qu'il est mention dans la Géographie de l'Edrifi, fous le nom de Nahr Sabur *(Climatis III, parte III)*, fe détache en effet du Nil, fous un lieu dont le nom eft écrit Shaabur dans le dénombrement, & rangé comme il convient dans le diftrict de Bahiré. Après avoir paffé par une ville nommée Demenhur, ce canal rencontre le lac Maréotis. On connoît une dérivation antérieure, qui felon la carte du P. Sicard, va joindre l'autre au-deffous de Demenhur. Mais, en defcendant plus bas que le canal de Shâbur, & près d'un lieu nommé Râhmanié, le canal qui porte les eaux à Alexandrie fort du Nil : & plus bas encore, le bord oppofé à la ville de Foûa, fituée fur la rive droite, eft coupé par des canaux, qui vont s'épancher dans une lagune, dont l'iffue dans la mer eft à la Maadié, ou le Paffage, lieu fort connu entre Alexandrie & Rafcid. Il eft parlé de cette émanation & de cette lagune dans l'Edrifi, à la fuite du canal de Shâbur. Et quoiqu'en étudiant ce qu'on trouve dans ce Géographe avec un affez grand détail, fur les divifions du Nil en différens bras & canaux, on y reconnoiffe de la confufion & des méprifes, des diftances peu convenables; cependant on reconnoît en général des rapports avec l'idée la plus jufte qu'on puiffe prendre des circonftances du local fur cet objet.

Le bras qui defcend à Damiat, & dans lequel le Nil paroît entrer d'une manière à tendre plus directement vers la mer que le précédent, dont l'entrée fe courbe vers le couchant, nous fournit un plus grand nombre de dérivations, à ne tenir compte même que des principales. Vansleb *(page 46)* parle d'un canal, sortant de la rive gauche du bras de Damiat, & vers le milieu de son cours, près d'un lieu nommé Shiobret-el-Iémeni, & qui se rend dans la mer à Brullos, ou Berelos. Ce canal après avoir été dirigé vers la grande Mehallé, rencontre dans la direction qu'il prend ensuite vers le nord, un autre canal dérivé du fleuve un peu plus bas que Semennud, & va tomber dans le lac qui prenoit autrefois le nom de la ville de Butus, & dont le débouchement à la mer est à Berelos. Mais, ce canal paroît recevoir des dérivations du fleuve, qui sont antérieures à la position indiquée par Vansleb : & l'Edrisi parle de la rivière de Mehallé de manière à faire croire, que de la ville de Mehallé en tournant vers le midi, & passant par Manuaf (ou Menuf) on rejoindroit le bras oriental du Nil près d'un lieu nommé *Shiantuf*, situé vers la pointe formée par la division du fleuve, & dont le nom se lit Shatnuf dans Abulféda. Je remarque même, que c'est le moyen d'entendre Hérodote *(lib. II, 17)*, quand il dit que le Nil ayant coulé dans un lit seul, s'ouvre immédiatement après trois routes différentes, τειφασίας ὁδᾶς. Méla *(lib. I, c. 9)* le veut de même en disant, *primùm circa Cercasorum oppidum triplex (Nilus) esse incipit*. Car, la ville dont il parle étoit située précisément, selon Hérodote *(lib. II, 15)*, près de la division du Nil, pour couler d'un côté vers Péluse, de l'autre vers Canope, comme il s'explique au sujet de cette ville. On voit dans l'Edrisi une grande île, dont le bras occidental sortant du Nil sur le rivage opposé à Moniat-el-Attar (ou Min-Attar) se rejoint à l'oriental vis-à-vis de Damasis, ou Demsis-Moniet en Sharkié, selon qu'il est mention de ce lieu dans le dénombrement. Or, ce bras occidental doit être pris pour une partie supérieure du canal dont il s'agit, en remontant de Mehallé vers Shatnuf ou Shiantuf. Mais, il faut ajouter à ces circonstances, que le canal détaché du Nil à Shiobret-el-Iémeni, croissant à Mehallé, le cours qu'on a vu qu'il prend vers le nord, traverse dans un autre sens la largeur du Delta, pour communiquer au bras du Nil tendant à Rascid ; & cette branche de canal est le Nahr Bolqin, ou Belkin, dont l'Edrisi a eu quelque connoissance. Il en est de même du canal ouvert au-dessous de la position de Semennud, & qui arrivant au bras de Rascid, aux environs de la ville de Foûa, est appelé canal de Rascid ou de Rosset.

Passons maintenant à la rive droite ou orientale du bras de Damiat. La première dérivation à laquelle je m'arrêterai, quoique précédée de plusieurs autres, se fait à Demsis-Moniet, ou Miit-Demsis ; & cette dérivation est celle que l'Edrisi décrit sous le nom de Nahr Shianshia, passant par une ville qui lui donne ce nom, & par un lieu nommé Safnas, avant que d'arriver au lac que ce Géographe nomme Alzar, qui est une continuation du grand lac de Tennis. Ce lieu de Safnas est très-remarquable, en ce qu'il nous conserve une position, dont il est mention dans Hérodote, & qui est appelée *Daphnæ Pelusiæ*. Je ne parlerai point actuellement d'un canal qui s'en détache sur la droite de son cours, & ne tendant point à la mer, passe à l'ancienne ville de Bubastus : il en sera question dans un autre endroit de cet ouvrage.

En descendant plus bas, & près d'un lieu nommé Salemié, il sort du Nil un autre canal, appelé Kalitz-ul-Fars, c'est-à-dire, canal du Cheval. Ce canal conduit à la position de San, ou de l'ancienne Tanis, dont je remarque que le nom est Tanah dans l'Edrisi, qui applique au canal qui y passe le nom de Tennis, qu'une ville située dans le grand lac qui reçoit les dérivations du bras de Damiat, communique à ce canal. Une troisième dérivation à distinguer de plusieurs autres, est celle qui se fait sous la ville de Mansora. Je la reconnois dans l'Edrisi, quand il parle d'un canal ouvert sous une ville nommée Tucha, en se détachant sur la droite de celui qui conduit à Damiat, & se perdant dans le lac de Tennis. Car, s'il ne nomme point Mansora, c'est que la fondation de cette ville par Malek-ul-Kamil, l'an de l'Hégire 616, de l'Ere Chrétienne 1219, est postérieure à l'Edrisi, qui écrivoit sa Géographie vers le milieu du siècle précédent. Abulféda donne à ce canal le nom d'Ashmun, que lui communique la ville d'Ashmun-Tanah, située sur ce bras du Nil, & qui représente l'ancienne Mendés. Dans un assez grand nombre de lieux que l'Edrisi place sur ce même canal, on en trouve un fous le nom de Tenah, comme il se lit dans la version des Maronites. Je remarque, que dans l'histoire de Saint Louis, selon le récit que fait le Sire de Joinville des opérations de guerre aux environs de Mansora, le nom du canal est Rexi, & que les circonstances qui ont rapport au Rexi, sont les mêmes à l'égard du canal d'Ashmun dans l'histoire d'Abulféda. La carte du P. Sicard m'apprend, que son nom actuel est Bahr Ezzaghir, ou le petit fleuve, ce qui est très-convenable par comparaison au bras du Nil, qui continue son cours vers Damiat.

Le grand lac qui reçoit les trois canaux que l'on vient de reconnoître, n'est séparé de la mer que par une plage étroite & sablonneuse, & dans cette plage on est instruit qu'il y a trois ouvertures, par lesquelles le lac communique avec la mer. De ces ouvertures, celle qui peut répondre à la première ou plus haute des dérivations du bras tendant à Damiat, conserve dans le nom de Tineh qui la distingue, celui qui par sa signification propre, & connue dans la langue Arabe, correspond à la signification que renferme le nom de Péluse dans la langue Grecque. La seconde ouverture est appelée Eummé-Fareggé, selon que la carte du P. Sicard m'en instruit; la troisième Dibé, ou en langue Franque des gens de mer, Peschiera. Il est indubitable que ces trois débouchemens nous indiquent autant de bouches du Nil, la Pélusiaque, la Tanitique, & la Mendésienne. Mais, parce que les canaux du Nil qui tendent

SUR L'ÉGYPTE.

à ces embouchures, sont plus foibles qu'ils n'étoient autrefois, & depuis que le fleuve a fait du canal de Damiat son lit principal & presque unique, au lieu du Pélusiaque qui formoit le Delta ; ces embouchures restent à sec lorsque le Nil ne couvre plus les terres par son inondation, & que le lac qui en recevant les eaux du fleuve en avoit pris la douceur, reprend la salure qui lui est naturelle. Les Francs qui vont à Damiat, dont ce lac n'est éloigné que de deux milles, l'appellent *Mare morto*.

En continuant de procéder depuis la bouche Pélusiaque d'orient en occident, celle qui est immédiate à la Mendéfienne, selon le témoignage uniforme de Diodore, de Strabon, de Pline, de Ptolémée, étant la Phatmétique, ou Phatnitique (car ce nom se lit ainsi diversement), cette bouche ne peut être que celle que le Nil conserve peu au-dessous de Damiat. Strabon veut même, que cette bouche ne fût inférieure en grandeur qu'aux bouches Pélusiaque & Canopique. Hérodote, qui ne fait point mention d'une bouche Phatmétique, attribue à la Sébennitique ce que Strabon dit ainsi de la Phatmétique ; & l'un & l'autre de ces auteurs conviennent néanmoins, en ce qu'ils rapportent, que cette bouche est l'issue d'un canal qui se détache des autres bras du Nil vers le sommet du Delta. Hérodote ajoutant, que de ce canal sortent le Saïtique & le Mendéfien, & le nom de Saïtique étant propre au canal Tanitique chez quelques-uns, au rapport de Strabon *(p. 802)*;

il est clair que ce qu'on lit ainsi dans Hérodote ne peut s'entendre que du bras du Nil, qui après que ces canaux en sont sortis, se rend dans la mer sous Damiat. Ainsi, la bouche Sébennitique d'Hérodote est la Phatmétique ou Phatnitique de tous les autres écrivains de l'antiquité. Et parce que tous ces écrivains s'accordent à distinguer une bouche Sébennitique d'avec la Phatmétique, & à la faire succéder dans l'ordre que nous suivons, ou précéder immédiatement dans un ordre contraire ; la bouche Sébennitique se retrouve dans l'issue du lac de Butus, qui reçoit, comme on l'a vu ci-dessus, un canal dérivé d'auprès de Semennud, ou de l'ancienne Sebennytus.

Il nous faut encore deux bouches du Nil : car l'antiquité en demande sept ; *septem gemini ostia Nili*, dit Virgile *(Æneid. VI)*. Ces deux bouches sont la Bolbitine, & la Canopique. Selon Ptolémée, la Bolbitine est l'issue d'un canal particulier, nommé Tali ; & cette bouche ne sauroit être que celle de Rascid, nonobstant une opinion assez commune que l'entrée du Nil sous Rosset est la bouche Canopique. Cette entrée étant aujourd'hui ce que la Canopique étoit autrefois par sa grandeur, voilà ce qui a donné lieu à cette opinion. Mais, il est arrivé des changemens dans les bouches du Nil, quant à leur grandeur, & à la Canopique comme à la Pélusiaque, qui n'est plus comme on a vu précédemment la plus considérable sur un des côtés de l'ancien Delta. La distance de 150 stades indiquée

par

par Strabon, entre le Phare & la bouche Canopique, ne fait pas la juste moitié de l'intervalle d'Alexandrie à l'embouchure du Nil sous Rascid. On ne comptoit même que 12 milles d'Alexandrie à Canope, qui donnoit le nom à la Canopique: *Canopus*, dit Ammien-Marcellin, *duodecimo (ab Alexandriâ) disjungitur lapide*. Il est vrai que Pline en rapportant cette distance à la bouche même, resserre l'espace plus qu'il ne convient; & entre la position de Canope & l'embouchure, il faut donner place à un lieu, dont Strabon fait mention sous le nom d'*Heracleum*, & qui a fait donner à cette bouche le nom d'Héracléotique comme celui de Canopique. Elle auroit aussi été appelée Naucratique, selon Pline. Mais, ce qu'il ajoute, & ce qui sembleroit désigner un *ostium Canopicum* différent de l'*Heracleoticum*, par un vice d'expression en ces termes, *Canopico, cui (Heracleoticum) proximum est, præferentes*, ne doit s'entendre que d'une diversité de dénomination. Il est indubitable, que ce qu'on appelle aujourd'hui *Maadié*, ou le trajet, sur le chemin d'Alexandrie à Rascid, est un reste de l'ancien bras du Nil, qui formoit une des principales embouchures de ce fleuve, & terminoit le Delta sur la gauche, comme la bouche Pélusiaque sur la droite.

Je ne formerai point de conjecture sur une bouche, dont il n'est mention que dans Hérodote, & qu'il nomme Bucolique, dont l'ouverture n'étant pas l'ouvrage de la Nature, avoit été creusée, & on peut être étonné qu'il en dife autant de la Bolbitine. Ptolémée place deux fauffes bouches, *Pfeudoftoma*, Pineptimi & Diolcos, entre la bouche Sébennitique & la Phatmétique. Un Voyageur moderne *(Tr. V. de P. Lucas, tome II, p. 18)* nous fournit une circonftance particulière dans cet intervalle, qui eft qu'au débouché du canal de Damiette, un bas-fond comme il s'explique, ou un canal féparé de la mer par une longue plage, l'a conduit au cap de Brulos.

Les différens bras du Nil, qui embraffent ou qui partagent le Delta, font diftingués par des noms particuliers dans Ptolémée. Mais, de tous ces noms celui d'*Agathos-dæmon*, ou du Bon-génie, donné au canal qui depuis le fommet du Delta fe rend à la mer par la bouche Canopique, eft le feul fur lequel il n'y ait point d'équivoque. Car, après avoir pris une connoiffance pofitive du local en cette partie de l'Égypte fpécialement, on croit pouvoir dire qu'elle eft traitée d'une manière très-fautive par Ptolémée, ce que le détail des anciennes pofitions dans lequel la fuite de ces Mémoires doit nous engager, mettra en évidence; & rien ne fera mieux connoître combien les travaux Géographiques de nos jours font fupérieurs à ceux de l'antiquité. Si l'on en croit Ariftote *(Meteor. lib. I, c. 11)*, le Nil n'avoit de bouche formée par la Nature que la Canopique, toutes les autres n'étant point l'ouvrage du fleuve, mais du travail des hommes. Cette opinion ne feroit pas propre à faire adopter celle qui vouloit que le Delta dans tout ce qu'il occupe d'espace, fût un don du Nil. Cellarius ne la juge pas d'accord avec le texte sacré *(tome II, Afr. p. 19)*, sur les prodiges opérés *in campo Taneos,* par la raison que le Nil devoit dès-lors s'y rencontrer. Mais, nonobstant cette désignation locale, qui pourroit d'une manière vague & générale regarder l'Égypte inférieure, il y auroit des raisons de douter que le peuple Hébreu fût parti de Tanis, plutôt que de la hauteur de Memphis, n'ayant point eu la mer sur son passage entre Tanis & le mont Sinaï.

Nous aurons occasion d'examiner à quels canaux peuvent se rapporter d'autres fleuves du Delta de Ptolémée, l'Athribitique, le Busiritique, le Bubastique, en fixant la position des villes, dont ces canaux pouvoient tirer les noms qui leur sont donnés, sans oublier celui que Ptolémée ajoute sous le nom de Thermutiaque. Entre ces différens canaux il fait distinction de plus d'un Delta, & on conçoit aisément celle de ce qu'il appelle le petit Delta d'avec un plus grand. Ce petit Delta étant renfermé par lui entre le canal Busiritique & le Bubastique, le Busiritique est celui qui tend à la bouche Phatmétique, & ce qu'il appelle le Bubastique, il le conduit à la bouche Pélusiaque. Pour ce qui est d'un troisième Delta, qu'il fait intermédiaire, en le prenant sur celui qu'on croira volontiers être le grand Delta; ce n'est qu'après avoir démêlé quel peut être le fleuve Athribitique de Ptolémée, qu'on peut concevoir quel est ce troisième Delta. Il paroîtra bien resserré sur la

G ij

mer, en conséquence de ce que l'Athribitique est conduit à la mer par la fausse bouche de Pineptimi, & le Busiritique par la bouche Phatmétique.

VII.

ALEXANDRIE.

L'Égypte n'a point de ports sur la Méditerranée, si l'on excepte ceux d'Alexandrie. C'est ce qui put déterminer Alexandre dans le choix qu'il fit de cette position pour y fonder une ville de son nom, ce qu'autrement un canton de terre qui de sa nature étoit stérile, & dépourvu d'eau douce, ne l'auroit point invité de faire. Le séjour des Rois qui possédèrent l'Égypte, par le démembrement d'un Empire qui suivit de près la mort du conquérant, & l'avantage d'une situation, qui fit d'Alexandrie l'entrepôt du commerce des contrées de la haute Asie avec celles de l'Europe, rendirent cette ville une des plus puissantes de l'Univers, & lui firent conserver sous la domination Romaine, pendant plusieurs siècles son lustre & sa richesse. Il n'est donc pas étonnant qu'on trouve dans les écrits des anciens un assez grand détail de circonstances concernant le local d'A- lexandrie, & que la curiosité soit excitée à le connoître. C'est ce qui peut rendre très-intéressant un plan plus exact que ceux qui ont été publiés. Dans un voyage Anglois fort enrichi de figures, on croit voir le local d'Alexandrie figuré comme il paroîtroit au coup-d'œil de dessus une éminence, comprimé en avant du sud

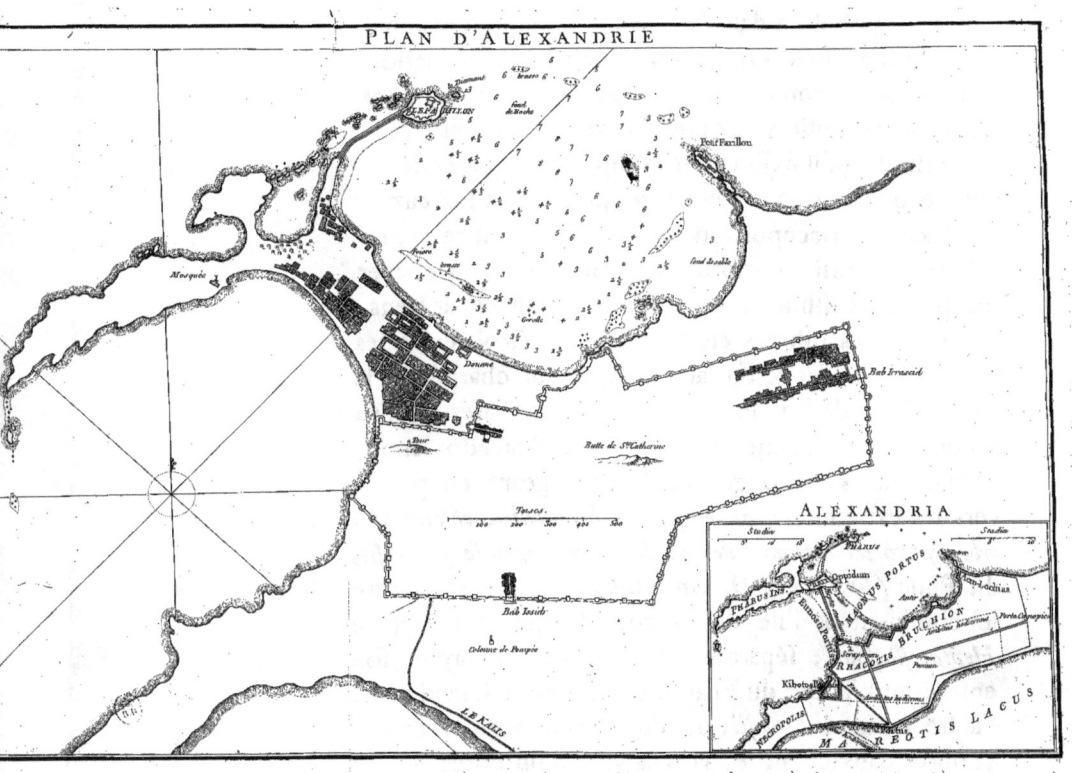

au nord, alongé fur les côtés, ce qui altère étrangement la vraie figure de l'enceinte de la ville & de fes ports. Un plan moins imparfait en général dans M. Norden, manque de précifion dans les détails, comme il manque d'échelle. J'ai donc cru devoir inférer ici la réduction d'un plan levé géométriquement par un François, dont je citerois volontiers le nom s'il m'étoit connu : & je fuis perfuadé qu'il fuffira de le comparer aux précédens, pour reconnoître tout l'avantage qu'il prend fur eux.

Alexandrie occupoit un terrain refferré entre la mer & le lac Maréotis, de forte qu'on ne pouvoit y arriver que par deux ifthmes, comme en parlent les anciens, & l'un de ces ifthmes étoit même fort étroit entre les rivages de la mer & du lac. L'Ingénieur chargé de la conftruction de la ville, & nommé Dinocharés, donna à l'enceinte la forme d'une cafaque Macédonienne, arrondie dans fa longueur, & s'alongeant en pointe vers les extrémités : *ad effigiem Macedoniæ chlamydis, orbe gyrato laciniofam, dextrâ lævâque angulofo procurfu*, dit Pline *(lib. V, c. 10)*. Un môle, fondé en mer entre le continent & l'île de Pharos, & qui étoit appelé *Hepta-ftadium*, féparoit deux ports, l'un ayant fon entrée fous la tour du Phare, & nommé le Grand-port, l'autre nommé *Eunofti*, ou du Bon-retour. Deux ouvertures dans ce môle, vers la ville d'un côté, & vers l'île du Phare de l'autre, laiffoient une communication entre les ports. On trouve dans les anciens des indications fur l'étendue d'Alexandrie. Strabon *(lib. XVII, p. 793)* & Josèphe *(de Bello, lib. II)* font d'accord à donner à la ville 30 ſtades de longueur : la largeur étoit 10 ſtades ſelon Josèphe, de 7 ou 8 ſeulement ſur les côtés, ſelon Strabon. Ce qu'on lit dans Philon *(in Flaccum)*, que l'eſpace entre le port du canal du Nil & l'arſenal contigu aux palais, eſt d'environ 10 ſtades, répond à la largeur de la ville. Dans Quinte-curce, l'enceinte de la ville eſt marquée de 80 ſtades: *octoginta ſtadiorum muris ambitum deſtinat*, en parlant d'Alexandre: & cette meſure ſe concilie avec les précédentes, ſi on double la longueur de 30 ſtades, & la largeur ſur le pied de 10. Selon Pline *(ubi ſuprà)*, la meſure du circuit de la ville par Dinocharés embraſſoit 15 milles: *metatus eſt eam.... XV M. paſſuum laxitate inſeſſa;* ce qui paroîtroit répondre à 120 ſtades au lieu de 80.

Il eſt arrivé des changemens dans le local d'Alexandrie. Des deux iſthmes dont parlent les anciens, on n'en connoît qu'un vers l'extrémité de la ville qui répondoit à un fauxbourg, appelé Necropolis, ou la ville mortuaire. Le lac ne reſſerre plus l'emplacement d'Alexandrie du côté contraire, ce qui ne ſurprend point quand on ſait, que les lacs maritimes de l'Égypte couvrent moins d'eſpace quand le Nil ceſſe d'inonder les terres, que quand les terres en ſont inondées. Strabon dit préciſément que la crûe du Nil agrandit le Maréotis. Et on peut penſer que les canaux dérivés du fleuve, s'ils ſont plus négligés depuis la décadence d'Alexandrie, verſent moins d'eau dans le lac qu'ils n'en verſoient autrefois, sur-tout ceux dont la dérivation remontoit, au rapport de Strabon, jusque vers la partie supérieure du pays, plutôt que de la partie latérale & en même hauteur que le lac. Un autre changement non moins évident du côté de la mer, c'est de voir qu'un atterrissement formé entre les deux ports d'Alexandrie, selon qu'ils existent, a couvert l'*Hepta-stadium*, en donnant une largeur de terrain assez considérable, à ce qui n'étoit autrefois qu'une chaussée étroite, *angustum iter*, comme s'en explique l'historien *(lib. III)* qui a écrit de la guerre civile entre César & Pompée. Cet atterrissement en prenant sur le grand port, qu'on nomme aujourd'hui le Port-neuf, en a écarté le rivage; & la mer que bordoient les remparts de la ville, s'en trouve éloignée en quelques endroits d'environ 250 toises, selon le plan géométrique de l'état des lieux.

Cependant, on pourroit vouloir soumettre à quelque analyse, & appliquer au local, les indications données sur l'étendue de l'ancienne Alexandrie. Or, je suis persuadé que l'*Hepta-stadium* peut servir d'échelle à l'égard de ces dimensions. Il ne faut point douter que la longueur de ce môle ne le fît ainsi nommer; & le témoignage d'Aristide le Sophiste, que la distance de Pharos à l'égard du continent est de sept stades, s'y rapporte. Une verge d'échelle déterminée précisément en toises sur le plan actuel, fournit environ 530 toises, entre le rempart de la ville sur l'ancien rivage du port, & le terrain appartenant à l'île du Phare. Ainsi, la mesure du stade est donnée de 76 toises; & cette mesure de stade bien loin d'être arbitraire, se trouve précisément celle d'un stade qu'on connoît avoir été d'usage dans l'antiquité, & qui plus court d'un cinquième que le stade Olympique, n'est que la dixième partie de la longueur du mille Romain. La distance d'Alexandrie à Canope, qu'on sait par Ammien-Marcellin avoir été de 12 milles, comme j'ai eu occasion de le rapporter dans la section précédente, est marquée sur le pied de 120 stades dans Strabon, & de même dans Aristide; & le stade de l'*Hepta-stadium* met de l'accord entre ces indications différentes d'une même distance. J'ajouterai même, que par un examen critique de la mesure du degré terrestre par Ératosthène, & qui est le sujet d'un Mémoire que j'ai donné à l'Académie, le stade qui y paroît propre en rigueur est celui que l'*Hepta-stadium* vient de nous faire trouver.

Il faut encore que l'évaluation qui convient précisément à ce stade ait l'avantage de résoudre la difficulté, qui semble naître de ce que le compte de 15 milles pour le circuit d'Alexandrie dans Pline, paroît demander 120 stades, au lieu des 80 stades indiqués par Quinte-curce, & qui méritent considération, en ce qu'ils se trouvent analogues, comme on l'a remarqué ci-dessus, à la mesure donnée de longueur & de largeur dans l'étendue d'Alexandrie. C'est une chose familière à Pline, de marquer des distances en milles, par la réduction d'un nombre de stades à raison de huit pour
un

un mille, selon la compensation la plus commune entre ces différentes mesures, sans avoir égard à une différence de longueur plus ou moins grande dans le stade. C'est ce qui devient évident en comparant au local actuel des distances données de cette manière ; & ce qu'on doit à Pline est de voir dans le nombre des milles un nombre de stades, dont il reste à démêler la longueur particulière, entre plusieurs longueurs à distinguer dans ce qui a été désigné également par le terme de stade. Les 15 milles de Pline, tenant ainsi lieu de 120 stades, il résulte de ce nombre de stades comparé à celui de 80, que les stades dont Pline concluoit 15 milles, n'étoient aux autres stades que comme 2 est à 3. Et parce que la plus grande de ces deux longueurs de stade se rapportera au stade donné par l'*Hepta-stadium*, il résulte de sa juste évaluation à 76 toises, que celle du stade plus court d'un tiers se réduit à 50 toises 4 pieds. Or, rien de plus convenable que cette mesure de stade : c'est bien la même que celle du stade qui servoit à composer le schène Égyptien, comme on a vu dans une des sections précédentes. La longueur de l'*Hepta-stadium* étant prescrite par la mesure positive du local même, est au-dessus de la difficulté qu'on voudroit former, sur ce que l'historien de la guerre civile parle de cette chaussée comme ayant 900 pas de longueur. La supposition ordinaire de huit stades pour un mille pouvoit donner lieu à s'exprimer ainsi d'une manière générale.

puisque sept stades étoient supposés répondre à 875 pas.

L'évaluation du stade par la longueur de l'*Heptastadium*, donne 2250 toises au moins d'étendue en longueur à l'ancienne Alexandrie, & 750 de largeur. L'enceinte actuelle de la ville, depuis Bab-Irrascid, ou la porte de Rosset, jusqu'à un angle avancé dans le Vieux-port, ne fait mesurer qu'environ 1600 toises, & environ 600 dans la largeur, entre la porte de la marine & Bab-Issidr, qui regarde la colonne que l'on nomme de Pompée, qui, à plus de 100 toises hors de la ville, pouvoit autrefois y être enfermée. Un lieu plus ancien que la fondation d'Alexandrie, & dont le nom de *Rhacotis* subsista dans l'un des deux principaux quartiers de la ville, & est encore employé dans les Dictionnaires Coptes, comme propre à Alexandrie, bordoit une partie du Grand-port & le port Eunoste. Tacite *(histor. lib. VI, c. 84)* désigne cette situation en disant, que le Temple de Sérapis y avoit été construit, & le lieu élevé sur lequel le *Serapeum* étoit placé, au rapport de Sozomène *(lib. VII, c. 15)*, se connoît par un tertre, qui porte une tour de garde ayant vue sur les ports, & où l'on fait journellement sentinelle. Léon d'Afrique *(part. VIII)*, qui parle de cette tour, est bien fondé à dire, *in vero ella no ha sito naturale*, puisque Rufin décrivant le Temple de Sérapis, qui fut détruit en 389, par Théophile, Patriarche d'Alexandrie, marque que cet édifice étoit soutenu en l'air par des voûtes. Il faut ajouter ici, qu'un port fermé, nommé par cette raison *Kibotos*, ce qui signifie proprement un coffre, suivoit le port Eunoste, sans qu'il en reste de vestige, si ce n'est qu'une retraite dans les murs de la ville en désigne l'enfoncement, qui pouvoit être couvert d'une Darce, comme on en voit en plusieurs ports de la Méditerranée. Quoique ce port ne paroisse point aujourd'hui, on croiroit qu'il existoit encore du temps de Léon d'Afrique, qui écrivoit au commencement du seizième siècle. Car, comment rapporter à toute l'étendue du Port-vieux, dont l'entrée a 800 toises de largeur, un port fermé d'une chaîne, *Marza-el-Silsili*, dont parle Léon d'Afrique! On apprend de Strabon, qu'un canal du Nil se rendoit dans le Kibotos. L'ancienne Alexandrie s'alongeoit de ce côté-là comme de l'autre au-delà des limites de la nouvelle, & jusqu'au faubourg de Nécropolis, dont les anciennes sépultures, qui l'avoient fait ainsi nommer, se voient dans cet isthme resserré comme autrefois entre la mer & le lac Maréotis. Un auteur Arabe, cité par Golius (*Not. in Alferg. p. 159*), fait mention de ce faubourg d'Alexandrie, en désignant une des trois parties qu'il distingue dans cette ville, par le nom de *Nekita*.

Un quartier qui pouvoit prévaloir sur celui de Rhacotis, auquel il étoit contigu sur le Grand-port, dont il bordoit la plus grande partie, & nommé *Bruchion*, renfermoit la demeure des Rois. Fortifié d'une enceinte particulière séparément du reste de la ville, l'avantage de pouvoir foutenir un fiége, comme Céfar le foutint contre les Alexandrins, avoit caufé la ruine du Bruchion fous Aurélien, comme on l'apprend d'Ammien-Marcellin. Strabon donne un détail de lieux remarquables fur le rivage du port, depuis le promontoire *Lochias*, qui fermoit ce port du côté oppofé au Phare, & qui avoit un premier Palais, auquel les Ptolémées en avoient ajouté d'autres qui fe communiquoient. Une petite île voifine du rivage fous le nom d'*Antirrhodus*, ne paroît point, fi ce n'eft pas une pointe de terre en faillie dans la courbure du rivage, & dont le canal qui l'en féparoit peut avoir été comblé. Je vois dans la carte du P. Sicard, que le nom d'Antirrhodus eft appliqué à l'écueil en avant du Lochias, & qui porte une tour vis-à-vis du Phare. Mais, c'eft après avoir parlé diftinctement des rochers qui couvrent le Lochias, & en avançant enfuite dans le port & jufqu'aux palais intérieurs différens du Lochiade, que Strabon parle d'Antirrhodus. Il faut ajouter à cette defcription fommaire de l'ancienne Alexandrie, que deux rues principales & fpacieufes traverfoient la ville, l'une en fa longueur, l'autre en fa largeur, & croifant la première. Et on peut croire qu'à cette première répond *una lunga strada*, que Léon d'Afrique dit fubfifter depuis la porte du levant jufqu'à celle du couchant, le refte de la ville étant détruit. A la direction de ces grandes voies étoit vraifemblablement affujétie celle des rues qui en partoient: & felon qu'Alexandrie exiftoit du temps

SUR L'ÉGYPTE.

qu'Abulféda écrivoit fa géographie, ce qui remonte à plus de 300 ans, les rues étoient encore alignées de manière à former des carrés comme ceux d'un échiquier.

Ce qu'on fait ainsi de l'état des lieux dans l'ancienne Alexandrie, pouvant se combiner avec l'état actuel, & s'assujétir à des dimensions convenables à l'espace du terrain correspondant ; on croit pouvoir figurer les choses selon qu'il y a apparence qu'elles existoient autrefois : & c'est ce que je me suis permis de faire dans un retranchement pris sur le carré qui renferme le plan levé sur les lieux, en réduisant l'échelle de ce plan au tiers de sa longueur pour cette représentation particulière de l'ancienne Alexandrie. Le public a vu dans le neuvième volume de l'Académie, un Mémoire plein de recherches sur Alexandrie, par M. Bonami ; & je voudrois pouvoir dire que le plan qu'on y a joint répond au mérite de ce Mémoire.

Mais, il reste à parler du Phare. On dit communément que l'île du Phare couvre les ports d'Alexandrie, ce qui n'est vrai en rigueur qu'à l'égard de celui que l'on nomme le Vieux-port. Le fanal du Phare ne doit à l'île de *Pharos* que le nom qui lui est devenu propre, & qui s'est communiqué à d'autres lieux semblables : il ne lui doit point son assiette, étant élevé sur un rocher isolé par la Nature, de forme à peu près ovale, & d'environ 100 toises dans son grand diamètre, selon l'échelle du plan. C'est un môle ou une jetée, ayant des arches comme un pont, qui lie la tour du Phare, nommée aujourd'hui le Farillon, avec la partie orientale de l'île, dans un espace d'environ 260 toises. Strabon auroit dû dire, que l'*Hepta-stadium* joignoit l'île à l'occident du Phare, non pas, comme il le dit, à l'extrémité occidentale de l'île. Il s'étoit formé une ville à l'issue de l'*Hepta-stadium*, qui fut brûlée par César pendant la guerre qu'il eut avec les Alexandrins; mais que l'on doit croire avoir été rétablie sans retardement, puisqu'il en est mention dans Pline *(lib. V, c. 31)*, en ces termes : insula juncta ponte Alexandriæ, colonia Cæsaris dictatoris Pharus. Ce lieu a porté le nom de *Majumas*, qui dans plus d'un langage oriental est propre à désigner le lieu maritime ou le port dépendant d'une ville voisine, comme on trouve *Majumas Gazæ, Majumas Ascalonis*. M. Wesseling dans une note sur la Notice d'Hiérocles *(page 723)*, rapporte un passage des actes de Saint Cyrus, où les *Majumates Alexandrini* sont cités. L'auteur Arabe, dont Golius a tiré ce qui concerne la ville d'Alexandrie divisée en trois quartiers, donne à ce quartier de l'île du Phare le nom de *Menna*, que l'on jugera pouvoir être formé d'après le terme Grec de *Limen*.

Alexandrie, nonobstant plusieurs calamités en différentes occasions, s'étoit soutenue florissante par l'avantage de sa situation, qui continuoit d'en faire l'entrepôt du plus grand commerce, lorsque l'Égypte tomba au pouvoir des Arabes sous le Khalifat d'Omar. Mais, cette ville ayant voulu fecouer le joug d'une nouvelle domination, & rentrer dans celle des Empereurs Grecs, Amru-ebn-el-Aas, à qui les Arabes dûrent la conquête de l'Égypte, démantela Alexandrie. Ainfi, l'enceinte actuelle, moins vafte que n'avoit été l'ancienne, & qui mit cette ville en état de foutenir un fiége contre les Francs, l'an 1166, eft une reftauration poftérieure au temps d'Amru, & l'ouvrage de quelque prince Mahométan. On fait que prefque tout l'intérieur de cette enceinte eft aujourd'hui enféveli fous des ruines. Ce qui forme actuellement un lieu peuplé à Alexandrie, eft placé fur cet atterriffement, qui a couvert l'ancien *Hepta-ftadium*, & une partie du grand port; & je n'ai point connu de plan, où l'emplacement de ce nouveau lieu fût auffi-bien figuré, que dans celui qui accompagne ce que je viens d'écrire fur Alexandrie.

VIII.

Environs d'Alexandrie, & partie de l'Égypte inférieure fur la gauche du canal tendant à la bouche Canopique.

Nous reconnoiffons, d'après Hérodote, le golfe de *Plinthine* pour limite de l'Égypte vers le couchant; & c'eft ce qu'il eft d'ufage dans les cartes modernes de nommer le golfe des Arabes. Sur la pointe de terre qui ferme le côté limitrophe de l'Égypte, il exifte une vieille fortereffe, dont le nom d'*Abufir*, ou de *Bufiri* felon Léon d'Afrique, conferve avec évidence celui de *Taposiris*, dont il est mention en plusieurs auteurs de l'antiquité. Dans Ptolémée, Taposiris placée dans les terres, cède la position maritime à Plinthiné, dont le golfe tiroit son nom : & de ce que le nom que portoit Taposiris est resté à un lieu voisin de la mer, *citta su'l mare*, dit Léon d'Afrique, on peut inférer que Taposiris & Plinthiné étoient en grande proximité, & peut-être des lieux contigus. Il n'entre point dans mon objet d'examiner, si Procope *(Ædific. lib. IV, c. 1)* étoit bien fondé à rapporter à la sépulture d'Osiris le nom, qu'il écrit *Taphosiris* par cette raison.

En approchant d'Alexandrie, *Chersonesus*, avec le surnom de *parva* selon Ptolémée, est une forteresse, que Strabon fixe à 70 stades d'Alexandrie & du fauxbourg de Nécropolis. Deux écueils vis-à-vis de cette pointe de terre sont appelés îles des Arabes. Le *Niciæ pagus* entre Plinthiné & la Chersonèse, est donné par Strabon en cette position. Cette partie maritime n'est qu'une bande de terre (Ταινία, selon l'expression de Ptolémée *(lib. IV, c. 5)* resserrée par l'étendue que prend le lac Maréotis d'une manière oblique entre le couchant & le midi. Les anciens s'expliquent diversement sur l'espace qu'occupe cette étendue. Il semble exagéré par le nombre des milles dans Pline. Les 300 stades de longueur dans Strabon, & 150 de largeur, paroîtront convenables en stades, dont il résultera 30 milles romains dans un sens, & 15 dans l'autre. Les îles qu'il y renferme, au nombre de huit, sont un détail
qui

qui échappe à notre connoiffance actuelle. Le nom de *Buhaira,* que l'on trouve dans Léon d'Afrique, n'eft qu'un terme générique. Il en eft de même de celui de *Sébaca,* employé par Vanfleb, & que nous verrons par la fuite répété dans le nom de Sebaket Bardoil, qui eft devenu propre au lac Sirbonide de l'antiquité. Mais, dans le nom de *Birk Mariout,* on reconnoît la dénomination ancienne & particulière. Il faut croire que le voifinage d'une ville auffi puiffante qu'Alexandrie avoit peuplé les bords de ce lac, aujourd'hui prefque déferts. La carte du P. Sicard me fait découvrir fur le bord feptentrional du lac, un lieu fous le nom de *Mariout,* en interprétant ainfi dans la nomenclature moderne jointe à cette carte de l'ancienne Égypte, une ancienne pofition de *Marea.* Ce lieu de *Marea* paroît indiqué par Hérodote, comme étant fitué fur les confins de l'Égypte vers la Libye, ainfi qu'un autre lieu qui y eft affocié fous le nom d'*Apis.* Et ce qu'il rapporte au fujet de ces lieux, favoir que les habitans y buvoient des eaux du Nil, quoiqu'éloignés du Delta, ne répugne pas à une fituation fur le lac Maréotis, qui reçoit le Nil par des dérivations. Comme il ne faut pas fe rendre trop févère fur les pofitions de Ptolémée, eu égard à certaines convenances dans les circonftances locales, on pourroit être moins incertain que Cellarius ne le témoigne, fur l'identité de ce lieu de Marea avec celui de *Palæmaria* dans Ptolémée.

En s'éloignant d'Alexandrie vers le levant fur le

I

rivage de la mer, le premier lieu qui fe préfente eft *Nicopolis*, qu'une victoire qu'Augufte y avoit remportée fur Antoine avoit fait ainfi nommer. La diftance d'Alexandrie, qui eft de 30 ftades felon Strabon, eft réduite à 20 par Josèphe, ce qui peut dépendre d'une différence de lieu dans le point de partance. Car, Alexandrie avoit de ce côté-là un faubourg fort avancé vers Nicopolis. On lit dans Pline *(lib. VII, c. 23)*, qu'à deux milles d'Alexandrie, *duo millia paſſuum* en toutes lettres, eft une ville dont le nom fe lit *Juliopolis*. Delà, ajoute-t-il, la navigation du Nil conduit à Coptos, *indè navigant Nilo Coptum*. On trouvoit apparemment quelque avantage à s'embarquer en ce lieu, en évitant quelque difficulté à la fortie des ports d'Alexandrie. Ce fut à Nicopolis, au rapport de Josèphe *(lib. IV, circa finem)*, que Tite allant faire la guerre aux Juifs, fit embarquer l'armée qu'il commandoit, le Nil l'ayant enfuite conduit jufqu'à Thmuis, dans le nome Mendéfien; & je n'omets point cette circonftance hiftorique, pour faire remarquer qu'entre les canaux de traverfe que nous avons décrits dans le Delta, on retrouve précifément ce qui répond à cette route. La *Juliopolis* de Pline, dont il n'eft fait aucune autre mention que je fache, mais qu'il fixe dans une diftance d'Alexandrie à peu-près pareille à celle de Nicopolis dans Josèphe, & qui avec ce point de convenance paroît encore comme un lieu également propre à s'embarquer pour fe rendre dans le Nil, pourroit n'être qu'un feul & même lieu avec Nicopolis. Mais, les chiffres qu'on trouve dans Pline, favoir CCCIII, entre Juliopolis & Coptos, font exceffivement défectueux, & très-infuffifans. Nicopolis fe nomme aujourd'hui *Cafr-Kiaffera*, ou Château-des-Céfars. L'Edrifi plaçant entre Buckir & Alexandrie un lieu fous le nom d'*al-Cafrain*, ou des Deux-tours, défigne évidemment celui dont il eft queftion.

On voit dans Strabon, qu'il y avoit un canal qui conduifoit d'Alexandrie à Canope, creufé parallèlement au rivage de la mer, de manière à ne laiffer qu'une bande de terre étroite, *tæniam*, dans l'intervalle. Il place fur la côte, à la fuite de Nicopolis, une *Tapofiris micra*, ou petite, par diftinction de celle qui étoit au couchant d'Alexandrie. Il parle enfuite d'une ville de *Thonis*, comme ayant exifté du temps que la tradition faifoit arriver Ménélas fur ce rivage. C'étoit une opinion communément reçue, que la ville de *Canopus*, ou *Canobos*, felon les écrivains Grecs, devoit fon nom au pilote du navire que montoit Ménélas; nonobftant qu'au rapport d'Ariftide le Sophifte, les prêtres Égyptiens prétendiffent que dans la langue propre du pays ce nom eût la fignification de *terre d'or*. On lit dans Saint Épiphane *(lib. IV, c. 3)*, que Canopus, pilote de Ménélas, & fa femme qu'il nomme Euménuthis, ont leur fépulture fur le rivage à douze milles d'Alexandrie. Cette diftance eft celle dont on eft inftruit d'ailleurs, entre Alexandrie & Canope, & on trouve dans Étienne

I ij

de Byzance un lieu sous le nom de *Menuthis* auprès de Canope. Ptolémée donne cette ville pour capitale à un canton du nom de *Menelaüs*. Il y a une ville de *Menelaüs* dans Strabon; & le district appelé *Menelaitis* dépendoit, comme on l'apprend d'une lettre de Saint Athanase, de l'évêque résidant à *Schedia*, dont il sera mention ci-après. On ne sauroit attribuer à l'ancienne ville de Canope, notée dans l'antiquité par la licence qui y régnoit, d'autre emplacement que celui d'*Abukir*, ou de *Bekier*, selon l'usage des Européens de prononcer ce nom. Un *Heracleum*, que j'ai eu occasion de citer ailleurs, étoit en position intermédiaire de Canope & de la bouche Canopique. Entre plusieurs écueils, qui sont au-devant de la pointe du Békier fort avancée en mer, on peut adapter au principal l'île Canopique, dont Méla, Eustathe, Étienne de Byzance, font mention, sans parler d'une île du nom d'*Argei*, autrement *Argais*, que l'on rencontre dans Étienne comme étant adjacente à Canope.

Du canal qui conduisoit à cette ville se détachoit, un peu au-delà d'un lieu nommé *Éleusine*, une branche de canal, pour arriver à un autre lieu semblable à une ville, dit Strabon, & nommé *Schedia*. Il ajoute, qu'on s'y embarquoit pour remonter dans le pays, & qu'on y percevoit des droits sur les marchandises que les parties supérieures de l'Égypte fournissoient à la ville d'Alexandrie, ce qui dénote un lieu propre à l'abord de ces marchandises, à l'issue du bras du Nil tendant

SUR L'ÉGYPTE.

à la bouche Canopique, par lequel elles avoient été portées jusque-là. Le P. Sicard prend pour cette position un lieu nommé *Etko*, situé sur la droite des lagunes qui sont un reste de cette branche Canopique. Mais, outre que c'est transporter Schedia dans le Delta, les quatre schènes de distance que marque Strabon entre Alexandrie & Schedia répondant à 16 milles, ne s'étendent pas jusqu'à la position qui est donnée à Etko, & si cette distance atteint le bord du bras Canopique, c'est peu au-dessus de son embouchure. L'Itinéraire d'Antonin nous indique dans un plus grand éloignement d'Alexandrie, & marqué xx, autrement xxiiii, une mansion, dont le nom se lit *Cercu* dans la plupart des exemplaires, mais qui plus correctement est *Chereu*, comme le remarque M. Wesseling d'après Saint Athanase, ou *Chœreu* d'après Saint Grégoire de Nazianze ; & la distance d'Alexandrie donnée sur le pied d'une journée de chemin, peut se rapporter à l'une ou à l'autre des indications de l'Itinéraire.

La voie passant par le lieu qui précède, tend à *Hermopolis*, qui dans le texte latin de Ptolémée est *Mercurii civitas*, avec le surnom de *parva*, par distinction d'avec l'Hermopolis de l'Heptanomide. L'indication de la distance qui y conduit en partant de Chereu, est xxiiii dans l'Itinéraire, ou xx ; & on remarquera que s'il y a de la variété dans les distances particulières d'Alexandrie à Hermopolis, il y a compensation dans leur total. Hermopolis étoit capitale d'un nome appelé le pays

I iij

Alexandrin, d'où vient que l'évêque de ce lieu eſt intitulé du nom que portoit ce diſtrict, comme du nom même d'Hermopolis, dans les écrits de Saint Athanaſe. Vanſleb reconnoît Hermopolis dans un lieu dont le nom actuel eſt *Demenhur*, ancien ſiége épiſcopal ; & la carte du P. Sicard y eſt conforme. On lit dans Strabon, qu'Hermopolis eſt ſur le fleuve, ce que la poſition de Demenhur veut qu'on entende, non pas préciſément de la branche principale qui tend à la bouche Canopique, mais du canal que dans la deſcription qui a été faite des diviſions du Nil, on a vu ſortir de cette branche près du lieu nommé Shabur. Demenhur porte un ſurnom, qui eſt *el-Wohhosh*, comme qui diroit du *déſert*, ce qu'il faut attribuer à ce que celui de Nitrie, qui n'eſt pas éloigné, & les monaſtères qui ont illuſtré ce déſert, dépendoient du ſiége épiſcopal d'Hermopolis, comme on l'apprend de Saint Jérôme (*Epit. Paulæ*).

Entre cette ville & celle d'*Andropolis*, ou ſimplement *Andro*, ſelon l'uſage qu'on a fait en Égypte de noms ſemblables, l'Itinéraire marque XXI en une ſeule diſtance, ou bien en deux diſtances particulières, XXIIII & XII, en paſſant par une manſion nommée *Nithine*, qui n'eſt point connue d'ailleurs. La diſtance qui paroît donnée d'une manière directe, nous porte vers l'endroit, où le canal qui tend à Demenhur ſe détache du canal principal ou Canopique. Andropolis eſt la capitale d'un nome dans Ptolémée. Strabon n'en faiſant

SUR L'ÉGYPTE.

point mention, fait fuivre Hermopolis immédiatement par une ville & un nome de *Gynæcopolis*. On ne peut fe difpenfer de remarquer la diftinction des deux fexes dans les dénominations purement Grecques d'Andropolis & de Gynæcopolis; & il femble qu'une raifon de proximité entre ces lieux mis en oppofition, les auroit fait ainfi diftinguer, & que par adhérence immédiate, il n'y en ait qu'un des deux qui foit cité par Strabon. Ayant reconnu que la pofition d'Andropolis fe range vers l'endroit où un canal fe détache du Nil, il faut ajouter qu'à un lieu affez confidérable, fitué au point de cette divifion, & nommé *Shabur*, eft adhérant un autre lieu de même confidération, nommé actuellement *Selamun*, & cette contiguité de lieux égaux eft une circonftance dont le rapport eft fingulièrement analogue à ce qu'on vient d'obferver. On lit dans Hérodote *(lib. II, 98)*, qu'en remontant le Nil au-deffus du Canope, & vers Naucratis (dont il fera parlé dans la fuite) on rencontroit une ville, qui fous la domination des Rois de Perfe étoit un apanage de l'époufe du Souverain; & Cellarius n'ofe peut-être pas affez fe livrer au foupçon qu'il témoigne, que cette ville pourroit être Gynæcopolis. Il paroîtra évident à l'infpection du local, que la route que fait prendre Hérodote tend à un même canton; & le nom d'*Anthylla*, fous lequel cette ville a été connue d'un ancien hiftorien, peut avoir été remplacé depuis lui, comme beaucoup d'autres en Égypte, par un terme Grec, sous une domination qui a succédé à celle des Perses. Dans la Notice de l'Empire, on trouve une milice à *Thebaïdos Andro;* & outre que nous ne connoissons point de ville de ce nom dans la Thébaïde, ce n'est pas dans le département de la Thébaïde, mais dans celui de l'Égypte proprement dite, qu'il est mention de ce poste militaire.

Une position qui suit Andro dans l'Itinéraire sous le nom de *Niciu*, & qui précède *Letus* ou *Latopolis*, appartient au Delta, qu'on ne s'est point proposé d'entamer dans cette section. Mais, avant que de parler de Latopolis, un lieu dont il est mention comme d'une ville de l'Égypte dans Étienne de Byzance, sous le nom de *Terenuthis*, ou *Thenenuthi* moins correctement dans la Notice de l'Empire, entre les postes du département de l'Égypte, se retrouve sur le bord occidental du Nil, le nom de *Terané* actuellement en usage, étant peu altéré de la forme antérieure, ou *Terenut*, qui n'est point ignorée chez les Coptes. On sait que c'est le lieu d'où il est plus ordinaire de partir pour entrer dans le désert de Nitrie, & que le Natron qui sort de ce désert est transporté à Terané, pour être embarqué sur le Nil. La position de *Letus*, dont le nom est *Latonæ civitas* dans le texte latin de Ptolémée, peut dépendre d'une distance immédiate marquée xx dans l'Itinéraire entre Letus & Memphis: & cette ville, chef-lieu d'un nome, étoit à l'écart du Nil, selon Ptolémée. Je suis surpris que le P. Sicard l'ait fait passer dans le Delta,

puisque

puisque cette ville & son nome, sont bien distinctement entre les villes & les nomes que Ptolémée indique être au couchant du grand fleuve, comme il s'explique. Sur des limites qui pouvoient être communes entre l'Égypte inférieure & le district de Memphis, il faut placer une ville dont le nom s'écrira *Cercasorum* d'après Hérodote *(lib. II, 15 & 97)*. *Cercesura* d'après Strabon *(p. 806)*; l'un disant que c'est-là que le Nil se divise en plusieurs bras, & l'autre que c'est du côté de la Libye que cette ville est située. En cette position précisément, il existe un lieu nommé Eksâs; & parce que le dénombrement l'adjuge au district de Gizeh, & non au Bahiré, ce pourroit être une raison de refuser la ville dont il s'agit à l'Égypte inférieure.

En s'avançant jusque-là, on laisse fort en arrière une ville dont parle Strabon, sous le nom de *Momemphis*, & qu'on trouve aussi dans Étienne de Byzance. Le nom de *Memf* ou de *Memuf*, que porte un lieu situé sur l'extrémité orientale du lac Maréotis, comme la carte du P. Sicard m'en instruit, est analogue à la dénomination de Momemphis. Dans la même carte, & peu loin de cette position, j'en vois une autre, dont le nom actuel d'*Ephrim*, selon la nomenclature moderne de cette carte, a fait croire au P. Sicard par quelque ressemblance, que ce pourroit être *Papremis*, dont Hérodote parle en plus d'un endroit. Mais, en considérant que le district dépendant de cette ville, ou *Papremitis*, est cité par Hérodote avec plusieurs autres

K

que renferme le Delta, il m'a paru hasardeux de placer ainsi *Papremis*; & je préfère l'omission de quelques lieux de l'ancienne Égypte, à un emplacement trop incertain.

Au-dessus de Momemphis, dit Strabon *(p. 803)*, sont deux endroits qui fournissent le nitre, & donnent le nom à un nome appelé *Nitriotis*. Selon la carte du P. Sicard, peu loin de Momemphis est un petit lac de nitre, qui n'est point connu d'autre part. Mais, il faut croire que Strabon a parlé de deux lacs voisins l'un de l'autre, d'où se tire en effet le natron, nommés *Nedebé* & *Sedé*, & qui en hiver n'en font qu'un, d'où vient apparemment que dans la carte du P. Sicard, je le vois figuré comme unique en sa longueur. On n'imaginera donc pas des lieux séparés par quelque distance considérable, sur ce qu'on lit dans Pline *(lib. XXXI, c. 10)*, *circa Naucratim & Memphim*. Près de ces lacs, en tirant vers le nord, est le mont de Nitrie, dont il est mention dans Socrate & dans Nicéphore-Callixte; & selon Saint Jérôme, il y auroit eu une ville de même nom. On sait combien les environs de Nitrie ont été célèbres par le grand nombre de Monastères dont ils étoient peuplés. Le nom de *Scetis*, qui est celui du désert de Nitrie dans Socrate & dans Nicéphore, paroît être resté en celui d'*Askit*, au monastère de Saint-Macaire en particulier. La situation des quatre qui subsistent en ce désert est assez connue. Sozomène & Pallade parlent d'un lieu du désert de Scetis, sous le nom de *Pherme;* & je croirois plus convenable d'en dériver le nom d'*el-Baramus*, qui est celui d'un de ces monastères, que d'imaginer un nom de *Romaüs,* selon la conjecture du P. Sicard *(Missions du Levant, t. II, p. 67),* fondée sur ce que des Grecs ont occupé ce monastère. Chez les Arabes, le nom de ce désert est *Barrai-Sciahiat ;* & vu que dans Ptolémée, ce canton de l'Égypte inférieure éloigné du Nil, vers le midi du lac Maréotis, est appelé *Scithiaca regio,* ayant une ville appelée *Sciathis,* ce nom auroit grand rapport à celui dont les Arabes font usage. Les environs de Nitrie sont aussi appelés par les Arabes *Wadi-Hofaïb,* ou vallée d'Hofaïb : & on lit dans d'Herbelot, qu'Arsani, ou Saint Arsène, se retira dans le désert d'Hofaïb, près de Tarnaut (qui est Terenut), & qu'il demeura dans le monastère d'Askit. C'est au-delà du plus reculé de ces monastères, ou d'el-Baramus, qu'est un vaste & profond torrent, le *Bahr-Bela-mé,* comme on l'appelle, ou fleuve sans eau. Les monumens de l'antiquité ne fournissent rien qui y ait rapport. Dans Nicéphore-Callixte, & dans l'*historia miscella,* il est parlé d'un canal vers le lac *Marea,* sous le nom de *Lycus;* & les fondrières du torrent, creusées par des écoulemens d'eau subits & rapides, pourroient lui avoir fait donner un nom, qui a été commun à plusieurs rivières ou torrens dangereux par leur rapidité. Une carte de l'ancienne Égypte, publiée par Duval, joint les deux lacs Maréotis & Myris par un canal, auquel ce nom de *Lycus* est appliqué, quoiqu'on n'eût point encore de connoissance du Bahr-Bela-mé dans le temps où cette carte a été dressée. Dans celle du P. Sicard, la trace qu'on y voit du Bahr-Bela-mé s'étend depuis le voisinage du Maréotis jusqu'à joindre l'extrémité du lac de la province de Feïum. M. Granger a refusé sa créance à la pétrification des bateaux, dont la tradition des moines du désert veut que ce fleuve ait été autrefois navigué. Ce voyageur, que j'ai connu personnellement, & dont l'activité & la franchise composoient le caractère, nous fera trouver de pareils torrens qu'il a traversés, dans la partie de la haute Égypte qui s'étend vers le golfe Arabique.

IX.

Du Delta entre la bouche Canopique & la Phatmétique, ou celle de Damiat.

Le premier objet qui se présente est la bouche Bolbitine, que nous avons reconnu être celle qui s'ouvre dans la mer peu au-dessous de Rascid ou de Rosset, en prévalant aujourd'hui sur la Canopique. L'île qui couvre cette embouchure, & qui forme deux passes, est bien figurée dans une carte manuscrite que j'ai de la côte depuis Alexandrie. Rascid est une ville nouvelle, que Léon d'Afrique dit avoir été construite par un gouverneur d'Égypte, sous le règne d'un Khalife qu'il ne nomme point. Mais, on peut estimer que son em-

SUR L'ÉGYPTE.

placement répond à celui d'une ville de *Bolbitine*, qui donnoit le nom à l'embouchure du fleuve, & dont toutefois il n'eſt mention que dans Étienne de Byzance. Selon Ptolémée, ce coin du Delta, entre le grand canal du fleuve & celui qui ſous le nom de *Tali* forme la bouche Bolbitine, eſt un nome dont *Metelis* eſt la capitale. Cette indication feroit peu propre à déterminer la poſition de cette ville ; & il eſt avantageux d'être inſtruit d'ailleurs, que *Foûa*, qui eſt une groſſe ville ſur la rive droite du Nil, & à la hauteur de la diviſion des branches Canopique & Bolbitine, conſerve dans les vocabulaires Coptes le nom de Metelis dans celui de *Meſſil*. Ce que dans Étienne de Byzance on trouve par addition à Metelis, ſavoir, que cette ville a pris le nom de *Bechis*, ne convient à rien que l'on connoiſſe, ſi ce n'eſt que ce nom en particulier auroit grand rapport à un terme de la langue Copte déſignant une ville en général. Une pointe de terre ſablonneuſe & plate, comme Strabon parle du promontoire appelé *Agni cornu*, à la ſuite de la bouche Bolbitine, aujourd'hui appelé *Megaizel*, porte une tour qui domine ſur la mer; & qui par cette ſituation ſemble repréſenter ce que Strabon déſigne ſous le nom de *Perſei ſpecula*. Il ajoute que les Miléſiens ayant fait deſcente à la bouche Bolbitine, s'y étoient fortifiés dans un lieu appelé le mur *(teichos)* des Miléſiens.

A la ſuite du nome *Metelites* dans Ptolémée, eſt celui de *Phthenote* ; & ce que dans une énumération de plusieurs nomes de l'Égypte inférieure, on lit *Pte-nethu* dans Pline, s'y rapporte vraisemblablement. *Butus,* ou *Buto* selon la forme Égyptienne, étoit la capitale de ce nome, & on trouve des souscriptions d'évêques du même siége sous le nom du nome, comme sous celui de la capitale. On lit dans Hérodote *(lib. II, 155)*, que Butus est une grande ville, située vis-à-vis de l'embouchure Sébennytique, en remontant de la mer; & de ce qu'on lit ainsi, il naît une difficulté, sur ce que la bouche Sébennytique de cet historien n'est pas la vraie Sébennytique des autres auteurs de l'antiquité, mais plutôt la Phatmétique, comme on a vu dans l'examen particulier des bouches du Nil. Il faudroit donc que la situation de Butus & son lac, pussent convenir à la Phatmétique, lorsqu'il y a tout lieu de croire que cette situation, & le lac qui étoit nommé *Buticus,* n'y conviennent point. Un autre article non moins sujet à critique, est de voir dans Ptolémée le nome Phthenoté, & Butus sa capitale, remonter dans le Delta, plus au midi que le nome Metelités, ce qui est démenti par la disposition du local. Le P. Sicard, a placé Butus dans une île du lac, nommée *Kauadi.* Mais, avec l'opinion que cette ville étoit adjacente au lac qui en prenoit le nom, je doute qu'il soit permis de la transporter dans le lac même. Car, comment Strabon *(p. 802)*, lorsqu'il cite dans une même ligne avec Butus, une ville voisine comme étant située dans le lac, ne diroit-il pas la même chose de Butus, si la situation étoit semblable! Hérodote (*lib. II*, *156*), faisant mention d'une île de *Chemmis*, qu'il dit être peu éloignée d'un temple renfermé dans la ville de Butus, c'est bien un témoignage que cette ville étoit au bord du lac même. Nous ignorons, si ce qu'il nomme *Chemmitis*, entre plusieurs autres districts contenus dans le Delta, se rapporteroit à cette île de Chemmis.

En suivant l'ordre de Ptolémée, il faut parler du nome *Cabasites*. La carte du P. Sicard m'indique la situation de *Cabasa* dans un lieu nommé actuellement *Kabas-el-Meleh*, à quelque distance du Nil, & entre le levant & le midi à l'égard de Metelis. Le nome *Saites* succède en remontant le long du fleuve. Strabon parle de *Saïs* comme de la métropole de cette partie inférieure de l'Égypte, & il l'écarte du Nil de l'espace de deux schènes. Le nom de Saïs est remplacé par celui de *Sa* dans la nomenclature moderne de la carte du P. Sicard, & le dénombrement de l'Égypte m'indique en Garbîé un lieu nommé *Sa*. Mais, je ne saurois dire, si c'est par un défaut d'attention dans le dessein de la carte que je viens de citer, que la position de Saïs est appliquée à la rive du Nil. Une pareille situation convient particulièrement à la ville de *Naucratis*, qui reconnoissoit les Milésiens pour fondateurs, & que Ptolémée renferme dans le nome Saïtes, quoique Pline fasse un nome particulier du *Naucratites*. Le P. Sicard a pris pour la position de cette ville un lieu dont le nom actuel eft *Samocrat*, fur la rive gauche ou occidentale du Nil. Quelque reffemblance de dénomination pouvoit lui en impofer, & j'avoue de m'y être conformé dans quelques cartes antérieures à ce que j'écris. Mais, il faut favoir fe corriger ; & on lit formellement dans Strabon, que Naucratis fituée fur le fleuve, eft dans le Delta, ἐν τοῦ Δέλτα. C'eft à l'égard de Saïs, & non du fleuve, que Naucratis eft marquée en pofition occidentale dans Ptolémée, & cette ville y accompagne celles qui font indubitablement autant de lieux que le Delta renferme.

Dans Ptolémée, le nome Saïtes eft fuivi du *Profopites*, dont la capitale eft *Nikiu* ou *Nicii*, & l'Itinéraire nous indique cette ville en pofition intermédiaire d'Andro & de Letus. La diftance eft marquée xxxi à l'égard de la première de ces villes, xxviii à l'égard de la feconde ; & ce que ces indications de diftance prennent fur le local ne pouvant s'admettre fur une route qui feroit directe, elles demandent que la pofition de *Nikiu* y mette une divergence en forme de coude. Le P. Sicard a connu dans les terres du Delta un lieu fous le nom de *Nikios*, & l'identité de dénomination étoit très-propre à le déterminer de prendre ce lieu pour celui de *Nikiu*. On lit à la vérité dans Ptolémée, que cette ville eft fur le grand fleuve : mais, je reconnois la même pofition fur le bras du Nil, qui féparé du principal à Shatnuf, y rentre vis-à-vis de Damafis, felon la defcription de l'Edrifi. Car, le nom qui eft

écrit

écrit *Nicaüs* dans la verſion des Maronites, paroîtra bien le même que *Nikios*, à ceux qui ſavent combien dans l'orthographe orientale la variété eſt indifférente dans l'uſage des voyelles, lorſque les conſonnes ſont les mêmes par l'ordre comme par le ſon. J'ajoute à cela, qu'il faut perdre le Nil de vue dans l'intervalle d'Andro & de Letus, pour ſatisfaire à ce qu'exigent les diſtances données par l'Itinéraire. On trouve une ville du nom de *Proſopis* dans Étienne de Byzance, & le P. Sicard lui a donné une place indépendamment de celle de Nicii. J'ignore ſur quel fondement ; & parce qu'Étienne de Byzance ne parle point de Nicii, le nom de Proſopis en qualité de ville, auroit-il été tiré de celui du nome, pour tenir lieu de la capitale? Dans Hérodote *(lib. II, 41 & 165)*, *Proſopitis* eſt une île du Delta, ayant neuf ſchènes de circonférence, & dont une partie eſt appelée *Natho*. Une des villes que renferme cette île, & nommée *Atarbechis*, avoit un temple conſacré à Vénus. On trouve dans Strabon le nome *Aproſopites*, & dans ce nome une ville qui portoit le nom de Vénus, *Aphrodites-polis* ; & il n'y a, ce ſemble, de différence entre cette ville & l'*Atar-bechis*, que celle d'une dénomination Grecque au lieu de l'Égyptienne; & M. Jablonski *(Pantheon Ægypt. lib. I, c. 1)*, en a penſé de même. Cette ville ſera l'*Aphrodites*, citée par Pline *(lib. V, c. 10)* entre pluſieurs autres, qui appartiennent également au Delta. On lit dans Thucydide *(lib. I)*, que l'un des canaux dont l'île

L

Profopitis étoit renfermée, & dans lequel les Athéniens, qui furent long-temps affiégés dans cette île, avoient leur flotte, fut mis à fec par les Perfes fous Artaxerxe Longuemain. Une ville nommée *Byblos* par Ctefias, par Plutarque *(in Ifide)*, par Étienne de Byzance, avoit fervi de place d'armes aux affiégés ; & les dérivations par lefquelles le canal fut épuifé, peuvent faire juger que cette place étoit dans la partie inférieure de l'île, plutôt que dans la fupérieure. L'emplacement de Byblos en pofition plus feptentrionale que Nicii dans la carte du P. Sicard, eft appelé *Babel* dans fa nomenclature moderne.

Mais, en paffant comme on vient de faire d'après Ptolémée, du nome Saïtés au Profopités fans intervalle, on peut avoir omis un nome particulier, dont le nom fe lit *Phthembuthi* dans Ptolémée, *Phthemphu* dans Pline, & dont la capitale eft *Taua*. Il eft avantageux d'avoir un moyen de fixer la pofition de cette ville, en la rencontrant dans l'Itinéraire, où fa diftance à l'égard d'Andro, qu'il a été queftion de placer dans la fection précédente, eft marquée XII. Il faut ajouter, que le P. Sicard a connu un lieu confervant précifément le nom de *Taûa*. Et je remarque que la pofition de ce lieu, felon fa carte, ne démentira point l'indication de l'Itinéraire, fi on la jugeoit trop courte fur ce que dans Ptolémée la pofition de Taua eft tranfportée au-delà du canal qu'il nomme Thermuthiaque, canal ultérieur à celui qu'il appelle le Grand-fleuve, qui eft la branche

Canopique. Je ne vois point d'autre objet à confidérer, en remontant cette branche fur fa rive droite ou orientale; & maintenant, c'eft en defcendant le long du canal tendant à la bouche Phatmétique ou Phatnitique, qui nous borne dans la préfente fection, que la connoiffance du local continuera de fixer l'ancienne Géographie, qui ne paroît pas peu confufe & déplacée dans Ptolémée.

Ce célèbre Géographe eft, j'ofe dire, inconcevable comme Égyptien qu'il étoit, fur la diftribution qu'il fait des canaux du Nil. Comment l'excufer fur la première divifion de ces canaux, qui eft le fommet du Delta, en la faifant fous les noms d'*Agathos-dæmon* & de *Bubafticus fluvius*, antérieure par les points de fes Tables à la pofition de Babylon, que l'on ne fauroit douter avoir été au-deffus de cette divifion! C'eft peu connoître l'Égypte, que de témoigner comme Cellarius *(tom. II, Afr. p. 34)* quelque incertitude fur ce point. Si le canal qui eft nommé *Thermutiacus* dans le texte de Ptolémée, *Pharmutiacus* dans fa carte, fe rend à la bouche Sébennytique, comme il le dit précifément; ce canal au lieu d'être une dérivation de l'Agathos-dæmon, ainfi qu'il le marque, répond au canal, qui du fommet du Delta eft une des trois divifions dont il eft parlé dans Hérodote & dans Mela, & qui a réellement fon iffue à la bouche Sébennytique. La conjecture de Cellarius *(tom. II, Afr. p. 27)*, que le nom de Thermutiaque pourroit dériver de celui de *Thermuthis*, en changeant ainsi le nom de *Terenuthis*, n'est point heureuse ; & la connoissance de la position actuelle de *Terané*, que le Delta ne renferme point, lui auroit épargné cette conjecture. Quant à la diversité du nom de Thermutiaque ou de Pharmutiaque, le premier pourroit en effet dériver de *Thermuthis*, qui chez les Égyptiens au rapport d'Élien *(Animal. lib. IX, c. 31)*, étoit le nom d'une espèce d'aspic, fort révérée de cette nation, & dont les simulacres d'Isis paroissoient couronnés ; le second est le même que celui d'un mois Égyptien, qui dans l'année fixe répondoit à la plus grande partie de notre mois d'Avril.

Comme il semble naturel, & même décisif, que la situation des villes, dont plusieurs canaux du Nil empruntoient les noms que l'on trouve dans Ptolémée, serve à indiquer les canaux auxquels ces noms pourroient convenir ; la situation qu'*Athribis* conserve sous le nom d'*Atrib*, fera connoître que l'Athribique ne sauroit être un canal séparé du Bubastique, pour se rendre dans la mer par la fausse bouche de Pineptimi, entre les bouches Sébennytique & Phatmétique. Le Busiritique paroîtra une suite ou continuation de l'Athribitique. Et quant au Bubastique, dont le nom selon Ptolémée, s'étendroit à toute la branche du fleuve qui renferme le Delta, depuis la première division jusqu'à Péluse, la position de *Bubastus* n'y paroîtra prendre aucun rapport.

La principale des villes dont on ait à parler sur la rive occidentale du bras qui tend à la bouche Phatmétique, est *Sebennytus*, dont le nom ne souffre point d'altération marquée dans la forme actuelle de *Semennud*. On seroit bien indéterminé sur les moyens de placer les villes du Delta, vu la manière vague, sans ordre & sans rapport, dont il faut convenir qu'elles sont la plupart citées dans les écrits de l'antiquité, si l'on étoit destitué du secours qu'il faut chercher dans les positions que donne le local. *Busiris*, capitale d'un nome comme Sebennytus, & dont il est mention dans Hérodote & dans Strabon, conserve son nom pur dans celui de *Busir*; & le surnom de *Bana* qu'on y ajoute, selon Abulféda, la distingue de plusieurs autres lieux de même nom en Égypte. Sa position bien connue est en remontant peu au-dessus de Semennud, & sur la même rive. Une île qui renfermoit la ville de *Xoïs*, au rapport de Strabon, en remontant dans les terres au-dessus des bouches Sébennytique & Phatmétique, comme il s'explique, pourroit être celle dont il est parlé dans l'Edrisi, comme étant vis-à-vis de Busir, & qui dans une carte très-détaillée de cette branche du Nil, est figurée à la hauteur du canal tendant sur la gauche à Méhallé-Kebir. Il est vrai que dans cette situation immédiate à l'égard de Busiris, elle paroîtroit plutôt dépendre de Busiris que de Sebennytus, quoique Strabon parle de Xoïs comme étant du nome Sébennytique. Mais, que penser de la position donnée par Ptolémée, chez lequel Xoïs est en même hauteur que Butus, & en même longitude que Taua! Il faut convenir que Pline eſt d'accord avec Ptolémée à diſtinguer un nome particulier de Xoïs; & Xoïs donne le nom à une des Dynaſties de l'antiquité Égyptienne.

Dans pluſieurs relations de voyages faits en Égypte, il eſt parlé des magnifiques maſures d'un ancien édifice, près d'un lieu nommé *Bah-beït,* ou maiſon de beauté, à une lieue de la rive occidentale du Nil, & un peu plus bas que la hauteur de Semennud. On veut que ce ſoit les ruines d'un temple d'Iſis : mais en ce cas, ce temple ne ſera point le même que celui dont parle Hérodote, comme étant renfermé dans la ville de Buſiris. Bah-beït ſera plutôt l'*Iſidis oppidum,* dont il eſt mention dans Pline, en le tenant ſéparé par une virgule, comme dans les éditions du P. Hardouin & de Dalechamp, du nom de Buſiris qui ſuit : & cette diſtinction ſera même autoriſée par la mention que fait Étienne de Byzance, d'une ville d'Égypte ſous le nom d'Ἰσεῖον. Strabon & Pline joignent à Buſiris une ville, dont le nom eſt *Cyno* à la manière Égyptienne, ou *Cynopolis;* & on la trouve dans l'Itinéraire entre Thmuis & Taua, la diſtance étant marquée xxv d'un côté, xxx de l'autre. *Onuphis* étoit une ville diſtinguée dans cette partie du Delta, capitale d'un nome ſelon Hérodote & Ptolémée. Le P. Sicard en rapporte la poſition à celle d'un lieu nommé *Banub.* Je remarque qu'en cette place, on peut être ſurpris que dans les Notices, qui diviſent la province d'*Ægyptus* en première & ſeconde, Onuphis paroiſſe demeurer à la première dans le voisinage des villes de la seconde, & que Cabasa au contraire soit rangée dans la seconde, près des villes que conserve la première. Mais, en examinant ce qui compose les districts des provinces multipliées sous le bas-Empire, un pareil défaut d'arrondissement s'y fait quelquefois remarquer.

On voit dans Ptolémée deux nomes Sébennytes, l'un supérieur, l'autre inférieur. Le premier appartient à la ville de Sebennytus en particulier : le second descend vers la bouche Sébennytique, & *Pachnamunis* est sa capitale. Le P. Sicard assigne à cette ville une position, qui dans sa nomenclature moderne est appelée *Kimam-el-emd*, & peu loin de l'église de Sainte-Damiane, célèbre chez les Coptes sous le nom de *Gémiané*. Selon Vansleb *(page 158)*, il existoit autrefois près de cette église une ville, dont le nom Copte est *Tekebi*; & comme le premier est Arabe, on peut soupçonner que c'est le même emplacement. Le canal Sébennytique a son cours peu loin delà vers le couchant, pour se rendre immédiatement au-dessous dans le lac, auquel convient le nom de Sébennytique comme au canal même, selon Étienne de Byzance. Cette partie du Delta, adjacente à la mer, vaste & fort unie, que l'on voit aujourd'hui stérile, a été appelée *Elearchia*, à cause des marais qui la couvrent. Et c'est-là qu'un prince Égyptien, Amyrtée, protégé par la disposition des lieux, se soutint contre les Perses, sous Artaxerxe Longuemain, après même que tout le reste de l'Égypte fut rentrée sous l'obéissance de ce monarque, comme on lit dans Thucydide *(lib. 1)*. Dans les temps du bas-Empire, l'Élearchie paroît partagée entre deux siéges ayant leurs évêques, l'un étant *Pachnamunis*, & l'autre dont la position est inconnue sous le nom de *Phragonis*. Il est même mention d'*Elearchia* séparément de l'un & de l'autre dans la Notice d'Hiéroclés, quoiqu'il n'y ait point d'apparence de supposer un lieu de ce nom en particulier. On ne sauroit méconnoître *Berelos* dans le nom de *Paralus*, qui dans cette notice suit Elearchia, & dont la situation sur la bande maritime de cette partie du Delta la plus reculée vers le nord, semble tirer sa dénomination du terme Grec, qui exprime un pareil emplacement. Je suis même informé, que le nom dont l'usage a fait celui de Berelos, est *Paralou* chez les Grecs.

X.

Du Delta entre la bouche Phatmétique & la Pélusiaque, & de la partie maritime jusqu'aux limites de l'Égypte.

Ce qui nous reste à parcourir dans l'Égypte inférieure répond à ce qui composoit l'Augustamnique, séparément de la province d'Égypte proprement dite, & je prévois que l'abondance de la matière m'obligera de la partager en plusieurs sections. Il doit être question d'abord de savoir, si la ville de Damiat, ou comme on dit vulgairement Damiette, tient à l'ancienne Géographie. *Tamiathis* est une ville d'Égypte, selon Étienne de Byzance. Mais, parce que dans une Notice Grecque
on

on voit *Tamiatha* entre les villes de la province d'Arcadie, il paroîtroit incertain que la mention de *Tamiathis* regarde la ville de Damiat, ce qui a fait jeter les yeux fur un bourg de la petite contrée du Feïum, ou du nome Arfinoïte, dont le nom de *Tamieh* femble le même que celui dont il s'agit. L'avantage de la fituation de Damiat, à l'entrée d'une des bouches du Nil, qui de tout temps a été confidérable, ce qui fait de cette ville une des plus floriffantes de l'Égypte, doit perfuader que cette fituation n'aura point été négligée, quoiqu'il n'en foit point parlé dans les auteurs d'une haute antiquité. Damiat ne fauroit être regardée comme un fiége épifcopal d'affez fraîche date, vu la prérogative de fiége métropolitain qu'on lui connoît dans le neuvième fiècle. On apprend d'Abulféda, que cette ville fut fortifiée fous Mutavekil, dont le Khalifat eft du milieu de ce même fiècle. Elle eft ce femble plus en droit de révendiquer la mention qui eft faite de Tamiathis dans Étienne de Byzance, qu'un autre lieu obfcur, auquel le déplacement de Tamiatha dans une Notice a fait recourir. Et fi dans la Notice d'Hiéroclés on ne voit point Tamiathis entre les villes de l'Auguftamnique première, ce n'eft pas que ce nom foit tranfporté dans l'Arcadie. Au refte, combien de fois s'eft-on mépris en confondant Damiat avec Pélufe! Gyllius ne s'y eft point laiffé tromper, étant bien dans l'opinion que c'étoit la Tamiathis d'Étienne de Byzance. Un Savant fort habile dans la Mythologie, qui a fait des notes pour groffir une édition des voyages de le Bruyn, prend non-feulement Damiat pour Pélufe, mais parce qu'il y a un grand lac dans le voifinage de cette ville, il applique à ce lac le nom du Sirbonide, qui eft éloigné de Damiat de plus de 30 lieues, éloigné même de 40 milles à l'égard de Pélufe. L'emplacement de Damiat n'a pas toujours été précifément le même. Cette ville fut rafée deux ans après que Saint Louis l'eût rendue au Sultan d'Égypte, & rebâtie quelques années après, à un peu plus de diftance du Bogas, ou de l'entrée du fleuve, que dans fa première fituation.

La rive droite ou orientale du canal tendant à la bouche Phatmétique, vers la partie inférieure de fon cours, appartient au nome Mendéfien. C'eft par un déplacement que ce nome, & *Thmuis* fa capitale, paroiffent en-deçà du canal Bufiritique dans Ptolémée. Car la pofition reconnue de Bufiris indique infailliblement quel eft le canal auquel le nom de Bufiritique peut fe rapporter : & vu que ce canal tend à la bouche Phatmétique, de l'aveu même de Ptolémée, c'eft en effet l'iffue de celui qu'on voit rafer la pofition de Bufiris, en la laiffant fur fon rivage gauche ou occidental. Or, les nomes de Sébennytus occupent ce côté de la gauche du canal, & c'eft fur la droite que nous trouverons les pofitions qui appartiennent au nome Mendéfien, de même que la bouche Méndéfienne doit fuccéder à la Phatmétique, au lieu de la précéder. *Thmuis*, qu'Ammien-Marcellin met au nombre des principales villes de l'Égypte, conferve fon nom fans beaucoup d'altération dans celui de *Tmaié*, avec de grands veftiges d'antiquité. Sa pofition eft au milieu du pays de plaine, qu'Ariftide le Sophifte attribue au nome Mendéfien, & qui aujourd'hui nommé Dakelié, fait partie du Sharkié, ou de la contrée orientale à l'égard du canal qui defcend à Damiat, & que nous venons de voir être le Bufiritique. Selon Saint Jérôme, Thmuis devoit fon nom dans la langue Égyptienne au bouc, qui étoit adoré en cette ville, ce qu'Hérodote rapporte au nom de Mendés en particulier *(lib. II, 46. 166)*. Thmuis eft auffi diftingué de Mendés en qualité de nome dans Hérodote. Un canal dérivé du Nil un peu au-deffus de celui qui fort près de Manfora, paffe à Tmaié, & va fe joindre à l'autre vers Ashmun-Tanah, avant leur iffue commune dans le lac de Manzalé vis-à-vis de l'ouverture qui répond à la bouche Mendéfienne. Je ne vois point de lieu en ce canton qui puiffe tenir la place de *Mendés* préférablement à *Ashmun-Tanah*, dont il eft parlé dans Abulféda comme de la ville principale du Dakelié, & qui donne le nom au canal que nous favons être le Mendéfien. Le P. Sicard tranfporte la pofition de Mendés dans une île nommée *Afraïl*, ou du Démon. Pindare, qui au rapport de Strabon *(p. 802)* avoit dit que Mendés eft près des bords efcarpés de la mer, κρημνὸν θαλάσσης, eft repris fur cela par Ariftide, à qui le local de l'Égypte étoit plus connu qu'au poëte lyrique.

MÉMOIRES

Près de Mendés, dit Strabon, est *Diospolis,* & un lac aux environs ; & je remarque dans ce détail de circonstances une attention particulière, & plus satisfaisante qu'en d'autres endroits dans Strabon, sur les villes d'Égypte qu'il parcourt en écrivant sa Géographie. Un titre par lequel cette Diospolis de l'Égypte inférieure est recommandable, quoique moins connue que les deux villes de même nom dans la supérieure, c'est de tenir une place entre les villes qui distinguent différentes Dynasties de rois ou de princes dans les annales Égyptiennes. On peut être surpris de la voir au nombre des villes de la province d'Égypte proprement dite, dans la Notice d'Hiéroclés. Le témoignage formel de Strabon sur la proximité de Mendés, la mention d'un lac qui n'est pas le Sébennytique, nous placent indubitablement dans l'Augustamnique. Je vois Suidas cité par Ortelius *(verbo Diospolis),* pour dire que Diospolis est dans le district de Busiris. Mais, ce district n'a point de lac ; il est même dans l'éloignement des lacs que l'on sait être voisins des rivages de la mer, & en partie adjacens au nome Mendésien contigu à Diospolis. Dans Ptolémée, un nome qui devient limitrophe de celui de Mendés par les positions de ses Tables, & sous le nom de *Neut,* a pour capitale la ville de *Panephysis,* & le nom de Diospolis n'y paroit point. Selon la Notice d'Hiéroclés, où l'on vient de remarquer que le nom de Diospolis se trouve inféré mal-à-propos dans la province d'Égypte, Panephysis est comme il convient une ville de l'Auguftamnique première. Sa fituation étoit conforme à celle dont on eft inftruit par Strabon à l'égard de Diofpolis, c'eft-à-dire, voifine d'un lac. Jean Caffien *(collat. VII, c. 26)*, qui avoit été fur les lieux, le fait connoître en difant, qu'un défert adjacent à la ville de Panephyfis, étoit inondé par les eaux des lacs pouffés par le vent du nord. Je fuis fort tenté de croire, je l'avoue, que Diofpolis & Panephyfis, qu'un même canton & qu'une fituation femblable réclament, feroient une feule & même ville, fous deux noms différens, l'un Grec, l'autre Égyptien, comme il eft notoire qu'il en a été de même de plufieurs villes de l'Égypte. Strabon & Ptolémée font ici ufage de l'un de ces noms, exclufivement à l'autre qu'ils n'emploient pas; & de cette manière l'un de ces noms peut cacher l'autre, & en tenir la place. Dans la carte du P. Sicard, je vois Panephyfis fort avant dans les terres, plus près du fommet du Delta que de la mer. Le nom de *Neté*, qui répond à cette pofition dans la nomenclature moderne, lui en aura impofé par quelque reffemblance au nom de *Neut*, que Ptolémée donne au nom de Panephyfis, & que le P. Sicard a infcrit fur fa carte près de la pofition dont je parle. Mais, parce que le témoignage de Jean Caffien, qui apparemment n'avoit point échappé aux recherches du P. Sicard, demandoit une autre fituation, il a fuppofé une autre ville de même nom, en la plaçant comme une île dans le lac même, quoique le narré de Jean Caffien ne donne point lieu de le vouloir ainsi. La principale position sur le rivage du lac est celle de *Manzalé*, vers l'entrée du canal Mendésien, & dont le nom se communique au lac même, quoiqu'autrement désigné par le nom de *Tennis*.

Une île de ce lac, en tirant vers la bouche Tanitique, étoit l'emplacement d'une ville, que les écrivains de l'antiquité ne connoissent point, mais dont Jean Cassien a parlé d'une manière bien différente de ce qui regarde Panephysis quant à la situation, disant que les habitans de *Tennesus* sont tellement environnés de la mer & des lacs, que parce que la terre leur manque, ils ne subsistent que par le secours de la navigation. L'Edrisi joint à la mention qu'il fait de *Tennis*, plusieurs îles qui en sont voisines dans le même lac. Le P. Kirker (*in Œdipo*, *tom. I, c. 23*), qu'on peut dire n'être pas le seul qui ait confondu Tennis avec Tanis, puisque je vois Golius (*in Alferg. p. 147*) dans le même cas, cite un auteur Arabe, au rapport duquel Tennis auroit été détruite par la mer. *Tanis*, ancienne ville royale de l'Égypte, conserve près du lac de Tennis des vestiges de sa position, quoiqu'abandonnée à des Bédouins, selon Sanut, & ce lieu est appelé *San*. On sait que dans le texte Hébreu, le nom de Tanis se lit *Zoan*. Dans l'Edrisi on trouve une position sous le nom de *Tanah*, & je vois également *Tanah* entre les lieux du Dakelié dans le dénombrement. Ce siége épiscopal paroît aussi sous la forme de *Tana, Tanæ*, comme sous celle de *Tanis*,

Taneos. La distance à l'égard de Thmuis est marquée XXII dans l'Itinéraire ; & ce qu'on lit dans l'Édrisi, que Tanah est sur la rive orientale du canal de Tennis, doit s'entendre de la rive droite, parce que la disposition du local mieux connue qu'elle ne l'étoit du Géographe Arabe, fait voir que ce canal coule plutôt d'occident en orient, que du midi au septentrion.

Nous avons quelques lieux à retrouver entre Tanis & Péluse. Et d'abord un nome *Sethroites* étoit ainsi appelé du nom de *Sethrum*, ville principale de ce district, & dont il est mention dans Étienne de Byzance. Selon Ptolémée, la capitale du nome Séthroïte est *Herculis parva urbs*. Mais, il est commun à plus d'une ville d'Égypte de porter plus d'un nom ; & M. Wesseling *(not. in Hierocl. p. 727)* a remarqué qu'un même évêque siégeant en cette ville prend l'un & l'autre titre de Séthroïte & d'Héracléote. Dans l'Itinéraire, *Heracleus* est une position intermédiaire de Péluse & de Tanis, & la distance est marquée XXII à l'égard de l'une & de l'autre de ces villes. Le nom de *Sethron* s'est conservé sur le bord du lac, entre San & Tineh ou Péluse. Celui de Nesterowan, que le P. le Quien adapte au Séthroïte *(Or. Christ. t. II, 534)* est si bien le même que *Nestraoa*, dont le district aux environs de Rascid & de Berelos, comme nous l'avons remarqué dans la division de l'Égypte en provinces, s'écarte fort de ce canton, qu'il y a lieu de croire que c'est une méprise. Sethrum étant placé entre le canal Tanitique & le Pélusiaque, Strabon *(p. 804)* est bien fondé à comprendre le nome Séthroïte, comme il s'en explique formellement, dans le Delta; & c'eſt un déplacement avec pluſieurs autres dans Ptolémée, de voir ce nome & ſa capitale au levant du canal qu'il appelle Bubaſtique, & qui eſt le Péluſiaque. En décrivant les dérivations du Nil, nous avons remarqué que l'Édriſi donnoit une poſition ſous le nom de *Safnas*, ſur le canal tendant à Tineh, qui eſt Péluſe. Il eſt parlé de *Daphnœ Peluſiœ* dans Hérodote *(lib. II, 30)*, comme d'un lieu fortifié ſur la frontière par le roi Pſammitichus. *Taphnes* eſt joint à *Migdol* ou *Magdol* dans Jérémie; & ces lieux devoient en effet être peu diſtans l'un de l'autre, à en juger par l'Itinéraire, qui ſur deux routes peu divergentes entr'elles, marque XII de Péluſe à *Magdolum*, & XVI de Péluſe à *Daphnœ*. La ſignification propre du nom de Migdol fait entendre, que c'étoit auſſi une place de défenſe, une forvtereſſe. Nous. ne prendrons point ce *Magdolum* pour celui dont il eſt queſtion dans Hérodote *(lib. II, 159)*, où il eſt dit que Nécos fils de Pſammitichus remporta ſur les Syriens une victoire, dont la ſuite fut de ſe rendre maître d'une grande ville, qui ſous le nom de *Cadytis* dans l'hiſtorien eſt Jéruſalem. Car, cet évènement ſe rapporte à la défaite de Joſias roi de Juda, dans la plaine de *Mageddo*. Pour ce qui eſt de *Daphnœ*, je penſe qu'il faut y rapporter la mention que font les Notices d'une ville de l'Auguſtamnique première, ſous le nom qui ſe lit *Aphnaion*.

 Péluſe, le rempart & la clef de l'ancienne Égypte, n'eſt connue actuellement que par le nom de *Tineh*,

dont

dont la signification dans la langue Arabe remplace précisément le nom de *Pelusium*, dérivé du terme Grec πηλὸς, selon le témoignage formel de Strabon *(p. 803)*, ὑπὸ τῦ πηλῦ; & même selon que la situation de cette ville dans des marais formés par l'écoulement du Nil le feroit présumer, indépendamment de l'autorité d'un Géographe tel que Strabon. Dans la Vulgate, le *Sin robur Misraïm*, dont parle Ézéchiel *(c. 30, v. 15)*, est traduit *Pelusium robur Ægypti*, parce qu'en plusieurs dialectes de l'Orient, sortis d'un même fond de langage, en Syriaque, en Chaldéen, *Sin* est la même chose que *Pêlos* est en Grec. Strabon, bien instruit de la situation de Péluse comme de son nom, nous apprend que l'enceinte de cette ville étoit de 20 stades, & qu'elle étoit à 20 stades du rivage de la mer. Au reste, si Tineh remplace Péluse, c'est dans ses ruines: & près de la mer, une ville nommée *al-Farma* ou *Farameh*, & *Baremoun* par les Coptes au rapport de Golius *(in Alferg. p. 145)*, paroît avoir prévalu dans un temps postérieur aux siècles où il est parlé de Péluse comme du boulevard de cette frontière. Je ne sache point qu'il soit fait mention de cette nouvelle ville avant la conquête de l'Égypte par Amru-ebn-el-Aas, sous le Khalifat d'Omar. Baudouin I, roi de Jérusalem, se rendit maître de cette place, qui aujourd'hui n'existe plus, & étoit devenue un repaire de serpens dans le quatorzième siècle, si on en croit Sanut *(secr. fidel. Crucis, p. 259)*. Je remarque que le *Chabriæ charax* (ou *Vallum*) dans

Strabon, *Chabriæ castra* dans Pline, pourroit avoir été le premier emplacement désigné comme propre & important à fortifier sur ce rivage. On connoît Chabrias Athénien, qui servit les Égyptiens contre Artaxerxe Mnémon, & on voit précisément dans l'histoire, qu'alors l'entrée Pélusiaque du Nil fut mise en défense par les Égyptiens contre les entreprises des Perses. Ce rempart de Chabrias ne pouvoit être fort éloigné de Péluse, Strabon en indiquant la position entre Gerrha & Péluse. Or, *Gerrha*, ou *Gerrhum* selon Pline & Ptolémée, n'étoit qu'à environ 50 stades de Péluse, au rapport de Sozomène, & selon la légende de Saint Nilammon, ou à VIII milles au plus, selon la Table Théodosienne. On lit *Gerrhas* au pluriel dans la Notice d'Hiéroclés; & le Scholiaste de Lucain, cité par M. Wesseling *(p. 727)*, y place des gens de guerre, comme dans un poste exposé sur la frontière.

L'Itinéraire d'Antonin nous fait passer de Péluse à *Casium* par la mansion intermédiaire de *Penta-schœnon*, à xx milles de Péluse comme de Casium, & l'évaluation du schène Égyptien dans une des premières sections de cet ouvrage, a donné lieu de parler de cette position, & de ce qui lui a fait donner le nom qui la distingue. Il est mention de Penta-schœnon entre les villes de l'Augustamnique première, dans la Notice d'Hiéroclés. La ville qui portoit le nom de *Casium*, peut convenir à un lieu nommé actuellement *Catieh*, sur la route que nous suivons. La montagne qui en est proche, forme un promontoire, nommé dans quelques portulans *Ras Kazaron*, & autrement *Kap d'el-Kas*, ou du Cifeau. Strabon compare cette montagne à des monceaux de fable, & c'eft une méprife dans Méla de parler de la hauteur de ce monticule, comme on a parlé dans l'antiquité du *Cafius* de la Syrie & voifin d'Antioche. Ce que le *Cafius* d'Égypte avoit de commun avec celui de Syrie, c'étoit un Temple de Jupiter, furnommé Cafius. La contrée des environs étoit auffi d'un côté comme de l'autre appelée *Cafiotis*. Je fuis bien de l'avis des Savans, qui approuvent Saumaife de rejeter l'*ff* double, par-tout où fon emploi fe trouvera dans la dénomination dont il s'agit. Le *figma* fimple fuffit, par la prononciation qui lui eft propre, pour appuyer fur la voyelle qui le fuit, fans glifer fur cette voyelle. On fait que ce fut fur ce rivage que Pompée trouva des affaffins. Sa fépulture décoroit le mont Cafius.

Le lac *Sirbonis*, ou *Serbonis*, fuit immédiatement la faillie du promontoire que forme cette montagne, & le rapport d'Hérodote y eft conforme. C'eft-là, comme nous l'avons vu ailleurs, qu'il termine l'Égypte. Diodore de Sicile veut auffi, que ce lac foit un terme mitoyen entre la Coelé-Syrie & l'Égypte. C'eft à l'ouverture par laquelle il communique avec la mer, & que les anciens appellent *Ecregma*, que Pline établit le commencement de l'Idumée & de la Paleftine. Selon Strabon & Diodore, le Sirbonide ayant peu de largeur, s'étend en longueur d'environ 200 ftades, parallèlement à la mer, dont il n'eſt ſéparé que par une bande de terre étroite & ſablonneuſe. Pline peut avoir raiſon de dire, que c'eſt un marais de peu d'étendue, *palus modica*, après avoir dit que quelques-uns lui attribuoient CL milles de circuit. Dans les traditions de l'antiquité, Typhon, qui avoit fait périr Oſiris, étoit ſuppoſé caché ſous les eaux de ce lac, comme Encélade étoit enféveli ſous l'Etna, & Dohac, ſelon les Perſans, ſous le mont Demawend du Deïlem. L'auteur du grand Étymologique veut que Typhon, après avoir été foudroyé par Jupiter ſur une roche élevée du Caucaſe, ſe ſoit tranſporté ainſi brûlé juſqu'au lac Sirbonide, pour y être ſubmergé. La mépriſe entre le Caucaſe & le Caſius confond des objets que ſépare un intervalle d'environ 400 lieues. Je vois dans la carte du P. Sicard une île du lac Sirbonide, à laquelle eſt appliqué le nom d'*Elbo*. Dans Hérodote *(lib. II, 140)*, c'eſt celui d'une petite île, formée de cendres apportées, & qui ſervit de retraite à un Roi, lorſque l'Égypte fut envahie par Sabacon l'Éthiopien. Mais, peut-on ſe flatter de reconnoître ce que l'hiſtorien dit être demeuré inconnu pendant plus de 700 ans aux puiſſances de l'Égypte juſqu'à Amyrtée; & ſi Amyrtée, dont il eſt parlé dans la ſection précédente, ſe ſoutint contre les Perſes, ce fut dans l'Élearchie, fort éloignée du Sirbonide. Les Arabes ont donné au Sirbonide le nom de *Sebaket Bardoil*, & ce nom de Bardoil ſe rapporte à Baudouin, roi de Jéruſalem, qui au retour de l'expédition qui l'avoit rendu maître de Farameh, mourut à el-Arish, dont nous trouverons la position fur la route que nous fuivons, pour arriver aux plus reculées des bornes qu'ait pris l'Égypte.

Un foffé, que l'on traverfe à environ cinq heures de marche de Caravane au-delà de Catieh, felon Thevenot *(pr. V, fec. p. ch. 35)*, & dont le fond à fec eft couvert de fel, doit fervir d'écoulement à des ravines d'eau pluviale, qui viennent du défert, & que par cette raifon je remarque devoir fe rencontrer fur la route, qui de Gaza conduit au mont Sinaï. Il eft évident que le lac Sirbonide doit recevoir ces écoulemens d'eau momentanés. Dans la carte du P. Sicard, je trouve ce foffé aboutiffant au Sirbonide, fous le nom de *Sabbaticus fluvius*, fans découvrir de quel endroit de l'antiquité ce nom pourroit y être rapporté. Ératofthène dans Strabon, ne permet point de douter, qu'il n'y ait des courans d'eau aux environs de Rhinocorura, où nous tendons actuellement, & du mont Cafius, dont il eft parlé nommément : & s'il y a quelque doute fur cet article, ce ne peut être qu'à l'égard de l'opinion qu'avoit Ératofthène, que ces rivières, ποταμύς, tiroient leur origine de fort loin par des conduits fouterrains. A quoi peut avoir rapport ce torrent venant du défert, *de eremo veniens*, comme s'explique Saint Jérôme *(Amos, VI, 15)* qui paffe *inter Rhinocoruram & Pelufium*, fi ce n'eft à ce qu'on lit dans Strabon d'après Ératofthène ! Si ce torrent eft appelé improprement *rivus Nili* par Saint Jérôme, c'eſt une ſuite de l'uſage des écrivains ſacrés d'appeler *torrent d'Égypte*, celui qui ſéparoit d'avec l'Égypte la terre concédée au peuple Hébreu, conceſſion qui n'a jamais été portée juſqu'au Nil, & dont l'extrémité de ce côté-là eſt même demeurée au pouvoir du peuple Philiſtin.

Rhinocorura (ou *colura*, car ce nom eſt ainſi écrit diverſement) étoit, ſelon Diodore, aux confins de l'Égypte & de la Syrie, mais de manière à l'adjuger à la Syrie plutôt qu'à l'Égypte, parce que Strabon s'en explique comme d'une ville de Phénicie adjacente à l'Égypte. On voit par-là combien le lit d'un courant d'eau, qui à l'égard de la Paleſtine coule au-delà de cette poſition, convient au *torrens Ægypti*, déſigné pour limite ſur cette frontière. Ce n'eſt que dans les monumens poſtérieurs, que Rhinocorura eſt décidée compriſe dans les limites de l'Égypte. On ſait que cette ville tiroit ſon nom des habitans qu'on y avoit relégués, après leur avoir coupé le nez. Mais, il y a une poſition antérieure dans l'ordre que nous ſuivons, celle d'*Oſtracine*, peu éloignée du lac Sirbonide au rapport d'Ariſtide, à XXVI milles de Caſium ſelon l'Itinéraire, & autant de Rhinocorura. La première de ces diſtances eſt en omiſſion dans la Table, la ſeconde eſt marquée XXIII. Nous ſommes aſſurés des diſtances depuis Péluſe. Les LXVI milles que fait compter l'Itinéraire en pluſieurs parties, ſont marquées de même en ſomme par Martianus Capella, & le texte actuel de

Pline porte LXV. Un refte du nom d'Oftracine eft confervé dans celui d'une pointe du rivage, appelée *Straki*. Au-delà de cette pointe la mer forme un golfe, au fond duquel la pofition d'un château nommé *el-Arish*, accompagné de grands veftiges d'antiquité, eft indubitablement celle de *Rhinocorura*; & il n'y a pas beaucoup de place de choix dans ce canton de terre, aride comme il eft & couvert de fable, ce qui lui fait donner par les Arabes le nom d'*al-Giofar*. Le P. Sicard déplace Rhinocorura & Oftracine, donnant la pofition d'el-Arish à Oftracine, ce qui l'oblige de pouffer Rhinocorura jufqu'à un lieu nommé *Zaca*, dont la pofition s'éloigne trop de Cafium d'un côté, & de l'autre eft trop voifine de Gaza. L'Itinéraire Romain eft ici très-correct; & j'ai remarqué en plus d'une partie de l'Égypte, que le P. Sicard ne tiroit pas de cet Itinéraire le fecours & l'appui qu'il en pouvoit attendre.

Si l'on fe porte plus loin fur cette route, *Raphia* qui fuccéderoit à Rhinocorura, & dont le nom fubfifte dans celui de *Refah*, que l'on trouve dans Abulféda, eft fans équivoque hors des limites de l'Égypte. Polybe qui donne le détail d'une grande bataille, dans laquelle Antiochus le grand fut défait par Ptolémée-Philopator, dit précifément que Raphia eft la première ville de Syrie en fortant de l'Égypte. *Anthedon* eft un lieu trop voifin de Gaza, n'en étant qu'à 20 ftades, felon Sozomène, pour appartenir à l'Égypte, comme Ptolémée l'y renferme, tandis que Raphia, de fon aveu même n'y eft point comprife. Mais, tranfporté jufque-là, je ne ferai point difficulté de m'y arrêter, pour dire, qu'une ville d'*Ienyfus*, dont il eft mention dans Hérodote *(lib. III, 5)*, comme étant de la partie Syrienne qui s'étend jufqu'au lac Sirbonide, peut bien être ce qu'on nomme aujourd'hui *Kan-Iounés*, où des veftiges d'antiquité fe font encore remarquer. Ce lieu dépend actuellement du Casheflik de Catieh, qui s'étend ainfi jufqu'au domaine d'un Émir, qui eft en poffeffion de Gaza. Je ne confondrai point Ienyfus avec *Anyfis*, comme a fait le P. Sicard dans fa carte, & ce qui ne me permet pas de le faire, c'eft que la ville d'Anyfis dont parle Hérodote, ne paroît pas un lieu étranger aux anciennes limites de l'Égypte, dans l'intérieur defquelles fa fituation peut bien nous être inconnue.

X I.

Suite de l'Égypte inférieure au levant du Nil.

La première des villes fur laquelle je crois devoir jeter les yeux eft *Atrhibis*. Le P. Sicard a connu fa pofition fous le nom exiftant d'*Atrib*, & le dénombrement me montre en effet *Atrib* entre les lieux du Sharkié, ou de la contrée orientale. Cette pofition dans la carte du P. Sicard fe voit auprès du Nil, immédiatement au-deffus d'une dérivation particulière, qui va joindre un canal, fur lequel nous verrons ci-après que la ville de Bubaftus étoit fituée. Une ville,

qu'Ammienqu'Ammien-Marcellin met au rang des plus grandes de l'Égypte, je veux dire Athribis, pouvoit bien donner le nom au bras du Nil qui y conduisoit ; & ce bras est celui, qui de la première division du fleuve prend son cours sur la droite, pour former un des côtés du Delta. Ce n'est donc pas, comme dans Ptolémée, une coupure qui traverseroit le milieu même du Delta. Et parce que le canal du Nil qui tendant à Athribis est l'Athribitique, se partage ensuite, pour qu'une de ses divisions tende à la position de Busiris; cette division sous le nom de Busiritique, est une émanation de l'Athribitique, quoique les canaux qui portent ces noms dans Ptolémée paroissent couler latéralement, sans que l'un soit en aucune manière une suite de l'autre. Mais aussi, quel dérangement de position d'Athribis comme de Busiris dans Ptolémée, vis-à-vis de celles que fixe la connoissance du local ! Athrib dans le Sharkié, ne sauroit avoir sa place au centre du Delta. Il faut ajouter, que faire distinction d'une autre ville qu'Atrhibis sous le nom d'*Atharrabis*, comme je le vois dans le P. Sicard, paroît une position hasardée : & le nom d'*Atharrabites* comme d'un nome dans Pline, séparément du nom d'*Atrhibis*, n'est pas un moyen d'autoriser cette double position, puisque plusieurs manuscrits, cités par le P. Hardouin *(edit. in-fol. t. I, p. 294)*, veulent qu'on lise *Athribites*. Cellarius est bien d'opinion, qu'*Atharrabis* dans Étienne de Byzance est la même ville qu'Athribis.

Leontopolis, dont il est mention dans Strabon, chef-lieu

d'un nome selon Pline & Ptolémée, & qui tiroit son nom du culte qu'on y rendoit au Lion, selon Élien *(Animal. lib. XII, c. 16)*, conserve les vestiges de sa position dans un lieu nommé *Tel-Effabe,* c'est-à-dire, colline du Lion, à quelque distance du fleuve, entre les canaux Pélusiaque & Tanitique, & c'est la carte du P. Sicard qui me donne cet emplacement. Je ne sais où le P. Hardouin a pris *(Plin. in-fol. t. I, p. 253)* qu'il existoit une ville sous le nom de Léonton. Nous approchons de *Bubastus* ou *Bubastis*, ville considérable dans cette partie de l'Égypte inférieure, & qui portoit le nom de la divinité, qui sous la figure d'une Chatte y étoit adorée, la même que Diane dans l'opinion des Grecs. Entre plusieurs villes d'Égypte, que cite Ézéchiel *(.cap. 30, v. 17)*, le nom qui est *Pi-befet* dans le texte, est rendu par *Bubastus* dans les versions Grecque & Latine. Ce nom est conservé chez les Coptes dans celui de *Basta*, & on peut dire que le *Befet* du texte sacré est bien le même. Je trouve la position de Bubastus, ou de Basta, dans la carte du P. Sicard, sur un canal, qui détaché du Pélusiaque tend au sud, pour communiquer à une autre dérivation, avec laquelle ce canal verse ses eaux dans un lac, dont il nous donnera occasion de parler. Si une circonstance du local, qui jusqu'à présent n'étoit point connue, fait découvrir un canal, auquel le nom de Bubastique paroîtroit applicable, c'est celui dont il est actuellement question. Mais, ce canal n'étant point une des branches que

SUR L'ÉGYPTE.

forme le Nil pour se rendre dans la mer, comme le Bubastique de Ptolémée, est une dérivation qui s'ouvre de la manière dont on l'avoit pratiquée pour conduire au Golfe Arabique. Cette dérivation partoit d'un lieu nommé *Phaccusa* : Strabon nous en instruit *(p. 805)*. Or, nous trouvons *Phacusa* dans Ptolémée en position immédiate à l'égard de Bubastus. C'est le chef-lieu d'un nome appelé *Arabia*, dans l'intervalle du Sethroïtés qui est au nord, & du Bubastités qui est au midi : & on ne peut se permettre de réprouver indistinctement, & sans cause, toute position donnée par Ptolémée. J'observerai même, qu'une distance marquée XXXVI dans la Table Théodosienne, entre le nom qui se lit *Phacusi* & *Pelusium*, donne précisément une position intermédiaire de Sethrum & de Bubastus. Ainsi, Phacusa sur la rive du bras du Nil qui tend à Péluse, comme Ptolémée y conduit le Bubastique, est le lieu dont parle Strabon, puisque la dérivation même qui lui fait parler de Phacusa le détermine.

Je suis donc étonné de voir dans la carte du P. Sicard une position bien étrange de Phacusa, en la remontant jusqu'au-dessus de la division du Nil au sommet du Delta, peu au-dessous de la Babylone d'Égypte. Le nom de *Beissous*, que porte un lieu en cette situation, lui en a vraisemblablement imposé par quelque apparence d'analogie. Le *ba* oriental auroit pu remplacer le *phi* grec, & on en a des exemples : mais, le *sad* dans Beissous n'a aucun rapport de son, non plus que de forme au *caf*, qui répond au *cappa* dans Phacufa. D'ailleurs, quel moyen d'admettre un nome Arabique diftinct du nome Héliopolités, dans un emplacement que le voifinage d'Héliopolis rend prefque nul ! On fait par Diodore de Sicile *(lib. I, 33)*, que l'ouverture du canal commencé par Nécos, continué par un roi de Perfe (Darius fils d'Hyftafpe) étoit tirée de la branche Pélufiaque. Et c'eft apparemment ce qui a donné lieu à une circonftance fort extraordinaire dans la carte du P. Sicard, d'appliquer le nom de *Pelufiacus canalis* à celui qui paroît dérivé de Beiffous, fans prendre garde que ce qui feroit ainfi le fommet du Delta, n'eft point ce qui convient au local dans l'antiquité, non plus qu'au temps actuel. Ce canal eft moins l'ouvrage de la Nature, qu'une dérivation factice, appelée aujourd'hui *Khalitz-Abou-Meneggi*. Si on lui trouve quelque rapport à ce qui remonte dans les temps antérieurs, c'eft au *Trajanus amnis* indiqué par Ptolémée, & qu'il conduit à Héroopolis. En le faifant couler d'abord, comme il le marque, par Babylon, on le prendra pour le Khalitz qui traverfe le Caire, différent en cette partie de la dérivation ouverte à Beiffous. Cette dérivation fe joint au canal de Bafta près de Belbeis, pour fe rendre dans une lagune appelée *Sheib*, autrement felon Abulféda *Bahr-Ibn-Mengi*. On reconnoît dans cette lagune les lacs amers dont il eft parlé dans Strabon, & auxquels les eaux du Nil amenées par les canaux communiquoient leur douceur. De l'extrémité de ces

SUR L'ÉGYPTE.

lacs fortoit une continuation de canal jufqu'à la ville d'Arfinoé, dans le fond du Golfe Arabique; & cette partie appartient uniquement à Ptolémée-Philadelphe, qui acheva l'ouvrage de cette fameufe communication, que plufieurs princes avant lui avoient laiffée imparfaite, & qui a été appelée le fleuve Ptolémaïque, au rapport de Diodore. Il n'en refte que quelques veftiges dans l'intervalle du Suez au lac Sheib. Pline *(lib. VI, c. 29)*, en parle néanmoins de manière à faire croire que ce canal n'auroit point été creufé jufqu'à fon terme. Et on pourroit l'inférer de ce qu'on lit dans Plutarque *(in Antonio)* & dans Dion-Caffius *(lib. LI)*, que Cléopatre fut arrêtée dans le deffein qu'elle avoit eu de tranfporter fes richeffes de la Méditerranée dans le Golfe, par la difficulté de faire traîner fes vaiffeaux par terre d'une mer à l'autre. Peut-être auffi que ce canal pouvoit être dès-lors affez dégradé en quelque partie, pour ne pouvoir plus conduire jufqu'au golfe. J'obferve qu'un efpace de LXII milles, felon Pline *(lib. VI, c. 29)*, entre le Nil & un port du golfe, pour l'ouverture d'un canal, dont le projet eft attribué à Sefoftris, ne conduit fur le local, en partant de l'extrémité du golfe, que vers Belbeis, où l'ancienne ville de Pharbæthus, d'où il faudroit conclure que la dérivation du Nil étoit antérieurement portée jufque-là, par un canal, auquel le nom de Bubaftique pouvoit convenir. Difons plus, les LXII milles de Pline pouvant être tirés d'une fomme d'environ 500 ftades, mais de stades convenables au siècle de Sesostris, il ne seroit question que de la partie du canal entre l'issue des lacs amers & le golfe. Qui peut même douter, si l'on voit des lieux au-delà de Pharbæthus dès la plus haute antiquité, que le Nil n'y eût été amené, pour que ces lieux pussent exister! Croiroit-on que le gouvernement Turc eût en pensée de rétablir une communication entre le Nil & la Mer Rouge! Le dernier ambassadeur Turc, Zaïd-Effendi, m'a dit avoir été envoyé en Égypte par le Grand-Seigneur, pour examiner si la chose étoit praticable.

La position de *Belbeis*, *Balbeis*, ou *Bilbeis*, près de laquelle se fait la jonction des canaux dérivés de plusieurs endroits du Nil, paroît celle de *Pharbœthus*, ou sans diphthongue *Pharbetus*, capitale d'un nome selon Hérodote, Pline, & Ptolémée. Le P. Sicard a jugé de même de cette position : & la mutation du *phi* en *ba*, & des liquides *r* & *l* dans les consonnes, ayant été usitée, on reconnoît une identité foncière de dénomination. Les Coptes, au rapport de Golius *(in Alferg. p. 146)*, disent *Pselbes*. Mais, n'est-il pas surprenant que Belbeis soit l'ancienne Péluse dans Guillaume de Tyr *(lib. XIX, 13; & XX, 5)!* Deux très-savans hommes, Golius, & M. Schultens *(in Ind. ad Salad. verbo Pelusium)*, ne rencontrent pas juste, l'un en prenant Bilbeis pour la *Bubastis Agria*, dont il sera parlé dans la suite de cette section, l'autre pour *Leontopolis*. Abulféda donne à Bilbeis la qualité de ville principale d'un district particulier, nommé *al-Giauf,* autrement *al-Hauf,* selon le Lexicographe cité par M. Schultens, district faisant partie du Sharkié, ou de la contrée orientale, & dont le nom désigne une terre creuse & basse.

Pour connoître d'autres positions de lieu dans la partie de l'Égypte inférieure que nous parcourons, il faut suivre des routes que donne l'Itinéraire, & sur celle qui se présente d'abord en partant de Péluse, *Daphnæ* dont nous avons parlé, est le premier lieu qui s'y rencontre. Celui qui lui succède sous le nom de *Tacasarta,* n'est connu par aucun autre endroit, qu'en supposant que ce pourroit être *Tacasiris,* dont la Notice de l'Empire fait mention comme d'un poste sur cette frontière. Quant à d'autres positions qui suivent sur la même route jusqu'à Héliopolis, savoir *Tohum* & *Scenæ Veteranorum,* c'est en partant de *Babylon* que je me propose d'en faire la recherche. La Babylone d'Égypte étoit située avantageusement, dominant sur le Nil un peu au-dessus du Delta, à l'endroit précisément où la montagne qui borde le fleuve du côté oriental, commence à resserrer la vallée qui remonte jusqu'à la Cataracte. Aussi voit-on dans Strabon *(p. 807),* qu'une des trois légions qui défendoient l'Égypte étoit placée à Babylon; & dans la Notice de l'Empire, on trouve encore une légion dans le même poste. Des Babyloniens, selon Strabon, qui s'étoient retirés en ce lieu, avoient obtenu des Rois la permission de s'y établir. Josèphe *(Antiq. lib. II, c. 5)* en rapporte la fondation au temps de l'expédition de Cambyſe, & prétend qu'antérieurement le nom du lieu étoit *Letus* ou *Latopolis*; & c'eſt de-là qu'il fait partir les Iſraëlites pour ſortir de l'Égypte. Cette ville de Letus ne ſeroit point ce qu'Étienne de Byzance dit être ſous le même nom une partie de la ville de Memphis. Les veſtiges de Babylon ſur une côte qui deſcend vers le Nil, conformément à la deſcription que donne Strabon, tiennent à ce qu'on nomme aujourd'hui le Vieux-Caire, en tirant vers le levant & le midi; & le nom de *Baboul* s'y conſerve. Le lieu principal de l'emplacement eſt un ancien château, appelé *Caſr-Iſſhemma*, ou fortereſſe des flambeaux, qui renfermoit un ancien Pyrée, que Iacuti, cité par Golius *(in Alferg. p. 152)*, appelle *Kobbat-addokhan*, ou Temple de Fumée, le même Iacuti appliquant auſſi au même château le nom de *Bablion*. Ceux qui ont pris le château du Caire pour Babylon, n'ont pas fait attention à des circonſtances auſſi déciſives : outre que la ſituation de ce château à près de deux milles du bord du Nil, ne répond point à ce que dit Strabon, que le côteau qui porte Babylon deſcend juſqu'au Nil, μέχρι Νείλου καθήκουσα.

De Babylon nous paſſons à *Héliopolis*, dont l'emplacement près du lieu que nos voyageurs appellent la Matarée eſt fort connu. La diſtance du Caire eſt de deux petites lieues, au rapport de Thevenot, ou de ſept milles ſelon Pietro-della-Valle, mais qui ſont de ces milles du Levant, qu'on ne peut comparer qu'à

environ

environ un quart de nos lieues communes. Quoique l'espace qu'occupe le Caire dans sa longueur, & l'intervalle qui sépare le Caire des vestiges de Babylon, ajoutent sensiblement à la distance prise de la sortie du Caire à la Matarée, & aux vestiges existans d'Héliopolis, l'indication qu'on trouve dans l'Itinéraire entre *Babylonia* & *Heliu*, savoir XII, ne sauroit avoir lieu sur la mesure du mille Romain ; & on ne compléteroit ce nombre de milles dans cet intervalle, qu'en raccourcissant les milles d'environ un cinquième, selon un usage actuel, & qui n'est pas même étranger à l'antiquité, quoiqu'il le paroisse à l'égard de l'Itinéraire Romain.

C'est une faute très-grave dans Ptolémée, d'y voir que H'λꙅ, selon le texte Grec, ou *Onii*, selon le texte Latin, soit en qualité de métropole du nome *Héliopolites*, distingué d'une autre position particulière d'*Héliopolis*, placée au-dessus de Babylon, aux confins du nome d'Aphroditopolis. J'ai remarqué ailleurs, que la hauteur de 30 degrés qu'il assigne à Babylon, se trouve très-convenable par rapport à celle que nous connoissons pour le Caire par observation. Et quand il place la métropole du nome d'Héliopolis sous le nom d'*Onii*, plus au nord d'un sixième de degré, si cette différence de latitude est plus forte qu'il ne convient, c'est du moins vers la région qui tend à la position actuelle, au lieu que la position distinguée sous le nom d'Héliopolis est marquée plus méridionale d'une même portion de degré. Je suis surpris qu'un savant comme Cellarius

P

(*tom. II, Afr. p. 34*), ait pris le nom d'Onii pour celui d'Onias, qui fe fit pontife des Juifs en Égypte, dans un Temple qu'il conftruifit, & dont le lieu n'échappera point à nos recherches. Cette méprife entraîne à fa fuite de faire adopter par Cellarius dans Ptolémée une ville d'Héliopolis, féparément de celle d'Onii. *On* eft un nom qui défigne le Soleil. Saint Cyrille, dans le commentaire fur Hofée, dit précifément que chez les Égyptiens Ὦν eft le Soleil. Et dans la verfion Grecque, au premier chapitre de l'Exode, une des villes conftruites en Égypte par les Ifraëlites eft nommée *On*, en ajoutant que c'eſt Héliopolis : τὴν Ὦν, ἥ ἐστιν Ἡλιούπολις. Cette ville prefque enfévelie fous des ruines, & voifine, dit Abulféda, d'un petit lieu nommé *Matarea*, conferve dans les Géographes Arabes le nom d'*Aïn-Sjems*, ou de fontaine du Soleil. Et la fontaine, qui eft remarquable dans un pays où l'on n'en connoît guère, a fait donner au petit lieu que cite Abulféda, ce nom Arabe de *Ma-tarea*, ou *Ma-triieh*, qui fignifie eau fraîche. Le Lexicographe que cite M. Schultem, range Aïn-Sjems dans le diftrict d'*Ibrit*, qui eft le nôme d'Aphroditopolis, ce qui m'étonne ; au lieu que dans le dénombrement de l'Égypte, Ma-triieh eft de la dépendance du Caire, comme il paroît convenable.

Au-delà d'Héliopolis eft une manfion fous le nom de *Scenæ Veteranorum*. L'antiquité fournit plus d'un lieu, auquel ce nom de *Scenæ* a été donné en Égypte. Il défigne proprement une habitation fous des tentes,

& le nom de *Scenites*, appliqué aux Arabes qui campent sans demeure fixe, en est dérivé. Dans la version Grecque, & dans Josèphe, le nom de *Succoth* du texte sacré, est rendu par Σκηναὶ. Quant au poste dont il s'agit, où des Vétérans avoient été placés, on voit dans la Notice de l'Empire, deux corps de cavalerie, dont un d'Arabes Thamudites, à *Scenæ Veteranorum*. En s'éloignant d'Héliopolis, le premier lieu où il convienne de s'arrêter, en suivant la route que trace l'Itinéraire, est *la Hank*, où s'assemble au départ du Caire, comme au premier gîte ou campement, la caravane des Magrebins, ou Africains occidentaux, qui font le pélerinage de la Mekke. En ce lieu est un étang, qui reçoit les eaux du Khalitz du Caire, & que l'on nomme *Birket-el-Hadgis* ou lac des Pélerins. Dans la Géographie de l'Edrisi, il est nommé *Al-giob*, ou le puits. Le P. Sicard rapporte à ce lieu dans sa carte la position de *Scenæ Veteranorum*, & rien n'est plus convenable. On s'y rend du Caire en quatre heures, selon l'Itinéraire donné à Thevenot par un prince de Tunis. Il est vrai que dans de pareils Itinéraires de la caravane, insérés dans les voyages de M.ʳˢ Shaw & Pococke, la même distance est évaluée à 80 ou 90 dérages, de 4 minutes chaque dérage. Mais, il faut savoir faire une grande distinction de la marche de cette prodigieuse caravane, qui peut se comparer à une marche d'armée avec armes & bagage, d'avec celle d'un voyageur libre. Une étude particulière de cette route de la Mekke d'après un aussi grand détail que celui qu'on en a recueilli, m'a fait connoître que la mesure commune des heures de marche ne pouvoit s'évaluer au plus qu'à environ 1800 toises. Ainsi, les 5 heures 20 minutes depuis le Caire jusqu'à la Hank ne donneroient qu'environ 9500 toises, mais les 6 heures qui en valent 10800, porteront les heures de marche indiquées par le prince de Tunis à 2700 toises. Il y a de la variation sur la distance entre Héliopolis & *Scenæ* dans l'Itinéraire Romain, dont nous cherchons les positions. On trouve xxviii dans un endroit, xiiii dans un autre. Ce que le local fournit en cet intervalle, plus court que le précédent de ce qu'il y a de distance entre le Caire & Héliopolis, paroît n'admettre que viii à viiii en milles romains, ce qui donne le moyen de corriger les nombres qui paroissent dans l'Itinéraire; en supprimant d'un côté les chiffres des dixaines manifestement surabondantes, & de l'autre en faisant du x un v, correction qui se présente plus fréquemment qu'une autre dans l'examen des anciens Itinéraires.

Le *Vicus Judæorum*, qui suit la mansion précédente, rencontre sur la route en s'éloignant de la Hank, une position qui en conserve le nom avec évidence dans celui de *Tel-el-Jehudieh*, ce qui signifie colline de la Juiverie. Le mot *Tel* sert aussi quelquefois à désigner une forteresse. Un poste établi dans un lieu que la Notice de l'Empire nomme *Castra Judæorum*; étant du nombre de ceux qu'elle renferme dans l'Augustamnique, *in provi ciâ Augustamnicâ*, il y a grande apparence que la position qui est *Vicus Judæorum* dans l'Itinéraire, nous fait connoître celle qu'une convenance avec l'objet qui est particulier à la Notice, y fait appeler *Castra Judæorum*. La découverte de ce lieu peut paroître très-intéressante. Car, nous y retrouvons précisément celui d'un Temple, élevé par le pontife Onias, sous le règne de Ptolémée-Philométor, & dans lequel des Juifs, dont la nation étoit très-nombreuse en Égypte, pratiquèrent les cérémonies de leur culte comme à Jérusalem, pendant 343 ans, selon le texte de Josèphe (*de Bello, lib.* VIII, *c. 30*), ou plutôt 243, & jusqu'au règne de Vespasien, sous lequel ce Temple fut fermé. Un canton du pays dans le district d'Héliopolis, concédé par Philométor à Onias, & qui est appelé *Onion* dans Josèphe, étoit éloigné de Memphis de 180 stades, selon le témoignage du même historien. Cette distance, dont on ne peut conclure que 21 à 22 milles, nous rend certains, que les nombres qu'on trouve dans l'Itinéraire depuis Babylon jusque-là, doivent être corrigés, & corrigés de manière à les réduire, comme en effet l'occasion de le remarquer s'est déjà présentée : & ce qu'on lit XII dans l'Itinéraire pour la distance particulière de *Scenæ Veteranorum* à *Vicus Judæorum*, ne doit vraisemblablement tenir lieu que de VII. Onias avoit construit son édifice sur les fondemens d'un ancien temple de *Bubastis Agria*, ou de Diane l'Agreste, dans un lieu appelé *Leontopolis*. Ce lieu compris dans le district d'Héliopolis, comme Josèphe le dit formellement, ne doit point être confondu avec la ville du même nom, capitale d'un diftrict particulier, comme on l'a vu ci-deffus; & cette Bubaftis n'eft point non plus la ville de Bubafte. Si l'édifice élevé par Onias reffembloit à une tour, dont la hauteur montoit à 80 coudées, & conftruite de très-grands blocs de pierre, au rapport de Josèphe; on ne fera point furpris qu'il ait été propre à devenir un pofte militaire, & que fes décombres en monceau forment aujourd'hui une colline, à laquelle le nom des Juifs, qui ont fréquenté ce lieu pendant plus de deux fiècles, fe foit confervé. Je n'irai pas plus loin dans cette fection, pour ne point trop excéder l'étendue des précédentes.

XII.

Continuation & fin du même sujet.

Il faut paffer à un lieu nommé *Tohum*, dont le nom s'écrit ainfi felon la Notice de l'Empire, & *Thoum* felon l'Itinéraire, dans lequel ce lieu vient à la fuite de *Vicus Judæorum*, & précède immédiatement la pofition d'Heroopolis. La diftance eft marquée XII pour le premier des deux efpaces, & XXIIII pour le fecond. Mais, il faut dire en même temps, que dans un autre endroit de l'Itinéraire, fur une route partant de Pélufe, & dont il a été parlé dans la fection précédente, *Thoum* ou *Tohum* paroît de manière à fuivre immédiatement le lieu dont le nom fe lit *Tacafarta*, avec une feule diftance en cet intervalle, & qui eft marquée XXIIII. Or, je vois ici une lacune, dont le vide feroit bien plus grand encore qu'il ne paroît, fi on faifoit rétrograder la pofition du Caire d'un cinquième de degré, felon la carte du P. Sicard, & que d'un autre côté la pofition de Pélufe ne fût pas rabaiffée fort au-deffous de la hauteur de Damiat. Je crois voir en même temps ce qui fait cette lacune, & le moyen de la remplir. C'eft d'y rétablir la pofition d'*Heroopolis*, omife entre *Tacafarta* & *Tohum*, & rien ne fera plus convenable à la pofition refpective des lieux.

La diftance qui de *Vicus Judæorum* conduit à *Tohum* étant marquée XII, l'infpection du local fait juger que Tohum devoit être fitué au-devant d'une gorge entre deux côtes très-élevées, ou d'un défilé, par lequel je remarque dans le voyage de M. Granger, qu'il a paffé en allant du Caire au Suez. C'eft auffi par le même endroit, qu'en prenant fur la gauche à l'égard de la route du Suez, qui de-là incline vers le midi; que s'ouvre la route qui pouvoit conduire à Heroopolis. Ce paffage étroit eft appelé dans le pays *el-Bueib*, d'un diminutif d'*el-Bab*, qui fignifie la porte. Et je trouve qu'il en eft mention dans l'Edrifi *(Climatis III, partie III)* entre le lac *al-Giob* & *Agerud*, fur une route qui eft décrite jufqu'à Iatreb ou Medine. Que cette pofition convienne à Tohum ou Thoum, c'eft ce qu'un autre lieu d'un nom femblable dans la partie fupérieure de la Thébaïde, & qu'on verra convenir à ce qui aujourd'hui porte également le nom d'*el-Bueib*, pourra confirmer.

Nous tirerons d'une circonstance remarquable que présente le local, & que la position de Tohum m'a donné occasion de faire connoître, l'avantage de répandre quelque lumière sur un endroit d'Hérodote, qui n'a point reçu un éclaircissement qu'il demande. Hérodote *(lib. II, 75)*, disant s'être transporté sur le lieu même, pour un objet de curiosité qu'il seroit superflu d'exposer ici, parle d'un détroit entre des montagnes, qui de l'Arabie donne entrée dans la vaste étendue de la plaine d'Égypte. Près de ce lieu est une ville, dont le nom paroît être Butus, κατὰ Βυτῶν πολιν; mais qu'on ne peut confondre avec la ville, d'ailleurs connue sous ce nom, dont l'historien fait mention en plusieurs autres endroits, & qu'il fixe spécialement dans la position qui lui convient *(ibid. 155)*, en disant qu'elle est située au-dessus de la bouche Sébennytique. On est bien assuré, qu'il n'y a point de montagnes qui puissent former des défilés dans cette partie basse & maritime du Delta; & que dans le voisinage de la bouche Sébennytique, il ne sauroit être question de quitter immédiatement l'Arabie, pour se voir dans les plaines de l'Égypte inférieure. D'où il résulte évidemment, qu'il s'agit d'un autre lieu très-écarté de ce canton de l'Égypte : & si l'on pouvoit se permettre de soupçonner le nom de ce lieu d'être incorrect dans le texte Grec, ou substitué à un autre par méprise, celui de *Tohum* en prendroit la place. Par le nom d'Arabie, il est indubitable qu'Hérodote désigne la terre aride & stérile, qui borde l'Égypte du

côté

SUR L'ÉGYPTE.

côté oriental; & la vaste étendue des plaines de l'Égypte ne s'entendra convenablement que de la basse Égypte. Aussi ne vois-je point d'endroit du local qui puisse répondre à la description d'Hérodote, que celui dont nous venons de faire la découverte. Il étoit bien convenable que ce passage fût défendu par un poste militaire, comme en effet nous voyons Tohum être employé dans la Notice de l'Empire.

Les Géographes de l'antiquité s'expliquent à l'égard d'*Heroopolis* de manière à faire croire, sans autre examen particulier, que cette ville étoit adjacente, pour ainsi dire, à l'un des deux enfoncemens que forme le Golfe Arabique, & distingué par le nom de *Sinus Heroopolites*, comme il l'est aujourd'hui par celui de *Bahr Assuez*, ou Mer du Suez. Près d'Arsinoë, dit Strabon, πλησίον τῆς Ἀρσινόης, est la ville d'Heroopolis, à l'extrémité du Golfe Arabique qui regarde l'Égypte. Il semble que Pline serre encore les objets de plus près, en disant du Golfe Héroopolite, *in quo Heroum oppidum est*. Selon Ptolémée, un sixième de degré tant en longitude qu'en latitude, est tout l'espace qui sépare Heroopolis du fond du Golfe Arabique. C'est apparemment ce qui a induit le P. Sicard à croire, que le lieu de *Calaat Agerud*, ou du château des Sablonnières, que l'on rencontre environ trois heures avant que d'arriver au Suez, pouvoit se rapporter à Heroopolis. Il falloit sentir quelque répugnance à attribuer ainsi à cette ville, qui ne paroît pas de peu de considération dans l'ancienne Égypte, une situation des moins avantageuſes, n'ayant avec un ſol tout-à-fait ſtérile, que de l'eau amère.

Mais, il y a des circonſtances du genre poſitif, qui démentent cet emplacement d'Heroopolis. On lit dans l'hiſtorien Joſèphe *(Antiq. II, c. 4)*, que le fils de Jacob allant au devant de ſon père, qui venoit du pays de Chanaan, & de Ber-ſabée ou du puits du ſerment, le rencontra ſur cette route à Heroopolis. Or, il eſt de la plus grande évidence, que la route qui des environs de Gaza, dont la poſition de Berſabée étoit peu diſtante, conduit en Égypte, laiſſe fort à l'écart de ſa direction un lieu peu diſtant du Suez, & que la caravane de la Mekke trouve ſur ſon paſſage, en prenant une route très-différente de celle qui conduit de l'Égypte dans la Paleſtine. Car, celle-ci répondant à Eſt-nord-eſt, l'autre tend vers Eſt & Eſt-ſud-eſt, ce qui donne une divergence de 30 degrés. Il faut ajouter à cette obſervation, qu'en partant de Tohum, l'Itinéraire nous borne au nombre XXIIII pour être conduits à Heroopolis ; au lieu que la diſtance depuis le défilé où la poſition de Tohum eſt fixée, demanderoit environ cinquante milles s'il étoit queſtion d'arriver juſqu'à Agerud. D'un autre côté, l'eſpace de quelques heures de marche entre le Suez & Agerud, eſt beaucoup trop court pour convenir à un compte de 68 milles, que donne l'Itinéraire en deux diſtances particulières, diviſées par la poſition d'un Sérapeum, entre Heroopolis & Clyſma. Il eſt vrai que dans le cas de confondre le lieu de Clyſma avec celui d'Arsinoë, qui se rapporte au Suez, on feroit reculer la position d'Heroopolis par ce compte de distance, au point de se trouver très-voisine du canal Pélusiaque, ce qui pourroit être excessif. Mais, en distinguant Clysma d'Arsinoë, comme la description du Golfe Arabique donnera lieu de le faire, la position de Kolzum ou de Clysma, plus méridionale que le Suez, ne met point le même excès dans l'élévation d'Heroopolis.

Quand on considèrera, que ce qu'il y a d'intervalle entre la position qui convient à Heroopolis & le fond du Golfe, est une terre presqu'inhabitable, n'ayant point de lieu, qui avec une situation moins désavantageuse, soit plus voisin de ce Golfe, on ne trouvera point étrange que l'enfoncement du golfe qui s'alonge du côté d'Heroopolis prenne le nom de *Sinus Heroopolites,* nonobstant un assez grand éloignement. Si on avoit eu égard à une proximité de lieu, pourquoi ne l'auroit-on pas nommé *Arsinoites,* comme il prend aujourd'hui le nom du Suez ! Quoique selon plusieurs auteurs Arabes, jusqu'à Murtadi, qui écrivoit à la fin du seizième siècle, le *Pithom,* dont il est parlé dans l'Écriture comme d'une ville construite par les Israëlites, paroisse se rapporter au Feïum de l'ancien nome Arsinoïte au couchant du Nil; des autorités plus graves veulent que Pithom soit Heroopolis. Dans la version Copte du texte Grec, (*Genes. cap. 46, v. 28*), la ville qui dans ce texte est Ἡρώων πολις, est nommée *Pethom* dans cette version.

Le nom de *Patumos* dans Hérodote *(lib. II, 158)*, étant celui d'une ville de la contrée Arabique de l'Égypte, & où Nécos fit conduire le canal qui devoit faire la communication du Nil avec la Mer Érythrée, montre une affinité marquée avec celui de Pethom ou Pithom : & cette circonſtance du paſſage d'un canal a du rapport à ce qu'on trouve dans Ptolémée, que le canal appelé *Trajanus amnis* paſſe à Heroopolis. Car, quoique le canal ouvert par Nécos ne fût pas tiré du Nil au même endroit d'où dérive le *Trajanus amnis* dans Ptolémée, ces dérivations étoient également conduites dans le même canton, où des lacs dont l'eau naturellement amère prenoit la douceur de celle du Nil au temps de l'inondation, recevoient un canal formé par la réunion de différentes dérivations.

On lit dans Étienne de Byzance, qu'Heroopolis a été appelée Ἄυμος, & il en donne la raiſon, qui eſt que Typhon ayant été frappé de la foudre, ſon ſang y fut répandu. Or, ſi Typhon réſidoit en cette ville, on pourroit croire y retrouver celle dont Joſèphe, dans le premier de ſes livres contre Apion, & Ptolémée le Mendéſien, cité par Euſèbe *(Pr. Évang. lib. X, c. 12)*, font mention ſous le nom d'*Auaris* ou d'*Abaris*. Car Auaris, ſelon l'ancienne Théologie Égyptienne, ſe nommoit la ville de Typhon, & la ſituation que Manéthon dans Joſèphe donne à Auaris au levant du canal de Bubaſte, conviendroit à la ſituation d'Heroopolis. Elle ſeroit moins convenable à Péluſe, où Marsham veut transporter Auaris. L'historien Égyptien qu'il allègue sur ce sujet *(Chron. Ægypt. p. 107)*, Chérémon ne fournit aucun indice qu'Auaris & Péluse fussent la même ville. Cité par Josèphe, Chérémon dit simplement, que des estropiés chassés de l'Égypte, se retirèrent à Péluse. D'ailleurs, comment concilier la situation de Péluse, serrée entre la mer & des marais, ce qui faisoit la force de cette place, & dont l'enceinte n'étoit que de vingt stades, au rapport de Strabon, comment dis-je concilier cette situation avec ce qu'on lit dans Josèphe d'après Manéthon *(lib. I, contra Apion. edit. Genev. 1634, p. 1040)*, savoir qu'Auaris comprenoit 10000 arures, & que 240000 hommes de guerre étoient rassemblés dans Auaris? Les 10000 arures de l'ancienne Égypte donnent près de 6000 arpens françois, & l'enceinte de Péluse ne renfermeroit qu'environ 250 arures. Pourquoi n'avoir aucun égard à ces circonstances, & les mettre à l'écart? On peut encore demander pourquoi Manéthon n'auroit pas nommé Péluse? Ce nom, quoiqu'il fût Grec, pouvoit être connu d'un Égyptien, que Josèphe témoigne avoir été instruit dans la littérature Grecque, & qui devoit connoître la correspondance de cette dénomination avec celle de *Tin* ou *Tineh*, dans le langage oriental, pour désigner un terrain fangeux, & que l'emplacement de Péluse conserve encore. Il y auroit de l'intérêt à découvrir cette ville d'Auaris, puisqu'elle avoit été le siége des rois Pasteurs, & le point d'appui de leur puissance dans la domination dont ils jouirent en Égypte, selon le récit qu'en avoit fait Manéthon, & que Josèphe nous a transmis. Mais, si les traditions sacrées des Égyptiens vouloient qu'Auaris fut la ville de Typhon, nous voyons d'un autre côté dans Étienne de Byzance, que ce fut dans Heroopolis que Typhon fut foudroyé. On seroit donc plus autorisé à prendre Heroopolis pour Auaris, que de confondre par une opinion purement arbitraire Auaris avec Péluse.

Il nous reste à faire la recherche de quelques positions que donne l'Itinéraire, sur une route qui d'un lieu nommé *Serapeum* conduit à Péluse. Cette route, si on la prend dans l'ordre contraire, & en partant de Péluse, dont la position est donnée, doit prendre une direction oblique, qui du nord-est tende au sud-ouest. Et par l'obliquité de cette direction, comme par le compte de 52 milles que fournit l'Itinéraire, entre Péluse & un lieu nommé *Thaubasion* ou *Thaubastum*, en passant par deux positions intermédiaires, *Magdolum* & *Sile*, celle de *Thaubastum* se range dans le canton où Heroopolis nous a conduits. Le lieu de *Sile*, ou pour mieux dire *Selæ*, selon la souscription d'un évêque au premier concile d'Éphèse, se retrouve dans celui de *Salehhieh*. Le dénombrement de l'Égypte fournit plusieurs endroits du même nom, & un en particulier dans le Sharkié, que traverse précisément la route dont il s'agit. Celle que décrit Thevenot, avec le détail & l'exactitude qui distinguent ce voyageur, &

qu'il avoit faite en allant du Caire à Jérufalem, fixe Salahia, comme il écrit, à 15 heures de marche de caravane au-delà de Belbeis, environ 25 heures en-deçà de Catieh. La pofition de Tineh, ou de Pélufe, étant moins éloignée de Catieh, il en réfulte que Salehhieh doit être en pofition fort oblique à l'égard de Tineh, & que c'eft dans la direction de cette obliquité que deux diftances particulières entre Pélufe & *Selæ*, dont chacune dans l'Itinéraire eft marquée XII, doivent fe mefurer. Ajoutons que *Selæ* eft un pofte militaire dans la Notice de l'Empire.

Quant à *Thaubaftum*, c'eft un lieu connu par d'autres endroits que par l'Itinéraire. Dans la Notice de l'Empire, *Thaubafteos* tient une place entre les poftes de l'Auguftamnique. Saint Jérôme écrivant la vie de Saint Hilarion, dit que ce folitaire étant parti de Babylon, fe rendit le troifième jour à un château nommé *Thaubafton*, où Dracontius évêque d'Hermopolis étoit exilé. La diftance entre *Selæ* & *Thaubaftum* eft marquée XXVIII dans l'Itinéraire; & en conféquence de cette diftance, je remarque que de la pofition que prend Thaubaftum à celle de Babylon, il refte un intervalle d'environ 60 milles en droite ligne, ce qu'on eftimera pouvoir convenir aux trois jours que marque Saint Jérôme, pour le temps employé par Saint Hilarion à fe rendre de Babylon à Thaubaftum.

Or, je reconnois cette pofition dans un lieu, dont le nom actuel de *Habafeh*, ou *Aabafa*, comme je le trouve écrit dans le dénombrement, n'est pas sans analogie à celui de *Thaubasium* ou *Thaubastum*. La conjecture d'Ortelius, sur l'article de *Thaubastum*, en disant *circa paludes Arabiæ videtur*, est heureuse. Car en effet, telle est la situation de Habaseh, qui ne paroît pas avoir été connue d'Ortelius, mais néanmoins adjacente aux lagunes qui reçoivent un canal dérivé du Nil. Le P. Sicard, qui prend cet emplacement pour celui de Patumos ou Pithom, séparément d'Heroopolis, le fixe dans sa carte à la tête du lac Sheib. J'ajoute, qu'un Itinéraire de la Palestine en Égypte, que l'on trouve dans Sanut *(Secr. fidel. Crucis, lib. III, parte XIV, c. 12)*, conduit au même lieu, dont le nom se lit *Habesse*. Selon cet Itinéraire, la route décrite depuis Gaza, étant arrivée à Catieh, se partage en deux voies, l'une supérieure, l'autre inférieure, mais se réunissant à Habesse, après que l'inférieure a passé par un lieu nommé *Salchié*, dans lequel il est aisé de reconnoître la position de *Salehhich*, que nous avons vu être celle de *Selæ* entre *Thaubasium* & Péluse. En ce lieu de Habesse, selon l'Itinéraire, *terra est fertilis, & villa abundat omnibus bonis*.

Nous pouvons donc nous flatter d'avoir découvert avec certitude le lieu qui convient à la position de Thaubastum. Une difficulté dont j'ai à parler sur le *Serapeum*, d'où l'Itinéraire Romain fait partir la route qui tend à Péluse par Thaubastum, n'est point suffisante pour qu'une position donnée soit dérangée de

sa

fa place. La difficulté confifte à favoir, fi ce *Serapeum* peut être le même que celui que l'on trouve dans l'Itinéraire entre Heroopolis & Clyfma. Si l'on s'attache aux nombres qui paroiffent dans l'Itinéraire, un *Serapeum* dont la diftance à l'égard d'Heroopolis en tendant vers Clyfma, eft marquée XVIII, ne fauroit être le *Serapeum* que l'Itinéraire marque à VIII feulement de Thaubaftum. La raifon de cela eft, que la pofition de Thaubaftum ne croife point celle d'Heroopolis, pour fe faire plus voifine de Clyfma qu'Heroopolis même. Il fuffit d'avoir mis quelque application à l'étude des anciens Itinéraires pour favoir, que ces monumens, quoique très-précieux, ne font point arrivés jufqu'à nous fans être fautifs en quelques endroits, & de manière à s'en apercevoir. Je n'ai point vu d'obftacle à placer un *Serapeum* dans l'intervalle d'Heroopolis à Clyfma, fans hafarder d'autre pofition de ce nom relative à Thaubaftum en particulier. Si l'on remarque qu'Heroopolis & Thaubaftum font des pofitions que la conftruction de la carte, par les moyens dont elle dépend étroitement, rend très-voifines, on peut vouloir fubftituer XVIII à VIII entre Thaubaftum & le Serapeum, en conformité de l'indication entre Heroopolis & le même lieu de Serapeum. En plaçant ce Serapeum, il m'a femblé pouvoir fe rencontrer dans un lieu donné fur la route des Hadgis, diftingué par le nom de *Dar-el-foldan*, comme qui diroit le falon du Prince, ce qui feroit croire que cet endroit auroit été décoré de quelque ancien édifice. Dans la Table Théodosienne, des lieux figurés comme des temples, paroissent répandus entre les divers bras du Nil qui coupent le Delta, sous les noms de *Serapeum* & d'*Iseum*.

Mais, je me suis inquiété de reconnoître une position de *Phagroriopolis*, qui avoit son district ou nome particulier. Strabon, après avoir parlé des canaux dérivés du Nil, & des lacs qui en sont voisins, ajoute *(p. 805)*, que là est, ἐνταῦτα δ᾽ ἔχω, cette préfecture & cette ville de Phagroriopolis. On trouve *Phagrorium* dans Étienne de Byzance, qui cite pour son auteur Alexandre Polyhistor, *in Ægyptiacis*. L'Itinéraire de Sanut, dont nous venons de tirer du secours, nous apprend encore, qu'avant d'arriver à Habesse ou Habaseh, en venant de la Palestine, la terre dans l'espace de cinq ou six lieues commence à être cultivée, & qu'elle est arrosée par des eaux dérivées du Nil. Dans cet espace, un lieu qualifié de *bona villa*, sous le nom de *Vacaria*, pourroit bien représenter *Phagrorium* : & la convenance de situation avec ce qu'on lit dans Strabon, inviteroit à en trouver dans la dénomination même, qui n'est pas vraisemblablement employée sans quelque altération dans l'Itinéraire, comme on peut remarquer qu'il y en a dans la manière dont plusieurs noms de lieu sont exprimés.

XIII.

DU CAIRE.

L'emplacement qui avoit été celui de la Babylone

d'Égypte, fut agrandi, lorfqu'après la conquête du pays par Amru-ebn-el-Aas, fous le Khalifat d'Omar, ou l'an de l'Hégire 19 ou 20, une nouvelle ville conftruite dans l'endroit où ce général avoit affis fon camp, prit le nom de *Foftat*, qui en Arabe fignifie tente ou pavillon. Il femble que dans les écrivains orientaux le nom de *Mefr* foit attribué à cette Babylone, quoiqu'il fût convenable de le réferver à l'ancienne capitale du pays auquel ce nom de *Mefr* étoit donné, puifque cette capitale, ou *Memphis*, quoique fort dégradée au temps dont il eft queftion, n'étoit pas détruite comme elle l'eft aujourd'hui. Le lieu oppofé à Foftat, fur la rive occidentale du fleuve, & que je vois être pris par plufieurs pour l'emplacement de Memphis, n'eft appelé *Gizeh* que d'un terme appellatif, qui fignifie rivage oppofé, trajet. L'ifle longue & étroite que forme le Nil entre Foftat & Gizeh, appelée *Rouda*, ou jardin, n'eft féparée de Foftat que par un lit peu profond, & communément fans eau, quand celles du Nil font baffes. On fait que c'eft à la pointe fupérieure de fon terrain, plus large que l'inférieure, qu'eft un édifice qui renferme le Nilomètre, appellé *Mekias*, ou la Mefure, élevé, felon El-makin, par ordre du Khalife Soliman fils d'Abd-el-melik, l'an de l'Hégire 97, & relevé de nouveau fous Almamoun & Mutavekil. Au-deffus de Rouda, je ferai mention d'un petit lieu & d'une autre ifle, dont le nom de *Gezirat-Iddahab*, ou de l'ifle d'Or, eft remarquable, en ce qu'il peut faire connoître pourquoi dans Diodore de Sicile il est parlé d'un champ voisin de Memphis, qui étoit appelé *Venus aurea.*

Fostat fut la ville dominante de l'Égypte, servant de résidence aux *Omara-Mesr*, ou Princes, qui gouvernèrent l'Égypte sous l'autorité des Khalifes, jusqu'au temps où l'Égypte fut conquise pour Moez-eddin, Prince Afriquain, par Giauher, qui jeta les fondemens d'une autre ville sous le nom de *Kahira*, dérivé de *Kaher*, qui est la planète de Mars, ce qui correspond à l'an de l'Hégire 359., de l'Ere Chrétienne 969. Cette ville fit abandonner Fostat, dont la situation sur le bord du fleuve étoit néanmoins plus avantageuse; & le nom du Caire, formé d'après celui de Kahira, ayant prévalu, ce qui reste de Fostat est communément appelé le Vieux-Caire. Mon dessein n'est point de répéter en détail sur le Caire, ce qu'en disent des relations qui sont entre les mains de tout le monde; je me bornerai à ce que je ne vois point qui ait été fait jusqu'à présent, & qui concerne l'étendue de cette ville.

On se fait communément une idée de la grandeur du Caire, dont il y a beaucoup à rabattre par un examen scrupuleux. Cette ville s'étend en longueur, avec un peu de courbure en forme de croissant, le long du Khalitz, qui reçoit les eaux du Nil dans le temps de l'inondation. Je rapporterai en passant ce que me fournit Golius, & ce qu'il tire des Chottats de Macrizi *(in Alferg. p. 153)*, touchant ce canal, savoir que son nom est celui d'*Adrien César*, comme s'exprime l'auteur Arabe;

Ce passage justifie l'idée qu'on pouvoit se faire, que ce canal ne devoit être appelé *Trajanus amnis* d'après Ptolémée, que parce qu'Adrien, auquel il étoit plus convenable (comme ayant parcouru l'Égypte) d'attribuer l'ouvrage de ce canal qu'à Trajan, portoit le nom de Trajan par adoption : & ce qui n'étoit qu'une simple présomption, est ainsi autorisé d'un témoignage positif. Quant à l'étendue du Caire en largeur, elle ne paroît comparable qu'à la moitié de la longueur, si même elle égale cette moitié en toute la longueur. Thevenot *(Pr. Voyage, sec. part. ch. 3)*, voyageur exact & curieux, a compté 5100 de ses pas en longeant le Khalitz dans toute l'étendue de la ville, ce qu'il dit avoir fait en trois quarts d'heure. Vansleb dit de même *(Sec. Voyage, p. 279)*, que la longueur de la ville, en suivant le Khalitz, est de trois quarts d'heure à pied. Thevenot ajoute même, qu'il auroit entrepris de le faire en une demi-heure. L'estime de ses pas à deux pieds & demi, ne doit pas s'entendre du pied géométrique. Le pas commun d'un homme de stature ordinaire, est de 21 ou de 22 pouces du pied françois, comme il est aisé à toute personne de le reconnoître. L'étude que j'ai faite d'une mesure commune du pied naturel, m'en a donné l'évaluation à environ 9 pouces, & cette étude ne m'étoit point indifférente. Car, outre qu'il est vraisemblable que les mesures simples & primitives, tirées de la stature commune des hommes, & de quelques parties dont elles prenoient la dénomination qui les distinguoit, ont précédé les mesures composées, ouvrage des Mathématiciens fait après coup ; j'ai retrouvé précisément l'emploi du pied naturel dans l'analyse de plusieurs mesures dont j'ai parlé en d'autres écrits. En faisant le pas naturel de deux pieds & demi, selon le rapport numéraire de pieds conservé par les Mathématiciens entre le pas commun & le pas géométrique, les deux pieds & demi à 9 pouces le pied, font 22 pouces & demi : & sans rien rabattre de cette évaluation plutôt forte que foible, les 5100 pas du compte de Thevenot font 114750 pouces, ou 9562 pieds, ou 1580 toises 4 pieds. Ce produit ne sera pas jugé foible, eu égard au témoignage de Thevenot, qu'une demi-heure lui auroit suffi pour la traite d'un pareil espace. Car, il est d'expérience, qu'un homme de pied ne feroit environ 3200 toises dans une heure, que par une marche forcée. Pour donner une idée de cet espace, par celui d'un local qui nous est familier, il est égal à ce que Paris a d'étendue sur la rivière, depuis le Pont-royal jusqu'à la pointe du demi-bastion qui tient à l'Arsenal. J'ajoute, que la largeur de Paris dans la partie qu'on appelle la Ville, sur la droite du cours de la rivière, entre le bord de la rivière & les boulevards, & non compris les faubourgs, étant à peu près la moitié du même espace, on peut en conséquence estimer, que l'aire du Caire n'est comparable en général qu'à la partie de Paris dont on vient de parler.

Golius, dans ses notes sur Alfergane *(page 156)*,

SUR L'ÉGYPTE. 135

rapporte, que Saladin étant devenu maître de l'Égypte, entreprit d'enclore le Caire d'un mur plus folide que celui qui renfermoit cette ville, & que le circuit en fut mefuré de 20300 coudées. Cette enceinte paroît exiftante en plufieurs endroits; & il eft convenable, comme il eft naturel de le croire, d'y employer des coudées Égyptiennes, ou Draah, fur la mefure du Nilomètre. Le Draah s'évaluant à 20 pouces & environ 6 lignes, les 20300 coudées font 416150 pouces, ou 34679 pieds, ou 5770 toifes. Thevenot dit avoir fait le tour de la ville, y compris le château, qui tient à une des extrémités de cette ville, en deux heures & un quart, au pas des hommes, comme il s'en explique. De forte qu'en eftimant la marche d'une heure à deux mille cinq ou deux mille fix cent toifes, d'après ce que l'expérience peut ainfi déterminer, une moyenne fomme de toifes d'environ 5700, fe trouve avoir le plus grand rapport qu'on puiffe attendre d'une pareille combinaifon, avec le calcul de la fomme des coudées. Cela pofé, je remarque que la circonférence de ce que j'ai comparé au Caire dans l'étendue de Paris, eft d'environ 5100 toife, ce qui vraifemblablement ne fe trouve inférieur à une évaluation de l'enceinte du Caire à environ 5700 toife, que parce que le château du Caire devoit avoir été enveloppé dans cette enceinte, comme en effet il eft compris dans le circuit donné par Thevenot. Selon des extraits d'Abulfeda, que fournit l'Index géographique joint à la vie de Saladin par M. Schultens,

Saladin auroit ordonné la conſtruction d'une enceinte de 29000 coudées. Mais, il eſt dit en même temps, que non-ſeulement le château ſur le mont Mokattem, mais encore l'ancienne ville de Meſr (ou le Vieux-Caire) devoient entrer dans cette enceinte, ce qui ne paroît point avoir eu d'exécution, au lieu que l'enceinte reſſerrée au Caire proprement dit, & à ſon château, laiſſant en dehors le Vieux-Caire, a été ſi bien exécutée, qu'elle exiſte.

J'ai pu mettre en avant qu'on avoit fort exagéré ſur la grandeur du Caire, & le plan inſéré dans le voyage anglois de M. Richard Pococke, en fournit une preuve ſenſible. Le circuit de la ville, y compris l'emplacement du château, fournit dix fois l'eſpace d'une minute, ſelon l'échelle que donne une graduation de latitude ſur un des côtés de ce plan, & moins arbitraire qu'une autre échelle indéfinie de milles ou de lieues. Or, dix minutes de latitude font 9500 toiſes, & 9500 toiſes ſont à 5700 comme 5 eſt à 3 : au moyen de quoi, l'aire de ſurface que donneroit une pareille enceinte, tripleroit preſque la réalité. Un autre défaut capital à relever dans ce plan, c'eſt que le Khalitz y paroît traverſer la ville dans ſa largeur, au lieu qu'il eſt conſtant que c'eſt dans ſa longueur que le Caire eſt traverſé par le Khalitz.

Ceux qui ont paru le mieux fondés à eſtimer que la grandeur du Caire l'emporte ſur celle de Paris, renferment dans l'étendue qu'ils donnent au Caire, non-
ſeulement

seulement ce qu'on nomme le Vieux-Caire, mais encore l'emplacement de Boulac, à environ deux milles du Caire, & qu'on sait être le port de cette ville, plus bas sur le Nil que n'est le Vieux-Caire. Mais, outre que Boulac est séparé de la ville du Caire par une campagne vide d'habitations, combien l'étendue de Paris, y compris les fauxbourgs jusqu'aux barrières, excède-t-elle la partie de Paris qui se compare au Caire proprement dit! Sans parler de ce que Paris occupe de terrain sur la gauche du cours de la rivière, si au lieu d'environ 1600 toises que donne la longueur du Caire, on prend la peine de mesurer sur un plan de Paris, que ce qu'il y a de longueur sans interruption, entre les barrières du Roule & du fauxbourg Saint-Antoine, est de 3700 toises, ou d'une lieue & demie en droite ligne ; on estimera que non-seulement un quartier séparé comme celui de Boulac, mais encore que sa distance à l'égard du Caire, se renfermeroient de reste dans l'excédant que donnent 3700 toises sur 1600. Combien se fait-on d'idées peu convenables & trop avantageuses sur des récits qui viennent de loin, & qui n'ont point été soumis à un examen rigoureux & approfondi! Selon le nombre des arcades de l'aquéduc qui du Vieux-Caire porte de l'eau du Nil au château, & selon la mesure que donne Vansleb de l'épaisseur des piliers qui portent les arcades, & de l'ouverture de ces arcades, on compte 1230 toises de longueur d'aquéduc jusqu'à la Karafe, cimetière des Mahométans au pied du château. Or, cet espace

S

fur le plan inféré par M. Pococke dans fa relation, équivaut trois à quatre minutes de la graduation de ce plan, & on en concluroit plus de 3000 toifes.

XIV.
De Memphis & des Pyramides.

On peut adopter ce qu'on lit dans l'Edrifi *(Climatis III, partie III)*, que la ville de *Menf* eft au midi de Foftat, de même qu'à l'égard de Foftat celle d'*Aïnsjems* eft au nord : mais l'Edrifi n'eft pas également exact, en paroiffant ranger l'une & l'autre de ces villes du côté du mont Mocattem. Il en parle au temps où il écrivoit fa Géographie, c'eft-à-dire dans le douzième fiècle, comme étant réduites à l'état des lieux de la campagne, quoique les anciens Pharaons en euffent fait leur féjour. Abulféda reconnoît que *Menf* eft l'ancienne *Mefr*, appuyée fur la rive occidentale du Nil. Elle fouffrit beaucoup de la part d'Amru-ebn-el-Aas, qui enleva l'Égypte à l'Empire Grec : mais, felon Abulféda, on voyoit deux cents ans après l'Edrifi, de grands veftiges d'édifices conftruits de fort grandes pierres, chargées de figures, & dont je ne fache pas qu'il foit encore parlé aujourd'hui.

L'opinion du P. Sicard, que la pofition de *Gizeh*, vis-à-vis du Vieux-Caire, eft celle de *Memphis*, fouffre des difficultés. On lit bien dans l'hiftoire de la conquête de l'Égypte, qu'Amru établit fon camp fur la rive droite du Nil oppofée à celle de Memphis, &

qu'il y fit dreffer fon pavillon, qui a fait donner le nom de *Foftat* à une ville conftruite au même endroit. Mais, ce qui eft ainfi rapporté hiftoriquement ne décide pas en rigueur, & avec une exacte précifion, qu'il en fut de Memphis & de Foftat, comme nous voyons les parties dont Paris eft compofé, n'être féparées entre elles que par le lit de la Seine. Si la pofition de Gizeh étant en même hauteur que Foftat, répondoit à celle de Memphis, comment celle de Menf feroit-elle méridionale à l'égard de Foftat, & mife en oppofition à celle d'Aïn-sjems, parce qu'Aïn-sjems eft au contraire & conftamment plus feptentrionale que Foftat! Une autre opinion que celle du P. Sicard, recule en effet Memphis dans le fud; mais plus loin qu'il ne paroît convenable, en pouffant au-delà de Sakara, que l'on fait être le cimetière des Momies. On va voir que c'eft par une évaluation de diftance qu'on peut juger du véritable emplacement de Memphis.

Strabon nous apprend *(p. 807)* que Memphis étoit à trois fchènes au-deffus de la féparation du Nil qui forme le Delta; & nous connoiffons le fchène Égyptien comme étant compofé de 60 ftades, dont la longueur s'évalue à 51 toifes. La même diftance eft indiquée de 15 milles dans Pline *(lib. V, c. 9)*; & on peut être affuré qu'en cette indication de même qu'en beaucoup d'autres, Pline tire le nombre des milles d'un nombre de ftades, à raifon d'un mille pour huit ftades. Il n'y a point de difficulté à trouver, que les 15 milles ne donneront ainsi que 120 stades, au lieu de 180, qui résultent de la composition du schène sur le pied de 60 stades. On a vu dans l'article d'Alexandrie, l'usage & l'emploi vérifié sur le local, d'un stade évalué à 76 toises. Ce stade est précisément celui qui convient à la mesure de la Terre entreprise par Ératosthène, & Ératosthène ne partageoit le schène qu'en 40 stades. Pline en étoit bien informé quand il écrivoit, *schœnus patet, Eratosthenis sententiâ, stadia* X L. La diversité entre 180 stades d'une part, & 120 de l'autre, à raison de 60 ou de 40 stades pour un schène, n'est que numéraire. Le calcul de 180 stades à 51 toises par stade, est de 9180 ; & 120 stades à 76 toises, font 9120. Voilà donc deux témoignages, qui bien loin de n'être pas d'accord, comme il paroîtroit au premier coup d'œil, & sans l'analyse qui leur convient, se rapportent de manière à ne laisser aucun doute sur l'étendue de l'espace qu'ils déterminent.

Examinons maintenant ce que donne le local correspondant à cet espace. On évalue actuellement la distance entre la pointe du Delta & le Vieux-Caire à trois lieues. Golius écrivant en latin y employe le terme de *parasanga*, sans qu'il convienne de s'en prévaloir pour confondre trois parasanges avec les trois schènes. Si l'estime de ces lieues ou parasanges est fondée sur une évaluation de la lieue à trois milles, on ne peut attribuer au mille d'usage dans ce pays comme en d'autres du Levant, que six à sept cent toises, paroissant même quelquefois encore plus court de mesure. La plus foible évaluation pourroit s'appuyer de ce que je remarque dans Vansleb *(sec. Voy. p. 116)*, savoir, que la distance entre la branche qui se rend à Damiette, & Boulac le port du Caire, n'est que d'une heure & demie de chemin. Ce que le même voyageur dit avoir observé, qu'à la séparation de cette branche, le château du Caire paroissant dans le sud, la ville paroît vers sud-sud-est, ne fourniroit pas un grand intervalle par la longueur du rayon depuis le sommet de l'angle, si cette observation étoit prise en rigueur. Mais, je conviendrai volontiers, que l'ouverture d'angle peut être plus resserrée entre les rayons qui tombent sur les objets observés. En essayant de faire un dessein particulier de ce canton de l'Égypte, selon le degré de précision que les moyens qu'il m'a été possible d'y employer pouvoient y mettre, l'espace en droite ligne depuis la séparation du Nil en remontant jusqu'à un point pris dans Boulac, m'a paru d'environ 4500 toises, espace égal à un schène & demi, & que Vansleb pourroit avoir exprimé par une heure & demie de chemin. Prolongeant ensuite la distance jusqu'à l'ancienne Babylone, qui tient à ce qu'on nomme le Vieux-Caire, cette distance devient d'environ 6600 toises, sans qu'aucun détour particulier d'une mesure itinéraire entre pour quelque chose dans cette évaluation de distance, ce qui peut suffire pour ne pas juger trop foibles de mesure les trois lieues ou parasanges que l'on y compte.

Mais, cet espace ne remplit point celui des trois schènes marqués par Strabon, non plus que les quinze milles de Pline, qui se rapportent aussi précisément qu'on vient de le voir à ces trois mesures de schène. Et parce que la position de Gizeh ne s'éloigne point au-delà du Vieux-Caire, où nous sommes actuellement, il est évident que cette position ne fait point le terme qui doit porter jusqu'à Memphis. Il faut un complément à l'espace précédent, qui soit d'environ 2500 toises; & ce qu'il demande en remontant plus haut que le Vieux-Caire sur la même rive du Nil, paroît s'arrêter à un lieu nommé *el Aduvieh*. Cette dénomination donne à penser, en ce qu'elle signifie *le passage*, comme pour perpétuer le souvenir qu'en ce lieu on traversoit le Nil, pour passer de la partie orientale de la vallée du Nil, dans l'occidentale, où étoit Memphis. Une autre circonstance à remarquer dans cette situation, & qui pouvoit bien avoir contribué au choix qu'avoit fait pour l'emplacement de Memphis le Roi Uchoreus son fondateur, c'est que vis-à-vis de cet emplacement s'ouvre un vallon, qui conduit jusqu'au Golfe Arabique, & à la position de Clysma sur le bord de ce Golfe, ce qu'aucune autre partie de l'Égypte n'offre avec le même avantage. On lit dans Diodore de Sicile, qu'Uchoreus donna 150 stades à l'enceinte de la ville qu'il fonda, & qu'il la couvrit d'une digue opposée au courant du fleuve du côté du midi. Il paroît convenable dans cette mesure d'enceinte, de la prendre fur le ftade propre à la compofition du fchène Égyptien, d'autant plus à propos qu'on en reconnoît l'emploi en plufieurs autres endroits de Diodore concernant l'Égypte. Le calcul de 7650 toifes qui en réfulte pour l'enceinte de Memphis, furpaffera même d'un cinquième l'enceinte d'Alexandrie. Au refte, la digue d'Uchoreus, les lacs que Diodore rapporte avoir été creufés en même temps pour recevoir les eaux du fleuve, & dont il eft parlé dans Strabon, ont pu difparoître depuis neuf ou dix fiècles qu'il n'eft plus parlé de Memphis, que la fondation d'Alexandrie, à remonter plus de trois cents ans avant l'Ere Chrétienne, avoit déjà fait déchoir de fon premier luftre, & dont les palais étoient réduits en mafures du temps de Strabon, fix cents ans avant la conquête de l'Égypte par les Arabes.

Je paffe à ce qui concerne les Pyramides. Le terme d'*el Haram*, qui leur eft appliqué par les Arabes, défigne un ancien édifice, felon Vattier, dans la préface à la traduction de Murtadi. Mon deffein fur ce fujet, n'a rien de commun avec ce qu'un grand nombre de voyageurs en ont mis dans leurs relations. J'effayerai d'abord d'en fixer l'emplacement par des moyens géographiques, me propofant enfuite d'examiner ce qu'on trouve dans les auteurs de l'antiquité relativement à cette pofition, & c'eft ce que je ne fache pas avoir été fait jufqu'à préfent.

La diftance du Caire aux Pyramides, s'eftime d'environ trois lieues communes. Pietro della Valle compte douze milles du Nil, comme il s'explique, jusqu'aux Pyramides. Dans un plan du Caire, gravé en Italie en forme de vue à vol d'oiseau, & répété dans le *Theatrum urbium*, la distance à la prendre du Vieux-Caire, est également marquée de douze milles. Mais ces milles sont fort courts, & ils se font aisément en trois heures, & je ne crois pas que l'éloignement des Pyramides à l'égard d'un point pris dans le Vieux-Caire, soit de plus de 6000 toises à l'ouverture du compas. Le chemin a ses difficultés étant traversé par des canaux & des flaques d'eau. A partir du Caire même, comme il est ordinaire aux étrangers qui se trouvent en Égypte, l'espace peut être de plus de 7000 toises. On place communément les Pyramides à la hauteur du Caire ; mais il y a quelque déclinaison de l'ouest vers le sud, & c'est par une méprise dans la relation de M. Norden, qu'on lit que les Pyramides sont à est-sud-est, au lieu d'ouest-sud-ouest. En y arrivant du Caire, la route conduit de manière à faire monter au pied des Pyramides par leur côté qui regarde le nord, au lieu qu'on les abordoit par le côté méridional en partant de Memphis, comme on verra par la suite. Et je remarque, que cette circonstance peut concourir avec les preuves qu'on a d'ailleurs, comme on a vu précédemment, que l'emplacement de Gizeh en même hauteur sur le Nil que le Vieux-Caire, ne sauroit être Memphis.

Selon Diodore de Sicile *(lib. 1, 63)*, les Pyramides sont à 120 stades de Memphis, à 45 du Nil. Pline

(lib. XXXVI, c. 12) marque la distance à l'égard de Memphis *VII, M. D*, ou de sept milles & demi ; à l'égard du Nil, *minùs quatuor millia passuum*. On lit dans Strabon, qu'à 40 stades de Memphis s'élève une côte ; ὀρεινή τις ὀφρύς, sur laquelle sont des Pyramides en grand nombre. Quoiqu'au premier coup d'œil ces indications paroissent peu d'accord entre elles, un examen particulier avec le secours de quelque connoissance du local, peut en faire apercevoir la convenance. Il n'y auroit point de vraisemblance à tirer des 120 stades de Diodore un éloignement équivalent à 15 milles, à raison d'un mille pour huit stades. On ne conçoit pas d'ailleurs, que les Pyramides ne soient distantes du Nil que de 45 stades, étant éloignées de Memphis de 120, à moins que d'imaginer une très-grande obliquité de position dans celle de Memphis à l'égard des Pyramides. Le premier défaut de vraisemblance ne sauroit avoir lieu, parce qu'il est convenable de prendre la mesure des stades en cet espace, comme en plusieurs autres que fournit Diodore d'après les plus anciens mémoires des Égyptiens, sur le pied du stade propre à la composition du schène Égyptien, ou d'envion 51 toises. Il en résulte que les 120 stades ne doivent s'estimer qu'environ 6000 toises : & selon cet espace, une des pointes du compas étant placée aux Pyramides, l'autre se renfermera dans Memphis. J'ajoute que les sept à huit milles marqués par Pline, pouvant être réputés des milles Romains, selon l'usage établi de son

temps dans l'étendue de l'Égypte, l'ouverture du compas, qui ne fera en rigueur guère plus refferrée que la précédente, donnera à peu près le même point en atteignant la pofition de Memphis.

Mais, ce rapport d'indication à l'égard de Memphis ne paroît donné que pour mieux faire fentir la difficulté dont j'ai parlé, qui eft de concilier avec cette diftance celle des Pyramides à l'égard du Nil, favoir 45 ftades dans Diodore, moins de quatre milles dans Pline. Je vois néanmoins dans les circonftances du local, ce qui a pu donner lieu de faire mention du Nil à une bien moindre diftance des Pyramides, que n'eft celle des Pyramides à Memphis. La plaine qui s'étend depuis le Nil jufqu'à la montagne de roche qui porte les Pyramides, eft traverfée en longueur, & parallèlement au cours du fleuve, par un grand canal, dont la dérivation eft beaucoup au-deffus de Memphis, & indépendamment duquel il fort du fleuve des canaux, qui coupent la même plaine en largeur. Un de ces canaux a été conduit vers un lieu nommé Bufir, un autre vers Sakara. Ces dérivations du Nil, en traverfant l'intervalle qui fépare Memphis des fépultures que renferment les Pyramides, ou qui étoient creufées dans le rocher près de Sakara, ont fourni aux Grecs l'idée des fleuves infernaux, *Acheron, Cocytus, Lethe;* & le témoignage de Diodore *(lib. 1, 96)* y eft formel.

Le lieu du nom de *Bufir* dont je viens de parler, eft fitué dans l'intervalle des Pyramides à Sakara, par conféquent plus au fud que les Pyramides, & plus à portée de Memphis, dont la pofition eft plus méridionale que les Pyramides. Bélon & Pietro della Valle ont vu ce lieu : & nonobftant que Pietro della Valle ne foit pas de l'avis de Bélon, qui a cru reconnoître dans le nom de Bufir l'ancienne dénomination de *Bufiris*, c'eft toutefois ce qu'on peut affurer être hors de toute équivoque. Ce qu'on lit dans Pline, immédiatement à la fuite des diftances qui concernent les Pyramides, eft très-remarquable : *vico appofito, quem vocant Bufirin ;* ajoutant encore, *in quo funt affueti fcandere illas.* On fe rendoit donc de Memphis à Bufir, ou Bufiris, fitué au pied du rocher fur lequel les Pyramides font affifes ; & une dérivation du Nil conduifant jufque-là par un canal particulier dont j'ai parlé, ce qui reftoit d'efpace depuis Bufiris jufqu'aux Pyramides, eft vraifemblablement ce qui convient à l'indication d'une diftance réduite à 45 ftades entre les Pyramides & le Nil, comme elle eft donnée dans Diodore de Sicile. Ces 45 ftades faifant les trois quarts d'un fchène Égyptien, comparable à quatre milles Romains, répondent à peu près à la manière moins ftricte dont Pline s'explique, *minùs quatuor millia paffuum.* J'ai été arrêté plus d'une fois par la difficulté d'accorder une diftance auffi réduite à l'égard du Nil, avec une diftance beaucoup plus étendue à l'égard de Memphis, l'autorité de Diodore fur ce point m'en impofant. Il a fallu qu'un travail particulier fur le local de ce canton, que le defir de rechercher l'emplacement

T ij

de Memphis m'a fait entreprendre, me procurât en même temps la folution de cette difficulté. La pofition à l'égard des Pyramides, dans laquelle nous venons de rencontrer l'ancien lieu de Bufiris, juftifie ce que j'ai avancé dans la recherche du lieu qu'occupoit Memphis, favoir, qu'on abordoit les Pyramides par leur côté méridional, tandis qu'aujourd'hui en partant du Caire c'eft par le côté oppofé qu'on y arrive. Si une pareille circonftance eft propre à faire voir, que la pofition de Gizeh vis-à-vis du Vieux-Caire, eft peu convenable à Memphis, ajoutons ce qu'on lit dans Pline fur la fituation des Pyramides, *medio inter Memphim oppidum, & quod appellari diximus Delta*. Car, la pofition de Gizeh comme plus voifine qu'elle eft du Delta que les Pyramides, ne fauroit être celle de Memphis, qui aux termes de Pline, feroit plus reculée du Delta que les Pyramides.

Il me refte à parler des 40 ftades, que Strabon marque entre Memphis & la côte de roche fur laquelle font élevées les Pyramides. On reconnoît d'abord dans cette indication d'efpace, un autre ufage du ftade que celui, qui dans les temps antérieurs au fiècle de Strabon, avoit été employé à la compofition du fchène Égyptien. Il faut remarquer enfuite, que la diftance ne s'adreffe pas aux Pyramides précifément, mais à l'élévation du long rocher, qui borde la plaine que le Nil couvre quand les terres de l'Égypte font inondées. Strabon parle d'un grand nombre de Pyramides fur cette longue chaîne de roche, & on doit croire que les Pyramides de Sakara n'ont point échappé à fa vue, en diftinguant comme il fait les trois autres, qui ont toujours attiré une attention de préférence. Sakara, à trois bonnes lieues des grandes Pyramides, comme le marque Thevenot, étant le lieu diftingué par le plus grand nombre de fépultures creufées dans le rocher, doit être regardé comme le cimetière de Memphis; & la fituation bien connue de Sakara paroît demander, que Memphis en fût moins éloignée que n'eft le Gizeh à la hauteur du Vieux-Caire. On ne fauroit trop dire ce que c'eft que le *Cochone* ou *Cochome*, dont Manéthon, cité par Eusèbe (*lib. II, c. 3*), & par Jule Africain dans le Syncelle, faifoit mention en proximité des Pyramides, ἐπὶ τὴν Κωκωμην. Ce nom eft appliqué à la côte de roche qui porte les Pyramides mêmes, dans la carte du Père Sicard.

XV.

Du lac Mœris & des Labyrinthes.

L'Heptanomide que nous allons parcourir, renferme un objet, dont l'examen demandant une longue difcuffion, veut être traité en particulier; & ce qui concerne le lac *Mœris*, ou de *Myris*, m'engagera dans la recherche de l'emplacement des *Labyrinthes*, qui faifoient un des ornemens de l'ancienne Egypte.

Ce qu'Hérodote & Diodore de Sicile ont écrit fur l'étendue du lac Mœris eft hors de vraifemblance, fi

par la manière de l'entendre on ne le rend vraifem-
blable. Une autre difficulté eft de pouvoir appliquer à
un feul & même lac ce qui eft dit du Mœris dans les
anciens. Les circonftances principales, & plus propres
à déterminer l'objet, ne fe trouvent point convenables
au lac du nome Arfinoïte, ou du Feïum, qu'on croyoit
être le Mœris, & ce n'eft que depuis peu de temps
qu'on a quelque connoiffance de ce qui repréfente le
Mœris d'Hérodote & de Diodore. Ils font d'accord
à lui attribuer 3600 ftades de circonférence, & 200
coudées de prodondeur. Strabon fe borne à comparer
l'étendue du lac Mœris à une mer. Dans Pline, le
circuit du lac eft de 250 milles, autrement 450, felon
Mucien, connu dans l'hiftoire, pour avoir porté Vef-
pafien à accepter l'Empire. M. Wefſeling *(note de fon
édition de Diodore)*, dont je refpecte fort le favoir, ne
balance point à préférer le compte de Mucien, fur ce
que le nombre de 450 milles répond à 3600 ftades,
felon la compenfation commune des ftades & des
milles, à raifon de huit ftades pour un mille. Le texte
de Méla, dans les éditions de Voffius & de Gronovius,
donne 500 milles, *quingenta*, à la circonférence du lac
Mœris.

Cette immenfité d'étendue dans un lac qui n'étoit
point l'ouvrage de la Nature, mais le travail d'un peuple,
a dû paroître incroyable, lors fur-tout qu'on n'a point
eu d'autre idée du ftade que la plus ordinaire, faute de
connoître le ftade qui convient à l'antiquité Égyptienne,

stade qui n'eſt guère que la moitié de celui que l'on connoiſſoit ſeul. Mais cette réduction n'eſt pas encore ſuffiſante, pour être au niveau du vrai ſur l'étendue du lac Mœris. Il faut que ce qui eſt donné pour circonférence dans Hérodote & dans Diodore, ne puiſſe s'entendre que d'une meſure en ſurface.

En attendant le développement de ce que je viens d'avancer, voyons ſi le lac de la province de Feïum convient à chacune des circonſtances qu'Hérodote & Diodore rapportent du lac Mœris. L'étendue de celui du Feïum, dans l'intervalle d'un bourg nommé Tamieh & du Kaſr-kerun, ou du Château cornu, ne paroît que d'environ 12 lieues communes, ou de 36 milles romains, ſi même ce n'eſt pas donner plus que moins. Sa plus grande largeur, qui s'étrécit beaucoup vers les extrémités, n'eſt que d'environ 3 lieues, & le produit de ces dimenſions, ſavoir, environ 80 milles, ou 640 ſtades Grecs, ou 1200 ſtades de l'ancienne Égypte, eſt fort au-deſſous du compte d'Hérodote & de Diodore. En vain prétendroit-on pour éluder cette conſéquence, que le lac de Feïum n'eſt peut-être pas aujourd'hui ce qu'il étoit autrefois. Il eſt borné au nord par des montagnes, au rapport de ceux qui l'ont bien conſidéré, & pour lui faire franchir cette barrière il faudroit ſuppoſer que ces montagnes ſont nouvelles. Vouloir l'agrandir du côté du midi, c'eſt ſubmerger le Feïum, qui n'a pas déjà trop d'étendue. Prolonger ce lac d'orient en occident, ce ſeroit atteindre le Nil d'une part, en couvrant un espace de terrain plus relevé que le sol de l'Égypte, & de l'autre répandre une grande partie du lac dans les sables de la Libye.

Mais, ce n'est pas uniquement par cet endroit que le lac du Feïum ne ressemble point au Mœris. Hérodote décrivant le Mœris, dit qu'il s'étend en longueur entre le nord & le midi : κέεται δὲ μακρὴ ἡ λίμνη πρὸς βορέην τε καὶ νότον. Or, le lac du Feïum ne prend point en ce sens-là un espace comparable à celui qu'il occupe au contraire d'orient en occident. Diodore d'un autre côté nous apprenant, que le canal de communication du Nil avec le lac n'avoit que 80 stades de longueur, nous trouverons 500 stades de la mesure Égyptienne, environ 270 de la mesure Greque ordinaire entre l'issue du canal de Feïum dans le lac, & l'endroit du cours du Nil le plus à portée.

Il ne faut point omettre un autre défaut de convenance très-essentiel. Les anciens nous font connoître, que le Mœris avoit été creusé pour recevoir dans les grandes crûes du Nil une quantité d'eau très-considérable, réservée pour les temps où l'inondation étant passée, les terres situées sur les côtés de ce lac pouvoient tirer, par les saignées qui lui étoient faites, un nouveau secours d'arrosement. Or, M. Granger ayant séjourné dans le Feïum, observe que les terres voisines du lac sont trop élevées pour que le lac puisse y verser ses eaux après le temps de l'inondation, outre que la salure qui lui est naturelle, n'est pas propre à l'arrosement des terres.

Mais,

Mais, si le lac de Feïum, ou Arsinoïte, n'est pas le Mœris, comment donc le retrouver ? Nous ne devons avoir d'autre idée du Mœris, que comme d'un canal plus spacieux à la vérité dans sa largeur, & par l'élévation des bords & digues qui le contenoient, conservant la hauteur de ses eaux plus que tout autre canal, dans le grand nombre de ceux dont l'Égypte étoit coupée. C'étoit un réservoir, que l'industrie des anciens Égyptiens s'étoit procuré dans le quartier de l'Égypte supérieure qui a le plus de largeur. Que ce fût un canal, c'est ce que Pline dans un endroit qu'on ne trouve qu'à l'écart de sa Géographie *(lib. XXXV, c. 12)*, exprime formellement : *Mœridis lacus, hoc est fossa grandis*. Et ce qui regarde sa profondeur, ou la hauteur de ses eaux par l'élévation de ses bords, est d'autant plus vraisemblable, qu'on ne sauroit creuser bien avant dans la terre d'Égypte, sans trouver un roc continu, qui porte toute l'étendue de ce pays. D'ailleurs, un bassin trop enfoncé au-dessous du niveau des terres, n'eût pas été propre à les arroser par des écoulemens, & il seroit absurde de croire qu'il eût été pratiqué pour y puiser l'eau comme dans un puits des plus profonds. Je n'omettrai point que le texte de Pline commence ainsi, *ubi fuit Mœridii lacus*. On doit conclure de cette expression, *ubi fuit*, que ce lac, ouvrage de l'industrie, & non de la Nature, avoit déja éprouvé par un laps de temps considérable, une dégradation [*] à le faire méconnoître

---

[*] *Debemur morti nos, nostraque, &c.* Horace.

en quelque manière. Ainſi, ſoyons moins ſurpris de voir, que chez les anciens mêmes on ſe ſoit expliqué de manière à confondre le Mœris avec le lac Arſinoïte. Mais, aux défauts de convenance que nous avons remarqués dans ce lac Arſinoïte, ſe joint actuellement une impropriété d'expreſſion, *foſſa ubi fuit*, vu la forme & l'exiſtence permanente de ce lac.

Nous ſommes redevables au P. Sicard de nous avoir montré le lac Mœris dans la trace d'une lagune, plus reculée dans le ſud que la hauteur du nome Arſinoïte. Le nom qu'on donne dans le pays à ce veſtige du lac Mœris eſt *Bathen*, qui dans la langue Arabe ſignifie la même choſe que le terme Grec Βάϑος qui lui reſſemble. Une trace informe du même lac dans la grande carte d'Égypte de M. Pococke, dont le fond paroît emprunté en pluſieurs choſes de celle du P. Sicard, porte le nom de canal de Joſeph, quoique ce canal en ſoit différent. Ce que M. Granger dit du lac Mœris dans ſa relation, peut dériver des mémoires du P. Sicard, dont pluſieurs perſonnes ont tiré grand avantage en Égypte. Le Bathen gît en longueur au couchant du Nil, & parallèlement à ſon cours. Il eſt également parallèle au Bahr-Iuſef, qui conduiſant des eaux du Nil dans le Feïum, côtoye la lagune, qui ſe trouve renfermée entre le fleuve & ce canal. Il ſortoit vraiſemblablement de chacun des bords du Mœris un grand nombre de canaux particuliers, qui communiquoent d'un côté au Bahr-Iuſef, & de l'autre traverſoient les terres qui s'étendent vers le Nil, ce qui procuroit à cette partie de l'Égypte supérieure, plus spacieuse qu'en tout autre endroit, l'avantage de recevoir autant d'eau que cette plus grande largeur l'exigeoit.

L'étendue du Bathen, qui est nord & sud, répond précisément à ce que veut Hérodote, à l'égard du Mœris, πρὸς βορέhω τε καὶ νότον. Il faut ajouter, que la longueur que Diodore dit être celle du canal par lequel le Mœris recevoit les eaux du Nil, est la même par rapport au Bathen, depuis l'ouverture de ce canal entre Miniet-ebn-Kasib & Samalut, jusqu'à son entrée dans le Bathen, près d'un lieu nommé Taha-el-Modaïn.

Il est question maintenant de connoître l'étendue de cette lagune. Elle paroît terminée vers un endroit nommé *Ahenas*, distingué par des vestiges d'antiquité, en même hauteur que Beni-suef, lieu fort connu sur le bord occidental du Nil. Au-dessous d'Ahenas, l'émanation de la lagune n'est qu'un canal ordinaire, en changeant de direction, pour se rendre à une coupure tirée du Bahr-Iusef, & continuer encore à quelque distance du Nil jusque sous les Pyramides. Or, ce que la construction d'une carte, où les espaces assujettis à des distances actuelles, & combinées avec celles de l'Itinéraire Romain, ne sont point déterminés arbitrairement, donne d'étendue en longueur au Bathen ou Mœris, revient à environ 900 stades de la mesure Égyptienne. Pour retrouver les 3600 stades d'Hérodote & de Diodore, il ne faut que multiplier par quatre les 900 stades de longueur, & découvrir de cette manière que la largeur du Mœris étant de quatre ſtades, ou d'environ 200 toiſes, ce qui eſt appelé périmétrie dans Hérodote & dans Diodore, par une mépriſe d'expreſſion, eſt une meſure de ſurface. Hérodote ne parloit point du Mœris comme d'un baſſin, également ſpacieux en largeur comme en longueur, quand il écrivoit κέεται δὲ μακρὴ ἡ λίμνη, c'eſt-à-dire, *ſtagnum jacet longum*. D'ailleurs, pourrions-nous vouloir ce que la contrée ne peut contenir? Et n'eſt-ce pas encore le plus prodigieux travail de l'ancienne Égypte qu'un réſervoir de cette étendue, qu'il avoit été néceſſaire de revêtir de digues aſſez fortes pour en ſoutenir les eaux? Ce n'eſt pas qu'en parlant ainſi, avec une ſorte d'admiration, de ce réſervoir, on admette volontiers la profondeur qui lui eſt attribuée de 200 coudées, ou de 50 orgyes, & c'eſt une remarque qu'on ne peut ſe diſpenſer de faire. Cette profondeur ſur la meſure du Nilo-mètre, égaleroit 341 pieds françois, ou environ 57 toiſes. L'eau dérivée du Nil ne pouvant s'élever dans cet épanchement à une plus grande hauteur que le niveau de l'inondation, il faudroit que ce qui fait environ neuf dixièmes ſur une pareille profondeur, eût été pris dans les entrailles de la terre. Cette meſure ſeroit plus recevable, ſi elle étoit donnée à l'aſſiette du talus des digues dont le Mœris étoit renfermé.

Pour ne point laiſſer ſans quelque ſolution de difficulté, ce qu'on trouve ailleurs que dans Hérodote &

dans Diodore, fur l'étendue du Mœris ; ne doutons point que les 450 milles de Mucien, cité par Pline, ne fuſſent tirés du compte de 3600 ſtades, felon la compenſation dont on étoit prévenu de huit ſtades pour un mille, fans avoir fait par quelque analyſe particulière la diſtinction d'un ſtade de la plus haute antiquité d'avec celui dont l'uſage avoit prévalu. Les 500 milles de Méla ne font qu'un compte plus vague que celui de 450 : & les 250 que l'on trouve dans Pline, ainſi que les 450 de Mucien, peuvent dériver d'un compte également vague, mais propre fpécialement (par analogie avec ce que nous avons reconnu dans ce qui précède) à la longueur du lac, fur une eſtime auſſi peu précife de 1000 ſtades, au lieu de 900. M. Boſſuet, dans fon difcours fur l'Hiſtoire univerſelle, concluant la circonférence du Mœris de 180 lieues, & ne prenant dans cette évaluation que 20 ſtades pour une lieue, ce qu'il a pris pour une lieue ne répond guère qu'à 1000 toifes. Mais, ce rabais ne fait que mettre de la vraiſemblance où elle devoit paroître manquer.

Il me reſte à faire voir, que tout ce qu'on lit dans les anciens, ne convient pas également bien au véritable Mœris. Quand Pline *(lib. V, c. 9)* débute par ces mots, *inter Arfinoiten & Memphiten lacus fuit*, cet emplacement entre Memphis & Arſinoë déſigneroit le lac de Feïum : mais en même temps, cette expreſſion *lacus fuit*, conviendroit-elle auſſi-bien à ce lac, qu'elle conviendroit à celui qui autre part eſt *foſſa grandis*, comme il s'en explique! Diodore, qui contribue à nous faire connoître le vrai Mœris, en nous inftruifant de la longueur du canal qui portoit les eaux du Nil dans le lac, paroît en faute fur le même fujet, dans la diftance qu'il marque de 10 fchènes, ou de 600 ftades, correfpondans à ce nombre de fchènes, entre Memphis & le Mœris, diftance plus convenable au lac de Feïum qu'au Bathen. Ceux à qui l'étude des écrivains de l'antiquité eft familière, me font garans avec franchife, que la curiofité ne s'y trouve pas toujours fatisfaite du côté de l'exactitude & de la critique : & cette étude dans fon application à la Géographie, le met plus en évidence, que les faits purement hiftoriques ne peuvent le faire.

Strabon s'explique fur le lac Mœris de manière à défigner celui du Feïum, en parlant du nome Arfinoïte, comparant l'étendue de ce lac à une mer, & fes rivages à ceux de la mer, ayant même opinion que la mer avoit autrefois couvert ce canton. Ptolémée, qu'on fera peut-être étonné que je n'aie point encore fait paroître, reculant comme il fait le Mœris dans la Libye, au couchant du nome Arfinoïte, a pour objet le lac du Feïum, quoique placé trop à l'écart, plutôt que le vrai Mœris. C'eft ce qui paroîtra d'autant plus fingulier de fa part, qu'en décrivant l'Heptanomide dans la fection fuivante, nous reconnoîtrons que le Mœris eft employé dans Ptolémée comme un bras du Nil, dont une ifle de grande étendue eft enveloppée. Pourquoi les anciens font-ils fi peu d'accord entre eux, & quelquefois avec

SUR L'ÉGYPTE.

eux-mêmes! Pline le fait connoître, *fuit Mœridis lacus*. Le temps qui s'étoit écoulé depuis le règne de Mœris ou Myris, qui précédoit Séfoſtris de ſept âges d'hommes, ſelon Diodore, avoit été plus que ſuffiſant pour qu'un réſervoir de pareille étendue ſe dégradât au point d'être beaucoup moins en évidence que le lac Arſinoïte, qui formé par la Nature, ſans pouvoir être un ouvrage humain, n'a point été ſujet à la même altération dans ſon exiſtence. Nous ne ſaurions dire ſi la lagune qui retrace le Mœris conſerve des veſtiges de deux Pyramides, qu'Hérodote & Diodore diſent avoir été conſtruites dans le lac même : mais, ſi elles avoient exiſté dans l'Arſinoïte, l'admiration où paroît Strabon à l'égard de ce lac, ne lui auroit pas laiſſé omettre une circonſtance auſſi remarquable. Au reſte, comment trouverions-nous un nom qui fût propre à diſtinguer le lac de Feïum en particulier dans l'antiquité, puiſqu'il s'y trouve confondu avec le Mœris ! Le P. Sicard dans ſa carte, lui applique le nom de Mendès, dont le règne précéda de cinq générations celui de Protée, contemporain de la guerre de Troie, ſelon Diodore. Mais, j'ignore ſur quel témoignage de l'antiquité cette dénomination peut être fondée.

Ce qui me paroît appartenir à Mendés dans le nome Arſinoïte, c'eſt un Labyrinthe, comme il y en avoit un autre tenant au lac Mœris. Celui que décrit Strabon, étoit ſitué 30 à 40 ſtades au-deſſous de l'entrée du canal, qui portoit les eaux du Nil dans le canton, dont

Arsinoë, appelée autrement la ville des Crocodiles, étoit capitale. Strabon ajoute, qu'en descendant le même canal environ 100 stades au-dessous du Labyrinthe, on arrivoit à cette ville. Il nomme le constructeur de cet édifice. On lit dans son texte Ἰμανδής, & dans l'Épitome ou abrégé fait d'après lui, ce nom est écrit Μαίνδης, selon que Casaubon l'a observé. Le nom d'*Ismandés* dans un autre endroit de Strabon, ne se confond point avec celui-ci, parce que l'Ismandés est Memnon, & que Strabon ne parle d'Ismandés qu'étant transporté à Abydus, qui fut la résidence de Memnon. Les circonstances locales que fournit Strabon, ont un rapport marqué aux vestiges d'un ancien édifice près d'un lieu nommé *Haûara*, tant à l'égard de l'entrée du canal dans le Feïum près d'Illahon (dont il sera parlé dans la section suivante), qu'à l'égard de l'ancienne Arsinoë, dont l'emplacement est connu comme adjacent à la ville moderne de Feïum. Une Pyramide qui accompagnoit ce Labyrinthe, selon la description que l'on doit à Strabon, est encore existante, & ce même emplacement pour celui d'un Labyrinte, n'a point échappé au Pere Sicard. Mais sur quoi s'est-il fondé pour le donner à Menés, dont le règne est le premier dans les dynasties Égyptiennes, à la suite des temps mythologiques! c'est ce que j'ignore. Ce Labyrinthe, au rapport de Strabon, qui parle pour avoir vu & considéré le lieu même, étoit destiné à l'assemblée des préfectures de l'Égypte, & distribué en vingt-sept appartemens.

Mais,

Mais, dans Hérodote il est question d'un autre Labyrinthe comme adjacent au lac Mœris, ou bien (selon qu'il s'en explique aussi) peu au-dessus de ce lac: ὀλίγον ὑπὲρ τῆς λίμνης τῆς Μοίριος. Et ce qu'il ajoute, que c'étoit en tirant vers la ville des Crocodiles, ne sert vraisemblablement, vû l'extension du Mœris en longueur, qu'à désigner de quel côté de cette longueur étoit ce Labyrinthe, en nommant une ville plus connue qu'une autre dans ce canton de l'Égypte. Diodore parlant du même Labyrinthe, en fixe la place à l'issue du lac Mœris du côté de l'Afrique, ce qui répond à l'interprétation qu'il convenoit de donner au rapport d'Hérodote. Enfin, ce qui doit déterminer une pareille position, différente de celle qui entreroit dans le nome Arsinoïte, c'est de voir dans Pline un Labyrinthe que le nome d'Heracleopolis a renfermé, & la section suivante concernant l'Heptanomide fera connoître que ce nome tient au Mœris précisément. Pline serre les objets de bien plus près, en écrivant *Labyrinthus in Mœridis lacu*. Selon le témoignage uniforme d'Hérodote & de Diodore, ce Labyrinthe étoit l'ouvrage de douze rois ou princes, qui avoient gouverné l'Égypte conjointement, jusqu'à ce que Psammétichus, du nombre de ces princes, plus habile ou plus heureux que les autres, se fut emparé de la monarchie. Si Pline attribue le Labyrinthe dont il s'agit à seize préfectures de l'Égypte, le distribuant en autant d'appartemens, c'est qu'il transporte à celui-ci la destination qui convient au précédent, sur lequel le rapport de Strabon ne paroît pas devoir être révoqué en doute. Ce Labyrinthe des douze rois est placé par le P. Sicard dans le lieu d'Ahenas dont j'ai parlé, à l'extrémité du Bathen, comme en effet Diodore nous fixe à l'issue du Mœris.

Il faut dire quelque chose du *Kasr-Kerun*, situé vers l'extrémité du lac de Feïum, & dont on veut faire un Labyrinthe, que le Pere Sicard donne même au roi Mendés. Mais, un édifice renfermé dans ses murailles maîtresses entre 16 toises de long, & 10 de large, dont l'intérieur ne consiste presque qu'en trois ou quatre salles, qui se succèdent sur une même ligne, ne donne guère l'idée d'un Labyrinthe. Tel qu'il est, un habile Mythologiste, qui a prêté sa plume pour la publication du troisième voyage de Paul Lucas, croit y voir une exacte ressemblance avec la description que fait Hérodote du Labyrinthe qu'il a connu. Après avoir donné dans la relation de ce voyage, le circuit du lac de Feïum sur le pied de 30 ou 40 milles (ce qui conviendroit mieux à la longueur), on n'a point trouvé de difficulté à citer en conformité avec Hérodote les 360 stades de la circonférence du lac Mœris ; & on finit par *assurer, que les choses sont aujourd'hui presque au même état que du temps de cet habile & judicieux historien.* Laissons à penser s'il y a quelque justesse dans cette décision.

XVI.
De l'Heptanomide.

La partie de l'Égypte qui a porté le nom d'*Hepta-nomis*, peut en comprenant un arrondissement convenable au district de Memphis, succéder à l'Égypte inférieure sur la même rive que cette capitale, dès l'endroit où le fleuve se divise pour former le Delta. Je remarque même que dans la Notice d'Hiéroclés, *Letus*, qu'il faut croire la même ville de Latone que Ptolémée comprend dans l'Égypte inférieure, est donnée à la province qui avoit pris le nom d'*Arcadia*. Mais, sur la rive opposée, ou orientale, la position de Babylon, située plus haut que la division du Nil, ne permet pas la même élévation de ce côté-là dans les limites de l'Heptanomide. Une ville plus reculée que Memphis en remontant, & dans le nome de cette capitale selon Ptolémée, se nommoit *Acanthus*, du même nom qu'un arbre épineux, & toujours verdoyant, dont il est parlé dans Théophraste *(hist. Plant. lib. IV, c. 2)* comme étant propre à l'Égypte. La distance à l'égard de Memphis est marquée de 120 stades dans Diodore *(lib. I, 97)*. Strabon *(page 809)* semble mettre cette ville un peu à l'écart, en disant que c'est une espèce de peuplade Libyque; & en effet Acanthus est dans les terres comme Ptolémée s'exprime sur sa position. Si entre les positions actuelles, on en cherche une qui puisse s'y rapporter, celle de *Dashur*, au-dessus de Sakara, en même éloignement à l'égard du Nil, & diftinguée par une Pyramide fur la montagne Libyque, paroîtroit convenable. Un lieu, nommé *Miniet-rahiné*, que prend le P. Sicard, mettroit Acanthus prefque aux portes de Memphis, dont ce lieu eft plus voifin que Sakara ; & cet inconvénient ne fe faifoit pas fentir dans la place que le P. Sicard donnoit à Memphis, plus bas fur le fleuve qu'il ne convient à l'emplacement qu'occupoit cette ville. L'Itinéraire romain nous conduira de Memphis à une manfion, dont le nom fe lit *Peme*, & de cette manfion à un autre lieu fous le nom qui paroît devoir fe lire *Ifiu*, d'après la forme du nom d'*Ifeum*. La première & la feconde des diftances depuis Memphis font également marquées xx. Je ne harfarderai point de fixer une pofition correfpondante au terme de la première. La feconde me paroît tomber par convenance à une diftance de 40 milles à l'égard de Memphis, fur un lieu dont le nom eft *Zaouié*, & il femble que cette convenance faffe trouver quelque rapport dans la dénomination.

Au-delà du nome Memphités eft l'*Heracleopolites*, dans une grande ifle felon Ptolémée. Strabon *(ubi suprà)* parle également de cette grande ifle comme renfermant le nome d'Heracleopolis, ayant d'un côté celui d'Aphroditopolis, dont il fera queftion en paffant au levant du Nil, & de l'autre le nome Arfinoïte. Il fait entendre, que du côté de la Libye, εἰς τὴν Λιβύην, cette ifle eft formée par un canal creufé, διώρυχα. Or, dans ce canal nous devons reconnoître le Mœris, par lequel en effet le terrain qu'il borne d'un côté, parallèlement au cours du fleuve, se trouve isolé. Et lorsqu'en traitant du Mœris, j'ai dit d'avance, que ce qui répond à ce canal se retrouvoit dans Ptolémée, j'aurois pu le dire pareillement de Strabon.

Nous avons plus d'un lieu à reconnoître dans le nome d'Heracleopolis. La première des villes que cite Ptolémée en ce district, comme étant la plus élevée en latitude, & sous le nom de *Nilopolis*, avec la circonstance d'être écartée dans les terres, pourroit par cette raison convenir à un lieu nommé *Meidon*, ou à quelque emplacement adjacent. Le Nil y est conduit par un canal dérivé du Mœris, & une grande Pyramide, fort remarquée des voyageurs, indique bien un lieu distingué dans l'antiquité. Holstenius & M. Wesseling ont grande raison de vouloir, que dans la Notice d'Hiéroclés on lise *Nilopolis*, au lieu de *Nicopolis*, entre les villes de la province d'Arcadie. Quant à la métropole, savoir, *Herculis civitas*, avec le surnom de *magna*, par distinction de celle que nous avons rencontrée dans le Delta, Ptolémée s'explique sur sa position comme étant rangée vers le canal, qui borde au couchant l'isle dans laquelle le nome Héracléotique est compris, & il s'ensuit qu'on est porté vers le Mœris. Or, ce que je trouve dans Pline *(lib. XXXVI, c. 13)* sur le Labyrinthe, qu'on a vu dans la section précédente avoir été situé à l'extrémité du Mœris, est très-remarquable à ce sujet. Les

Héracléotes, qui avoient été employés au travail de cet édifice, & auxquels il étoit odieux, *opus invifum*, l'avoient fort dégradé, *mirè infeſtavere*, ce qui témoigne une proximité de ſituation. La Table Théodoſienne me fournit ſur cette poſition une preuve, qui ſe communique à celle du Labyrinthe même. C'eſt une diſtance marquée VI à l'égard d'un lieu nommé *Ptolemais*, dont il ſera queſtion dans ce qui doit ſuivre immédiatement en parlant du nome Arſinoïte. Ce moyen ſeul ſerviroit d'indication du lieu convenable à la capitale du nome Héracléotique, dont le nom dans la Table ſe lit *Heracleo*. L'application que le P. Sicard a faite de la poſition ſous le nom d'*Heracleopolis*, à un lieu nommé *Taha-el-Modaïn*, ſitué à l'autre extrémité du Mœris, ſouffre la plus grande difficulté. Sa carte donne entre cette poſition & celle de Nilopolis, que le même nome renfermoit, un eſpace équivalent à plus d'un degré & demi de la graduation de latitude appliquée à cette carte, ce qui ſeroit égal à près de 120 milles romains; & certes une pareille étendue excède manifeſtement & de beaucoup toute vraiſemblance, à l'égard d'un nome Égyptien entre les plus conſidérables.

Avant que d'aller plus loin en remontant le Nil, il faut parler du nome *Arſinoïtes*. Ce que dit Strabon de cette petite contrée, comme de la plus fertile & plus agréable qui ſoit en toute l'Égypte, eſt conforme au rapport qu'en font les voyageurs de notre temps. Selon les traditions orientales, ce fonds de terre n'étant que ce qu'on nomme en Arabe *Juniê*, un marécage, fut desséché par les travaux du patriarche Joseph ; & le canal détaché du Nil à un endroit nommé *Tarut-Efsherif*, & qui entre dans le Feïum ou l'Arsinoïte, est appelé *Bahr-Iufef*, quoiqu'il soit aussi nommé *Khalitz-il-Menhi*. On a vu ailleurs que le *Pithom*, à la construction duquel les Israëlites furent employés dans leur asservissement en Égypte, n'est point le Feïum, nonobstant une opinion assez répandue. Le Crocodile adoré dans la capitale, tandis que chez les Héracléotes immédiatement voisins, l'Ichneumon ennemi du Crocodile, étoit l'objet d'un culte particulier, avoit fait donner à cette capitale le nom de *Crocodilopolis*. Celui de *Chamfa*, qu'on lit dans Hérodote comme propre au Crocodile chez les Égyptiens, étant connu aujourd'hui pour être *Temfah*, on pourroit croire qu'il faudroit substituer un τ au χ dans le texte de cet ancien historien, à moins que cette diversité dans une lettre initiale ne soit celle d'un article différent. Le *Crocodilorum fluvius*, peu loin de Césarée de Palestine, & dont il est mention dans Pline, est appelé dans le pays Moïet-el *Temfah*, l'eau du Crocodile. Mais, le nom d'*Arsinoe*, que prit la même ville sous les Ptolémées, s'est maintenu sous la domination Romaine ; & les vestiges contigus vers nord-ouest à la ville actuelle de *Feïum*, sont appelés *Medinet-Fars*, ou la ville du Persan, selon Vansleb. Je suis bien surpris de trouver dans Golius *(in Alferg. p. 158)*, qu'il prenne cette ville pour celle du nome Héracléotique.

Mais, les plus favans hommes font tombés dans bien des méprifes fur l'ancienne Égypte.

Ptolémée ajoute à la ville d'Arfinoë, la pofition particulière, fous le nom de *Ptolemais*, d'une ftation ou d'un port, qui auroit donné entrée dans le nome Arfinoïte. Et ce même lieu fe fait connoître (comme je l'ai remarqué précédemment) dans la Table Théodofienne, où fur une route dirigée vers Babylon en partant des lieux fupérieurs, on lit *Ptolemaido*, avec quelques lettres de plus, qui ne fignifient rien, & qui paroiffent tenir lieu des chiffres d'une diftance omife à l'égard d'un autre lieu immédiat, qui m'eft inconnu. Or, à cette ftation, à ce port, comme le défigne Ptolémée, répond en effet une pofition, dont le nom connu de notre temps eft *Lahon* ou *Illahon*, fitué au débouché du canal qui entre dans le Feïum par une gorge étroite, ouverte dans la montagne Libyque. Cellarius a cru voir la rive même du Nil dans ce canal, en difant de la ville d'Arfinoë, que quoiqu'elle fût éloignée du fleuve, *nihilominus portum in Nilo habuit* (*T. II, Afr. p. 64*). Pour voir clair dans l'ancienne Géographie, il faudroit qu'elle fût toujours fecourue par la Géographie actuelle. Je voudrois en tirer quelque avantage à l'égard de deux pofitions, que donne Ptolémée dans le voifinage du lac Mœris, ou de celui auquel il applique ce nom, *Banchis* vers le nord, *Dionyfias* vers le midi. Vanfleb étant au Feïum, dit avoir entendu parler d'une ville ruinée au nord du lac, à laquelle on donne le nom de

Temeh,

Temeh, avec le furnom d'*Iffebag*, ou des Lions. Une autre ville peut avoir exifté dans un lieu appelé *Beled-Kerun*, aux environs du *Kafr-kerun*. On fait que de ce terme de *Kerun* ou *Kern*, qui fignifie proprement ce qui eft cornu ou terminé en corne, le vulgaire du pays a fait un perfonnage à peu près femblable au Caron des fables Gréques, ou qui auroit mis à contribution les morts comme les vivans fur cette frontière, & *Beled-Kerun* fignifieroit pays de Caron. Or, les lieux dont je viens de parler pourroient répondre aux pofitions de *Banchis* & de *Dionyfias*, qui autrement nous feront tout-à-fait inconnues. On trouve *Dionyfias* dans la Notice de l'Empire, entre les poftes militaires du département de l'Égypte diftinct de celui de la Thébaïde; & l'emplacement que nous jugeons pouvoir convenir au lieu dont il s'agit, eft bien propre à couvrir la frontière.

Il faut maintenant fe rappeler, que l'Itinéraire romain nous a donné quelques manfions en partant de Memphis; il conduit par cette route à la ville d'*Oxyrynchus*. Je n'ai point retrouvé quels pourroient être les lieux, qui à la fuite de celui dont il a été parlé fous le nom d'*Ifeum*, font nommés *Cene* & *Tacona*; & je préfère cet aveu à la témérité de deviner. Je préfume feulement, que la voie fe détachoit du Nil, pour tendre comme il convenoit plus directement à une ville fort confidérable, dont la pofition étoit écartée du fleuve. C'eft une pofition déplacée dans la carte de M. Pococke que celle d'Oxyrynchus fur le bord du Nil, dans l'emplacement actuel d'Abu-Girgé. Cette ville étoit méditerranée, selon l'expreſſion de Ptolémée; & le terme de μεσία qu'emploie Strabon *(page 812)*, par comparaiſon au nome de Cynopolis, qui bordoit la rive occidentale du Nil, recule infailliblement Oxyrynchus dans les terres. Ce n'eſt pas aſſez de dire, qu'il y avoit un nome dépendant d'Oxyrynchus. Cette ville a été métropole de province, ſelon Nilus Doxopatrius, & il y a des Notices qui lui donnent ce rang. On peut juger du peuple qu'elle renfermoit, par ce qu'on lit dans Rufin *(in Vit. Patr. c. 5)* du prodigieux nombre de perſonnes des deux ſexes qui y profeſſoient la vie monaſtique. La ville connue aujourd'hui ſous le nom de *Behneſé*, ſur le canal appelé Bar-Iuſef, & dont l'emplacement eſt le plus convenable à Oxyrynchus, conſerve également dans l'Égliſe Copte la même dignité de métropole; & Behneſé domine ſur un diſtrict particulier, comme Oxyrynchus ſur un nome de l'ancienne Égypte. Le P. Sicard ſe porte bien au-delà, en prenant un lieu nommé *Hour* pour Oxyrynchus; & je vois qu'il y a été contraint, par une ſuite d'avoir beaucoup trop reculé la capitale du nome Héracléotique. Il n'a pourtant pas laiſſé vacante dans ſa carte la poſition actuelle de Behneſé : mais, c'eſt en y faiſant paſſer celle de *Banchis*, amenée ainſi de fort loin, puiſque ce lieu, que nous ne connoiſſons que comme on le voit dans Ptolémée, ſans aucun autre moyen d'indication, nous eſt donné comme étant ſitué au nord du lac, qui eſt celui du nome Arsinoïte. Le poisson au nez pointu, qui, adoré particulièrement à *Oxyrynchus*, lui avoit fait donner ce nom sous la domination Gréque des Ptolémées, & que l'on ne trouve point dans Hérodote, se reconnoît à la figure de celui qui dans le pays est appelé *Kesher*.

La Table Théodosienne présente quelques lieux, en poussant plus loin que la capitale du nome Héracléopolite, sur la route dont il a été fait mention. Et d'abord, le lieu dont le nom se lit *Fenchi* est aisé à reconnoître dans celui de *Feshn*, sur le bord du Nil au-dessus de Beni-suef. Un autre lieu, dont la distance à l'égard du précédent est marquée xx, sous le nom de *Tamonti*, pourroit convenir à la position d'Abu-Girgé, ou en approcher de bien près. C'est tout ce qu'on peut démêler dans la Table sur cette route, & le lieu qui se voit au-delà, & dont le nom est écrit *Tyconpoli*, se rapporte à Lycopolis, nonobstant qu'il faille remonter bien plus haut pour arriver à sa position. Mais, ce qu'on voudroit trouver, ce sont des indices de ce qui concerne le nome *Cynopolites*, que Ptolémée fait succéder à celui d'Oxyrynchus, & précéder celui d'Hermopolis. Selon lui, la capitale, assise sur la rive occidentale du Nil, se nomme *Cô*, ayant vis-à-vis d'elle la ville de *Cynopolis* dans une isle du fleuve. Cellarius *(T. II, Afr. p. 66)* tient pour suspecte dans Ptolémée cette distinction de deux villes, dont la capitale ne porteroit point le nom qui distingue le nome; & il pense que le Κῶ est une abréviation du nom de Κυνῶ. Mais, une simple considération suffit-elle pour

Y ij

supprimer une position donnée ! Il faut se porter à une hauteur moyenne, entre celle d'Oxyrynchus laissée un peu en arrière, & celle d'Hermopolis, où l'on tend actuellement. Le local mieux connu qu'il n'est représenté dans Ptolémée, ne donnera point d'isle, dont l'étendue réponde à celle que l'on figurera d'après les Tables de Ptolémée entre Cô & Cynopolis. Mais, vis-à-vis d'un assez gros lieu nommé *Samalut*, il y a quelques habitations isolées; & on peut supposer que le lieu consacré particulièrement au culte d'*Anubis*, & à la nourriture du chien qui le représentoit, & dont le lieu même tiroit son nom, étant renfermé dans une isle, une ville plus considérable par son étendue occupoit la rive du fleuve en vue de cette isle. A peu de distance au-dessous de Samalut, un lieu nommé *Calaou-Cene*, est une position que le P. Sicard a prise pour le lieu marqué dans l'Itinéraire romain sous le nom de *Cene*, sur la route de Memphis à Oxyrynchus. Mais, une ressemblance de nom ne donnoit point l'identité de position, vu que l'Itinéraire, le seul monument par lequel Cené puisse être connu, ne fait compter que 60 milles entre Memphis & Cené, & que reculer Cené jusqu'auprès de Samalut, l'espace en fournit environ 120.

Entre Oxyrynchus & Hermopolis, l'Itinéraire donne 54 milles en deux distances : *Oxyryncho*, *Ibiu* XXX, *Hermopoli* XXIIII. On retrouvera presque le même espace à l'ouverture du compas, ou complet à peu de chose près en droite ligne, dans notre carte. La mansion intermédiaire, consacrée à l'oiseau *Ibis*, qui nuisible aux serpens étoit par cette raison l'objet d'un culte chez les Égyptiens, pourroit convenir au lieu, dont le nom actuel de *Taha-el-Modaïn* conserve l'indication d'une ville. Je remarque que la position donnée à Oxyrynchus par le P. Sicard, ne laisse pas dix milles d'intervalle dans sa carte entre cette position & *Ashmunein* ; & en cet espace resserré, le P. Sicard ne s'est point cru dispensé de placer un lieu sous le nom d'*Ibiu*. Il n'y a point d'incertitude sur le rapport de position de la grande *Hermopolis*, ou de *Mercurii civitas magna*, avec *Ashmunein*. Les traditions du pays font dire à Vansleb *(hist. Alex. parte I, c. 6)*, que cette ville, qu'il nomme *Ishmun-Irrommam*, doit sa fondation à Ishmun, fils de Misraïm. Ptolémée est exact en distinguant la position d'Hermopolis comme écartée du fleuve, d'avec celle qu'il indique comme étant sur la rive même, sous le nom de *Phylace*, qui désigne un lieu de garde sur une frontière. Il est aussi mention de ce lieu dans Strabon *(p. 813)*; & sous le nom d'*Hermopolitana Phylace*, il le distingue d'un autre poste ultérieur, couvrant la Thébaïde, & appelé *Thebaica Phylace*. Ce qu'il ajoute au sujet de ce dernier poste, nous fait découvrir sa situation, & conséquemment celle du précédent. C'est qu'en ce lieu est un canal, qui conduit à *Tanis*. Or, il faut être informé, que le *Khalitz-il-menhi*, ce qui signifie le canal fermé, sortant du Nil près de *Tarut*, surnommé *Efsherif*, ou le Noble, coule à quelque distance au-dessous, près d'un

Y iij

lieu nommé *Tauna*, qui conferve entre autres veſtiges d'antiquité un temple confacré au foleil ; & dans ce lieu nous retrouvons cette *Tanis*, dont il n'eſt mention que dans Strabon feul. De-là il fuit, que la garde Thébaine occupant Tarut-efsherif, il faut fe rapprocher d'Ashmunein pour trouver la Garde Hermopolitane : & je ne vois point de lieu plus convenable que celui de Melaûi, où le Nil détache une branche de canal qui va joindre l'autre. Melaûi, qui au temps préfent eſt une ville fituée avantageufement fur le Nil, peut avoir pris cet état depuis la décadence d'Hermopolis, aujourd'hui fort dégradée dans l'Ashmunein qui exiſte.

Nous avons ainfi parcouru toute l'étendue de l'Heptanomide fur la rive occidentale du Nil. La grande *Oafis*, qui dépendoit de cette province, étant bien plus reculée dans une hauteur ou latitude que comprend la Thébaïde, je remets à en parler lorfqu'il fera queſtion de remonter jufque-là, & je paſſe à la partie de l'Heptanomide qui borde la rive orientale. Cette partie beaucoup moins confidérable que l'autre, parce que la montagne Arabique y fuit le fleuve de fort près, ne confifte qu'en deux nomes, l'*Aphroditopolites*, & l'*Antinoites*. On reconnoît le nom du premier dans celui d'un diſtrict du nom d'*Ibrit*, dont il eſt mention dans le Lexicographe Arabe cité par M. Schultens. Quant à la métropole, on peut la rapporter au lieu nommé actuellement *Atfieh* ou *Etfih*, chef-lieu d'un Casheflik, & confervant dans l'Églife Copte la dignité du fiége épifcopal d'*Aphrodi-*

topolis. Le P. Sicard préfère un lieu nommé *Beronbel*, mais qui est immédiatement au-dessus & peu distant d'Atfieh. L'Itinéraire romain donne une position entre Babylon & Aphrodito, sous le nom de *Scenas Mandras*. La distance marquée XII à l'égard de Babylon, paroît conduire à peu près au lieu nommé *Holuan*, que des gouverneurs de l'Égypte sous les Khalifes ont habité, & où Abdelazis fils de Meruan ordonna la construction d'un Nilo-mètre, au rapport de Murtadi. *Scenæ Mandrorum* ou *Mandrarum*, est un poste militaire dans la Notice de l'Empire ; & on trouve la souscription d'un évêque de ce lieu, dans la lettre des prélats de l'Égypte adressée à l'Empereur Léon I. *Mandra*, terme Grec, employé dans le Latin, signifie une grotte, une cabane. Mais, il ne faut point oublier entre le Vieux-Caire & Holuan, un lieu remarquable en ce qu'il représente celui dont parle Strabon *(page 809)* sous le nom de *Troja*, que des Troyens captifs emmenés par Ménélas lui auroient donné, situé près du fleuve, & au pied d'une montagne, de laquelle avoient été tirées les pierres dont les Pyramides avoient été construites. Ce *Troicus mons*, que l'on trouve dans Ptolémée, & un monastère de Saint George (Der Gergis) qui est au pied, conservent le nom de *Troja* sans beaucoup d'altération dans celui de *Tora* ; & des grottes profondes dans le sein de la montagne, font des carrières, qui ont pu suffire aux édifices les plus considérables.

Une ville dont le nom doit être *Ancyrôn-polis*, selon

Étienne de Byzance, & qui eſt *Angyron* dans Ptolémée, eſt par lui ajoutée au nome d'Aphroditopolis; & ce n'eſt que par conjecture que je mettrai comme en parallèle le nom d'*Eggerone*, que je trouve ſur la carte manuſcrite de M. du Roule, au-deſſus d'Atfieh, & au pied d'une montagne nommée *Hajar-Maſſoum*, ou pierre marquée. On voit dans Ptolémée, ſur cette même rive orientale, un peu au-deſſus du travers de Cynopolis, en approchant d'Antinoë, une autre ville nommée *Acoris*, que par ces circonſtances on peut appliquer à la poſition d'un lieu, qui ſous le nom de *Tehené* conſerve des veſtiges d'antiquité. Mais, il faut faire uſage de l'Itinéraire romain, qui ſur une route qui ſuit le bord du Nil en deſcendant, nous fournira pluſieurs poſitions, dont nous ferons la recherche dans l'ordre contraire conformément à notre manière de procéder. Ainſi, entre Aphrodito & Antinoë, nous aurons de ſuite *Thimonepſi, Alyi, Hipponon, Muſæ* ou *Muſon, Speos-Artemidos*. Et d'abord, je reconnois un de ces lieux, qui eſt *Alyi*, dans les veſtiges d'une ancienne ville, ſituée vis-à-vis de Feshn, ſelon Vanſleb, & ſelon la carte de M. du Roule, & dont le nom de *Iahel*, ou de *Medinet-Iahel* conſerve aſſez clairement la dénomination donnée par l'Itinéraire. Le P. Sicard a pris la même poſition dans ſa carte; & les 40 milles que l'Itinéraire fait compter en deux diſtances entre Alyi & Aphrodito, convenant au local, je place *Thimonepſi*, à raiſon de xvi à l'égard d'Alyi, & de xxiii à l'égard d'Aphrodito, ſelon l'Itinéraire. Si l'on l'on imaginoit que le nom d'*Hipponon* a quelque rapport au terme Grec Ἱππῶνες, qui répond au *Stabulum* du Latin, le dénombrement dans le district d'Atfieh me donne un lieu, dont le nom d'*Eſtabl* dans la langue Arabe ſignifie la même choſe. Mais, la poſition de ce lieu ne m'eſt point indiquée, & celle d'*Hipponon* paroît ſe ranger vers un lieu nommé *Sheroné*, au débouché d'un de ces vaſtes torrens, ou ravines d'eau pluviale, qui traverſent le déſert, & que la route de M. Granger au monaſtère de Saint-Antoine, a fait connoître. En remontant plus haut, le défilé que forme le *Gebel-Geranat*, ou la montagne des Piles, & un peu plus haut le *Gebel-Teîr*, ou la montagne des Oiſeaux, qui borde la rive du Nil comme une muraille, préſente une ſituation très-convenable à défendre par un poſte; & dans la Notice de l'Empire, *Aphrodito*, *Thimonepſi*, *Alyi*, *Hipponon*, *Muſon*, ſont autant de poſtes militaires, qu'elle ſoumet à l'Auguſtamnique, quoiqu'au-delà des limites de cette province, ſelon la remarque que j'en ai faite en traitant des provinces de l'Égypte. Il eſt fort à propos de regarder *Muſon* comme une eſpèce de place frontière. Car, *Peos-Artemidos* qui vient enſuite, eſt un poſte appartenant à la Thébaïde, ſelon la Notice de l'Empire. A l'égard de cette poſition ultérieure, je penſe que la première parte des deux mots dont le nom eſt compoſé, doit s'écrire *Speos*, d'après le terme Grec qui ſignifie un antre, une grotte: & la diſtance marquée VIII à l'égard d'Antinoë, dont nous approchons, veut que ce lieu foit *Beni-Hafan*, où fe voyent des temples taillés dans le roc de la montagne, fort ornés de figures, & des grottes fépulcrales en grand nombre. Le P. Sicard plaçant *Speos-Artemidos* à Tehené, dont il a été parlé ci-deffus, n'a point mis en confidération ce que mérite la convenance dans la diftance indiquée.

Les veftiges de la magnificence que fit éclater l'empereur Adrien, dans la fondation d'une ville, pour perpétuer la mémoire d'un favori, font affez connus par nos voyageurs. Il exiftoit auparavant au même endroit un lieu, dont le nom de *Befa* étoit celui d'une divinité Égyptienne, qui au rapport d'Ammien Marcellin (*lib. XIX*), honorée d'un culte particulier dans la ville d'Abydus, y avoit prononcé des oracles. Un écrivain Grec, cité par Photius (*Cod. 279*), & dont Antinoë étoit la patrie, donnoit à cette ville le nom de *Befantinoe*. Celui d'*Enfené* qui fubfifte, n'eft qu'une altération d'*Antinu*, ou *Antino* felon la forme Égyptienne. Quant au nom de *Sheik-Abadé*, qu'on donne auffi aux ruines d'Antinoë, c'eft à la fépulture d'un évêque de cette ville, nommé Ammon, & furnommé *el-Abed*, ou le dévot, qu'il fe rapporte; les Mahométans, qui penfent que ce perfonnage étoit de leur croyance, portant beaucoup de refpect à cette fépulture.

Il ne me refte à parler que d'une ville, dont il eft mention dans Pline & dans Ptolémée, fous le nom d'*Alabaftrôn*. Le mont appelé *Alabaftrites*, ou *Alabaftrenus*, eft placé à l'écart du Nil dans Ptolémée, & la ville dans les terres. J'ignore ce qui a porté le P. Sicard à la placer sur le bord du Nil précisément. Il est difficile au reste de lui assigner une position bien certaine. L'*Alabastrites mons* pourroit être une montagne faisant la droite d'une gorge, qui donne entrée dans la plaine, appelée *el-Araba*, ou des chariots, bornée au levant par le mont Kolzim. Les Arabes appellent cette montagne *Gebel-il-Calil*, ou la montagne du Bien-aimé, & par la gorge dont je viens de parler, elle est séparée d'un autre mont, nommé *Askar*, ou le Très-dur. Or, sur le mont que l'on prendroit pour l'*Alabastrites*, Vansleb dans la route du monastère de Saint-Antoine, dit *(p. 332)* qu'il existe des *restes d'une très-ancienne ville*, & je n'ai point acquis d'autre connoissance sur ce sujet. Mais, il ne faut point terminer cette section, sans relever des défauts excessifs dans les cartes de M. Norden, & l'intérêt du public, auquel le coup-d'œil de ces cartes en impose, le veut ainsi. Je remarque, que l'espace entre Beni-suef & Miniet-ebn-Kasib, n'est dans ces cartes que la quatrième partie de celui de Beni-suef au Caire, lorsqu'il devroit au moins être égal. Vansleb ne comptant que deux journées par terre, comme il s'explique *(p. 360)*, du Caire à Beni-suef, en compte trois de Beni-suef à Minié ; & un mémoire manuscrit de M. du Roule, envoyé à feu M. le Comte de Pontchartrain, & dont j'ai une copie, le marque de même. La carte manuscrite de M. du Roule, & celle du P. Sicard, donnent en effet quelque chose de plus dans le second espace que dans le premier, & celle que je publie y est conforme. Je n'entrerai point dans un détail particulier de positions déplacées. Mais, en voici une fort étrange, qui est de mettre le Deïr-el-Baccar, ou monastère de la Poulie, vis-à-vis de Momf-lot, lorsqu'il est avéré pour peu que l'on connoisse l'Égypte, que ce lieu plus bas sur la rive droite du Nil que Minié sur la gauche, est à plus de soixante milles au-dessous de Momf-lot.

XVII.
De la Thébaïde jusqu'à Thèbes.

Je commencerai cette section par dire, que la correspondance que j'ai trouvée dans l'Itinéraire romain avec les positions actuelles, sur la rive gauche ou occidentale du Nil, est très favorable à cet Itinéraire en cette partie. Il n'en sera pas tout-à-fait de même sur la rive opposée ou orientale. La position dont le nom se doit lire *Cusæ*, à la distance marquée XXIIII, à l'égard d'Hermopolis, tombe sur un lieu qui avec le nom de *Cussié*, convient à cette distance. *Cussa* est un poste militaire de la Thébaïde dans la Notice de l'Empire. On trouve *Scussa* dans Élien, ou selon une autre leçon *Chusæ*, mais comme un lieu du district d'Hermopolis, ce qui peut souffrir quelque difficulté. A cette position succède *Lycopolis*, & la distance marquée XXXV, conduit à *Siut*, ou *Ossiout*, ville fort connue, & dont le rapport avec celle dont il s'agit est hors de doute. Une autre ville de même nom dans l'Égypte inférieure, & du nome Sébennytique selon Étienne de Byzance, & citée par Strabon, est échappée à notre connoissance. Ce nom est aussi employé au pluriel, *Lycôn*, ou la ville des Loups. Ptolémée désigne Lycopolis comme éloignée du fleuve; & en effet, *Siut* est à environ une demi-heure de chemin de la rive du Nil, en approchant de la montagne, dont le pied n'est qu'à la même distance, & dans laquelle une grotte assez vaste pour contenir mille cavaliers, est appelée par les Arabes *Establ*, d'un terme de leur langue semblable à celui que nous avons tiré du Latin. Je ne puis me dispenser de faire remarquer, combien la position de Siut est peu convenable dans la neuvième feuille du cours du Nil de M. Norden, y paroissant dans l'angle profond d'un coude du fleuve, qui la resserre & l'enveloppe, & dans un éloignement excessif de la montagne. Il semble que cette ville soit destinée à être mal placée, quand on la voit transportée au levant du Nil dans la carte de M. Pococke, avec imitation dans la copie qui en a été faite ici. On y rapporte en même temps une position qui lui est étrangère, celle d'*Antæopolis*, après avoir appliqué à Momf-lot, qui devance Siut d'une demi-journée, le nom de *Lycopolis*.

A peu de distance au-delà de Siut, dans un lieu nommé aujourd'hui *Sciotb*, on traverse les ruines d'une ville, dont le nom dans les livres Coptes est *Hypselis*. Peu au-delà de Lycopolis, on voit pareillement *Hypsela* dans Ptolémée, qui en fait la capitale d'un nome particulier,

& dans la Notice d'Hiéroclés on trouve *Hypſela.* Plus loin, une autre ville citée par Étienne de Byzance, & par Suidas, ſous le nom d'*Aboüis*, eſt auſſi connue des Coptes, qui au rapport de Vanſleb *(p. 367)*, écrivent Ἀποθινε ce qu'on nomme aujourd'hui *Abutig.* L'Itinéraire paſſant au-delà de ces lieux, s'arrête à *Apollonos minor*, marquant la diſtance à l'égard de Lycopolis XVIII, ce qui convient aux ruines d'une ville, qui dans les livres Arabes ſelon Vanſleb, eſt nommée *Sedafé*, & cette ville, diſtinguée d'une plus grande de même nom dans la haute Thébaïde, eſt une de celles de la Thébaïde antérieure dans la Notice d'Hiéroclés. Deux diſtances qui ſuivent XXVIII & XXII, conduiſent à Ptolémaïs. Le nom de la poſition intermédiaire varie dans la leçon entre *Hiſoris* & *Hiſopis*. Mais, la conjecture d'Ortelius & de Simler, qui confondroit ce lieu avec *Hypſele*, eſt détruite par une poſition différente dans celle d'*Hypſele*, comme on a vu ci-deſſus. Celle dont il s'agit paroît ſe rapporter aux veſtiges d'une ancienne ville, dont le nom actuel eſt *Ibſon.* Ptolémée, qui ne fait point mention de ces lieux, fait ſuccéder au nome d'Hypſele, avant que d'arriver à Ptolémaïs, un nome *Aphroditopolites*, & deux villes, *Aphrodites-polis*, & *Crocodilôn-polis*, l'une & l'autre dans les terres à l'écart du Nil. On trouve dans Pline, par un dénombrement de villes qui ſe ſuivent en deſcendant le fleuve, un *oppidum Veneris*, qui vient à la ſuite de Ptolémaïs & de Panopolis. C'eſt auſſi de la même ville que parle

Strabon, après avoir nommé Lycopolis, & avant que de citer Panopolis. D'anciens vestiges de villes sont fréquens dans ce canton. Ce qu'on en voit dans les lieux nommés *Itfu* & *Adribé*, l'un & l'autre hors de la voie que trace l'Itinéraire en suivant de plus près le cours du fleuve, peuvent tenir la place des villes dont il est question; & un étang que deux canaux entretiennent en tout temps à Adribé, comme le rapporte M. Granger, convient particulièrement à une ville, qui par motif de religion nourrissoit des Crocodiles. On lit dans Élien *(Anim. lib. x, c. 21)*, que la ville d'Ombos dans la haute Thébaïde, & qui participoit au même culte, avoit des viviers creusés de main d'homme, pour l'entretien de cet objet d'adoration.

Ptolémaïs, avec le prénom de Ἑρμίου dans Ptolémée, & répété par un auteur que cite M. Wesseling *(in Notit. Hieron.)*, mais dont on ignore la signification, étoit une ville Gréque, la plus considérable qui fut en Thébaïde, & ne le cédant point à Memphis en grandeur, au rapport de Strabon. Le nome dont elle étoit métropole, est appelé *Thinites* par Ptolémée; & ce nom dérive de *This*, qui dans Étienne de Byzance est une ville près d'Abydus, & dont l'ethnique est *Thinites*. On parle d'une dynastie des rois Thinites dans les temps reculés de l'Égypte. Mais, il est vraisemblable, qu'une ville qui ne laissoit point de traces assez remarquables de son existence, pour que sa position fût connue de Ptolémée, quoiqu'il en connût l'ancien district, avoit cessé d'exister, & qu'une autre ville devenue très-puissante sous la domination des Ptolémées, & sur le modèle des villes Gréques, l'avoit anéantie. La position que prend le P. Sicard pour Ptolémaïs, à *Menshiet-il-Nedé*, me paroît convenable au point de ne pouvoir s'y méprendre. Des débris de l'antiquité, & entre autres un mur de quai, qui défendoit cette ville des dommages que causent les débordemens du Nil, s'y font remarquer. Le nom que ce lieu porte actuellement lui est commun en Égypte avec plusieurs autres du temps présent; & le surnom qui le distingue vient d'une pâte qui s'y fait, fort du goût des Coptes. Des seigneurs Arabes, sortis de Temesna, canton de Barbarie près de l'Océan occidental, & qui étoient appelés *Haoara*, ont été seigneurs de ce lieu & de son territoire, & on distingue encore en ce canton de l'Égypte des Arabes sous le nom de *Haoara*. Il ne faut point songer à *Girgé*, ou *Dgirdgé* comme on prononce, sur ce qu'aujourd'hui c'est la principale ville de la haute Égypte, pour en faire Ptolemaïs. Il est constant que Girgé est une ville nouvelle, qui ne remonte guère qu'à 300 ans ; & si l'on en croit Léon d'Afrique, un grand monastère dédié à Saint George (dont le nom est *Gergis* chez les Coptes), & qui fut envahi par un seigneur de Munsia, comme on lit dans Léon au lieu de Menshié, occupoit l'emplacement de Girgé, qui a beaucoup souffert des débordemens du fleuve.

Les distances marquées dans l'Itinéraire, & très-convenables

SUR L'ÉGYPTE.

convenables fur la route qui nous conduit à Ptolemaïs, ne le font pas moins à l'égard des pofitions ultérieures; & de Ptolémaïs à Abydus on trouve XXII, d'Abydus à Diofpolis XXVIII. Ptolémée comprend *Abydus* dans le même nome que Ptolémaïs. Cette ville, la réfidence de Memnon, & qui felon Strabon n'avoit été inférieure qu'à Thèbes, étoit fort déchue & peu habitée de fon temps. Cependant, on y admiroit encore le palais de Memnon, & un canal dérivé du Nil s'y rendoit. Reculée dans les terres, comme le dit Ptolémée, cet éloignement vers la Libye, eft indiqué de VII M CCCC pas dans Pline. Le lieu fe nomme aujourd'hui *Madfuné*, ou ville enfévelie; & le P. Sicard a pris la même pofition fous le nom d'*Araba-arrakin* dans fa nomenclature moderne. M. Granger, que fa curiofité y a conduit, en rapporte dans fa relation ce que je ne fache pas qui fût connu d'ailleurs. Une circonftance remarquable en approchant de Diofpolis, c'eft l'ouverture fur la rive gauche du Nil, du canal que l'on voit prolongé parallèlement à cette rive, jufqu'au point d'avoir communication avec celui qui fort du fleuve à Tarut-efsherif. Et je trouve qu'un même nom lui eft commun dans l'Édrifi, en lifant dans la verfion des Maronites, que le lieu nommé *Saûl* eft à l'ouverture du fleuve *Almonha*, duquel les canaux de Fium font dérivés. Car, *Bahr-al-monha* ou *Khalitz-el-menhi*, ne diffèrent que par l'emploi des termes défignans fleuve ou canal, & par une orthographe différente dans les voyelles. Le Géographe que je viens

Aa

de citer, parle de Saûl comme d'une ville confidérable, & d'un entrepôt de commerce. Ce que je vois actuellement & au même lieu être appelé *Sahel*, eft le port d'un lieu fitué à quelque diftance du fleuve, & nommé *Bagiura*. Quant à *Diofpolis*, diftinguée par le furnom de *parva* d'avec la grande Diofpolis, ou Thèbes, & capitale d'un nome, on fait qu'un village nommé *How*, réfidence d'un Cashef, eft bâti fur fes ruines.

Étant arrivé en ce lieu, une obfervation importante par rapport à la Géographie pofitive, c'eft qu'en parcourant ainfi un long efpace depuis Lycopolis ou Siut, par la combinaifon des notions actuelles avec l'ancien Itinéraire (qui ne s'en écarte point), ce que nous y employons d'étendue à l'ouverture du compas, eft égal à un degré & vingt-cinq minutes de la graduation de latitude. Or, par la carte du P. Sicard, je ne trouve guère que l'efpace de cinquante & une minutes fur la graduation que porte cette carte. De-là on peut inférer, que les fecours que j'ai tirés de la carte du P. Sicard, ne font point de la carte que je communique au public une copie de la fienne.

A la hauteur d'Abydus, felon Strabon *(p. 813)*, eft la première *Auafis*, & c'eft ainfi qu'on lit ce nom dans les manufcrits, comme il fe lit auffi dans Étienne de Byzance, & non pas *Anafis* comme dans le texte imprimé. Ce nom eft autre part & communément *Oafis*; & il étoit appliqué d'une manière générale à quelques cantons enveloppés des fables de la Libye, comme des

SUR L'ÉGYPTE. 187

îles au milieu de la mer. La distance de sept journées sera plus convenable à l'égard de Thèbes, selon Hérodote *(lib. III, 26)*, qu'à l'égard d'Abydus, selon Strabon; parce que la position d'Abydus étant en plus grande proximité de l'Oasis que Thèbes, ce qui peut valoir sept journées d'un côté, paroît n'en valoir que cinq de l'autre. Un mémoire dressé au Caire en 1701 par M. du Roule, & envoyé à M. de Pontchartrain, m'apprend, que trois jours de marche dans le désert, & vers le couchant, en partant de Siut, font arriver à une montagne de sable, nommée par cette raison *Ramlié*, & que le quatrième jour on entre dans le pays d'*el-Ouah*, ou *al-Wah*. Le lieu principal, ou la ville de ce canton, est à une journée & demie de la montagne, & son nom est *Hargué*. M. du Roule ajoute un détail des lieux que l'on rencontre dans un espace de trois journées depuis Hargué, sur la route qui conduit en Nubie, selon qu'un Scheik Nubien, qui avoit fait douze fois la même route, l'en avoit instruit. Cet el-Wah, est une plaine, qui dans sa longueur du nord au sud, n'ayant de largeur qu'environ une demi-journée, est arrosée par des sources, que les habitans font couler sur leurs terres, qui rapportent de l'orge & du froment, mais qui sont principalement couvertes de dattiers. On sait que l'*Oasis* étoit un lieu d'exil, où ceux que l'on y envoyoit étoient censés aussi renfermés que dans une île, l'aridité des sables dans les environs en rendant la sortie difficile & périlleuse. Et quoique la terre y fournît

Aa ij

la nourriture à ceux qui l'habitoient, il faut regarder comme un trait de l'imagination des Grecs, qu'ils l'aient appelée selon Hérodote *(ubi suprà)*, l'*île des Bienheureux*. On distingue communément deux Oases, l'une *magna*, & l'autre *parva;* & Ptolémée les dit annexées à l'*Heptanomis*. Et actuellement même, au rapport de Vansleb, le Casheflik d'el-Wah est dans la dépendance de celui de Monf-lot, dont le Casheflik est compris dans ce qu'on nomme *Vostani*, ou Égypte du milieu. Ce que j'ai rapporté en détail sur el-Wah regarde la grande Oasis. La Notice de l'Empire y place un poste militaire, dans un lieu nommé *Hibe*, sous les ordres du Général de la Thébaïde; & il est à propos de remarquer à ce sujet, que dans le partage de l'Égypte en départemens, on n'y distingue point une partie intermédiaire de l'Égypte proprement dite & de la Thébaïde. Quant à la petite Oasis, Strabon comme Ptolémée la dit voisine du lac Mœris, & la Notice de l'Empire en fait mention dans le département du Général de l'Égypte, la Notice d'Hiéroclés, dans la province d'Égypte. Nous n'avons aucune notion actuelle correspondante au petit el-Wah. Mais, je vois la petite Oasis partagée en deux dans la Notice de l'Empire, puisqu'un poste en cette Oasis, *Oasi minore*, en ajoutant le nom de *Trinytheos*, est du département de la Thébaïde. Et on pourroit rapporter à cette portion de la petite Oasis un canton particulier, qu'Olympiodore dans Photius *(Cod. 80)* dit être éloigné de cent milles de ce qui dépend de la première

SUR L'ÉGYPTE.

des Oafes. Car, felon l'emplacement que Strabon & Ptolémée donnent à la petite Oafis, l'intervalle qui la fépare d'avec la grande excède manifeftement un efpace de cent milles. Je terminerai cet article par faire remarquer, que dans Ptolémée on trouve une montagne, dont le nom de *Tinodes* en Grec répond à celui de *Ramlié* en Arabe. Mais, il y a ce défaut dans la place donnée au Tinodés par Ptolémée, de paroître au-delà de l'Oafis, au lieu d'être en deçà, felon la connoiffance que nous en avons acquife.

Avant que d'aller plus loin en remontant le Nil fur la rive gauche, il eft à propos de paffer à la rive droite ou orientale, pour ne pas laiffer trop en arrière les objets à connoître de ce côté-là, dont les principaux font *Antæopolis*, & *Chemmis* ou *Panopolis*. Les veftiges de la première de ces villes, & un temple dédié à Antée, qui felon Diodore de Sicile *(lib. I, c. 17)* fut établi gouverneur en Libye & en Éthiopie par Ofiris, fe voyent dans un lieu nommé aujourd'hui *Kau-il-Kubbara*, Τκωϐι en langue Copte, au rapport de Vanfleb. Quoique cette ville, capitale d'un nome, foit écartée du Nil dans Ptolémée, des reftes d'un mur de quai, & d'une jetée feroient croire qu'elle étoit au bord du fleuve. Il doit paroître fort étrange, que dans la dixième feuille de la carte du Nil de M. Norden, ce lieu foit pris pour la petite Diofpolis. L'Itinéraire, qui en plufieurs diftances fait compter 104 d'*Anteu* à Antinoë, doit fouffrir quelque réduction en fes diftances, parce que l'ouverture du compas entre les positions données ne fournissant qu'un espace d'environ 85 milles, on ne sauroit estimer que la mesure itinéraire surpasse cette mesure directe d'environ un cinquième. Cet espace courant latéralement à celui où les distances ont paru convenables dans l'Itinéraire sur la gauche du Nil, il faut que par une correspondance absolue l'un soit corrigé par l'autre. Il y a aussi quelque difficulté sur les lieux à placer dans cet espace d'après l'Itinéraire, savoir, *Muthi*, *Isiu*, *Hieracôn*, *Pesla*, en partant de la ville d'Antée. *Hieracôn*, ou la ville des Éperviers, est placée par le P. Sicard dans un lieu où il existe un temple, qui lui a paru consacré à Jupiter, à Hercule, & à la Victoire. Dans le nom de *Muthis* on trouve un des surnoms d'Isis, par lequel cette déesse étoit traitée de *mère*, comme on l'apprend de Plutarque. Entre les postes militaires de la Thébaïde, on voit *Mutheos* dans la Notice de l'Empire ; & la distance de ce lieu à l'égard d'Antæopolis marquée VIII, ne paroît pas pouvoir souffrir de réduction particulière. C'est néanmoins entre les positions données d'Antæopolis & de Hiéracôn qu'elle paroît en général devoir tomber, parce que la carte n'admettant qu'environ 40 milles en cet espace, l'Itinéraire fait compter 52. Ce n'est pas ce semble trop hasarder, de penser que le lieu dont le nom se lit *Pescla* dans la Notice de l'Empire, est le même que *Pesla* dans l'Itinéraire. J'ai même été plus loin, en croyant que ce pouvoit être le même lieu que *Passalus* dans Ptolémée, nonobstant que cette position y paroisse au-delà d'Antæopolis plutôt qu'en deçà, voisine de Panopolis, & non d'Antinoë. Mais, une position de *Selinon*, qui selon l'Itinéraire seroit de même au-dessus d'Antæopolis, est existante au-dessous, conservant précisément son nom, qui est *Silin*, avec un canal ouvert pour l'avantage de son territoire en particulier; & je pense qu'il faut rendre à Ptolémée la position qu'il donne à *Passalus*, pour tenir lieu de celle qui sort de la place qu'elle occupe dans l'Itinéraire. L'exposition de ces difficultés peut justifier ce que jai dit en commençant cette section, que l'Itinéraire ne seroit pas également convenable au local en cette partie comme dans la précédente.

Je viens à la position de *Panopolis* ou *Chemmis*, une des mieux connues de l'ancienne Égypte dans celle d'*Ekmim*, qui avec son nom conserve des monumens de l'antiquité, que l'Édrisi mettoit il y a six cents ans au nombre des édifices les plus mémorables de l'Égypte, sous le nom de *Beraba*, comme on lit dans la version des Maronites, ou *Berbé*, au pluriel *Barabi*, qui paroît un terme appliqué dans le pays à ces anciennes bâtisses, & qui s'étend même aux Pyramides, selon Murtadi. On peut être étonné de voir Cellarius *(T. II, Afr. p. 79)* témoigner quelque incertitude sur l'identité de Chemmis avec Panopolis. Je dirai en passant, que le *Chemmis* ou *Chemmo*, qu'Osiris s'associa dans une expédition selon Diodore *(lib. I, c. 18)*, & qui sous le nom de *Pan* communiquoit à la ville de Chemmis le nom de Panopolis, ne doit point être confondu avec le roi Chemmis ou Chembes, à qui le même historien *(c. 69)* attribue la construction de la plus grande des Pyramides de Memphis. Le docte Golius *(in Alferg. p. 102)*, à qui cette méprise est échappée, me fournit une indication de la hauteur ou latitude d'Ekmim, donnée par Ibn-Iounis, Astronome Égyptien, à 26 degrés 50 minutes, dont je puis tirer avantage. Car, de ce que la position d'Ekmim par la construction de notre carte, est plutôt au-dessous de cette latitude qu'elle n'est au-dessus (environ 40 minutes dans le même degré), il est à présumer que la hauteur du Caire d'où nous sommes partis, & celle d'Assuan où nous tendons, ne sont point en défaut comme étant trop élevées, quoiqu'elles le soient plus qu'elles ne le sont ailleurs. Dans la carte du P. Sicard, où les points du Caire & d'Assuan moins élevés, sont ainsi plus reculés dans le sud, la position de Panopolis ou d'Ekmim ne passe 26 degrés que de quelques minutes, & diffère de plus de 40 minutes de l'indication tirée de l'Astronome Égyptien.

A quelques lieues d'Ekmim, la plaine que traverse un canal ouvert près de cette ancienne ville, aboutit à une gorge, dont les côtés sont très-escarpés au travers de la montagne; & cette montagne a donné, selon Vansleb *(p. 16)*, la sépulture à un prodigieux nombre de martyrs, sous la persécution de Dioclétien, dont un évêque de Siut nommé Jonas, a écrit une relation, dans laquelle cette montagne paroît nommée *Agathon*.

Un

Un voyageur de nos jours *(Paul Lucas, tr. Voy. T. II.)* visitant cette gorge, y a trouvé des solitaires Turcs, qui se méprennent vraisemblablement sur ce qui fait l'objet de leur vénération, par une erreur pareille à celle que nous avons remarquée à l'égard de Sheik-Abadé dans les ruines d'Antinoë. Ptolémée place au-delà de Panopolis, *Lepidotum*, puis *Chenoboscia*, ou, selon une autre leçon du même nom, *Chenoboscion*. Dans l'Itinéraire, une mansion dont la distance à l'égard de Panopolis n'est marquée que IIII, sous le nom de *Thomu*, sembleroit être *Thmoi* dans la Notice de l'Empire, en y précédant immédiatement Chenoboscion, comme dans la route que nous tenons. *Lepidotus* est le nom d'un poisson du Nil, dans Strabon & dans Athénée, poisson à écaille, selon le terme Grec de Λεπίς, dans le rapport qu'il a au Latin *squamma*, & duquel une pierre imitant la variété de l'écaille de poisson, prenoit le nom de *Lepidotis*, comme il en est parlé dans Pline *(lib. XXXVII, c. 10)*. Le nom de *Lepidotum* est *Lepidotorum civitas* dans la carte du P. Sicard, appliqué à un lieu dont le nom actuel de *Kasr-Essaïad*, ou de château du Pêcheur, peut avoir servi de fondement à cette position. Mais, en la donnant à *Lepidotum*, je vois le P. Sicard reculer *Chenoboscion* jusqu'à la position de Kené, vis-à-vis & même un peu plus haut que celle de Dendera; & toutefois il faut que Chenoboscion, bien loin de remonter à Kené, soit placé à l'opposite de Diospolis, comme on en est instruit par Étienne de Byzance, d'après Alexandre Poly-hiftor, qui avoit écrit fur l'Égypte en particulier. Or, le lieu de Kafr-Eſſaïad, qui conferve des veftiges d'antiquité, eft précifément celui qui répond au témoignage de l'auteur qu'on vient de citer fur la fituation de Chenobofcion. Il faut ajouter, qu'une diftance marquée XL entre Chenobofcion & Coptos devoit paroître beaucoup trop forte au P. Sicard, pour le lieu de Kené à l'égard de Coptos. D'ailleurs, nous verrons un autre lieu que Chenobofcion revendiquer la pofition de Kené. Il faut lire la note de M. Weſſeling *(Itiner. p. 166)*, dans laquelle il combat avec l'érudition qu'on lui connoît, l'opinion de l'auteur cité par Étienne de Byzance, qui veut que la fignification propre de ce lieu fur la nourriture des oyes fût fans fondement. Agatharchide dans Photius *(Cod. 250)*, fait mention en ce canton d'une ville fous le nom de *Bopos*, que je croirois convenir à un lieu nommé *Fau-baash*, où réfide un Cashef, & peu au-deſſus de *Gezret-Abu-Garib*, qui eft la *Tabenna*, que Saint Pacôme a rendue célèbre, & qui dépendoit du nome Tentyrite, felon la lettre d'un folitaire nommé Ammon, rapportée par les Bollandiftes *(T. III, ad Maii 14)*.

Pour remonter actuellement au-delà de Diofpolis, l'Itinéraire marque XXVII entre cette ville & celle de *Tentyra* ou *Tentyris*, que de grands & magnifiques veftiges dans le lieu qui conferve le nom de *Dendera*, témoignent avoir été une des plus confidérables de l'Égypte fupérieure. Ce que dit Pline *(lib. VIII, c. 25)* des Tentyrites, signalés dans l'antiquité par leur inimitié à l'égard des Crocodiles, qui est de les faire habiter dans une île, ne se vérifie point par le local. Je serois surpris de ne voir aucune mention de Dendera dans Léon d'Afrique, si je ne croyois reconnoître le vaste emplacement de cette ville, ou quelque lieu qui lui étoit adhérent, sous le nom de *Barbanda,* dans lequel il dit qu'on voit de très-grands débris d'anciens édifices, & où l'on déterre des médailles Romaines & Gréques, & des émeraudes. Il est constant que ce nom de Barband subsiste en ce canton, & la situation n'est point équivoque dans Léon d'Afrique, en ce que parlant immédiatement ensuite de *Chana,* qui est *Kené,* dont il sera question ci-après, il en marque la position *di rimpetto à Barbanda.* Mais, parce que ce nom est différent de celui de Tentyra, & que l'un & l'autre peuvent n'être pas propres indistinctement à un seul & même lieu, Ptolémée nous donne un lieu du nome Tentyrite, sous le nom de *Pampanis,* que sa situation marquée à l'écart du fleuve distingue de celle qui convient particulièrement à Tentyra. Dans la Notice de l'Empire, entre les postes de la Thébaïde, on trouve *Ripampane,* ou plutôt *Pampanæ,* selon les manuscrits consultés par Pancirole : & je ne connois point ce lieu, si ce n'est pas le même que Barband, comme je me le persuade ; & on ne verra d'altération marquée que dans une seule lettre entre Pampane & Barband. Je ne confondrai point Pampane avec le lieu nommé *Papa* dans l'Itinéraire, au-delà de *Contra-Copton*, & en tendant à Hermonthis. J'aurois bien voulu retrouver entre les pofitions actuelles, une ville dont l'Édrifi & Ebn-al-Wardi parlent très-avantageufement fous le nom de *Zamaker*, & comme étant fituée au-deffus de l'ouverture du canal *al-Menhi*, fur la même rive, & à quelques milles du mont *Teilamon*, dont le côté occidental du Nil eft accompagné depuis la Cataracte.

Prefque vis-à-vis de Dendera, & néanmoins à quelques milles plus haut, & à un quart de lieue du bord du Nil, eft *Kené*, aujourd'hui le rendez-vous des caravanes qui vont au *Cofeir* fur le Golfe Arabique, par une traite de quatre journées (felon Abulféda), que je crois pouvoir être eftimées très-grandes; & Jérôme de Saint-Étienne, Génois, dit avoir été fix journées à traverfer ce défert. *Kené* eft la *Cœnæ-polis*, ou *Nova-civitas*, qui dans Ptolémée précède immédiatement le nome *Copiites*; & la même fignification dans le nom de *Nea-polis*, qu'on trouve dans Hérodote *(lib. II, 91)*, fera croire que c'eft la même ville, fi la proximité à l'égard de Chemmis, exprimée par le terme ἐγγὺς, n'eft pas trop contraire à une diftance d'environ 70 milles de route entre Chemmis & Cœnepolis. Mais, il ne faut point fe montrer trop févère en Géographie, fur la manière dont les anciens s'expliquent fouvent. *Coptos*, dont le nom exifte dans celui de *Keft*, étant à quelque diftance du Nil, un canal dont il eft mention dans Strabon en deux endroits *(p. 781 & 815)* y conduifoit, & ce canal subsiste. Cet entrepôt principal des marchandises qu'Alexandrie tiroit de la haute Asie, étoit peuplé d'Arabes comme d'Égyptiens, selon Strabon. Dans la Notice de l'Empire, le lieu nommé *Phœnicon* entre les postes militaires de la Thébaïde, est la première mansion sur la route qui tendoit à Bérénicé, & dont la distance de Coptos est XXIIII dans le manuscrit de l'Escurial. Pour terminer cette section, il ne nous reste d'autre lieu à connoître que celui d'*Apollinis parva (civitas)*, que Ptolémée comprend dans le nome de Coptos, & qui est le *Vicus Apollinis* de l'Itinéraire, où la distance marquée XXII, paroît devoir souffrir la suppression de l'un des chiffres qui donnent des dixaines. Car, cette position ne peut tomber que sur celle de *Kous;* & c'est par un défaut contraire que le Lexicographe cité par M. Schultens, ne marque que l'intervalle d'une parasange entre Keft & Kous. Ce qu'on voit de vestiges d'antiquité à Kous feroit croire, que ce lieu étoit déchu d'un meilleur état que celui qui le réduisoit au terme de *Vicus* employé dans l'Itinéraire. Mais, dans des temps postérieurs, la plus puissante ville qui fût dans le Saïd, ou l'Égypte supérieure, étoit Kous, devenue l'échelle du grand commerce qui se faisoit par le Golfe Arabique. Abulféda & Léon d'Afrique en parlent ainsi. Ce n'est pourtant pas le lieu de la grande Diospolis, ou de Thèbes, comme le pense Golius *(in Alferg. p. 101)*. M. Schultens en citant Golius sur ce sujet, ne paroît pas écarté de cette opinion, & je remets à la section suivante, où il s'agira de Thèbes en particulier, la difcuffion d'un argument fondé fur une indication de latitude. Je ne ferois point éloigné de croire, que le nom de *Côs*, comme d'une ville d'Égypte dans Étienne de Byzance, fe rapporteroit à Kous, puifque plus d'une ville du pays conferve le nom national ou Égyptien, qui nous étoit caché par un nom Grec.

XVIII.
De Thèbes, & de ce qui refte de la Thébaïde jufqu'à la Cataracte.

La diftance marquée XXII dans l'Itinéraire Romain, entre *Apollinopolis parva* & *Thebæ*, ou *Diofpolis magna*, paroît très-convenable à environ fept heures de chemin, ou fept lieues, comme le dit M. Granger, depuis Kous jufqu'au lieu, qui par nos voyageurs eft nommé *Luxor*, mais dont le nom eft *Akfor* dans le Dénombrement manufcrit, de même que dans Abulféda. Il y a deux villages de ce nom, à une petite demi-lieue l'un de l'autre, & dont le plus reculé eft diftingué par le nom d'*el-Kadim*, qui fignifie l'ancien ou le vieux. En parlant des deux enfembles le nom eft *Akforein*. Ces villages méritent bien qu'on en faffe mention, puifque c'eft-là que fubfifte ce qu'il y a de plus confidérable dans les débris de l'ancienne ville de Thèbes; & on en voit encore des reftes dans un lieu nommé *Carnak*, éloigné des Akforein d'environ une lieue vers le midi, ainfi que dans un autre lieu adjacent vers la montagne, & nommé *Madamut*.

SUR L'ÉGYPTE.

Je remarque qu'en combinant l'obliquité de position comme du sud au sud-ouest, entre Kous & Akfor, avec la distance donnée, la différence de latitude dont Akfor devient plus austral que Kous, se trouve d'environ 13 minutes. Or, tels ont été les moyens de construction dans notre carte, que le point d'Akfor s'y rencontre en latitude à 25 degrés & 27 à 28 minutes, & celui de Kous par 40 à 41. Je suis surpris que Golius, savant comme il étoit dans l'Astronomie, ne paroisse pas prévenu que les hauteurs marquées dans les Tables des Orientaux, ne sont pas communément à quelque fraction de degré près en rigueur, étant souvent en défaut plus sensiblement. Une des raisons dont il s'appuie, pour croire que Kous peut être l'ancienne Thèbes *(in Alferg. p. 101)*, c'est que l'indication de latitude est la même pour Kous dans Ibn-Iounis, que pour Thèbes dans Ptolémée, savoir 25 degrés & demi. Mais, Kous dans son état florissant, qui lui donnoit dans la contrée le rang que Thèbes y avoit tenu à peu de distance du même lieu, pouvoit représenter Thèbes aux yeux d'Ibn-Iounis, par préférence à des masures négligées depuis bien des siècles, écartées les unes des autres dans différens villages. Et de même qu'il s'en est rapporté à Ptolémée sur la latitude d'Alexandrie à 30 degrés 58 minutes, il s'y est conformé sur la latitude d'un lieu qu'il croyoit être Thèbes. Le nom de Ptolémée cité entre les Astronomes dans les Tables orientales, est bien une preuve qu'elles tirent de lui des positions plus ou moins convenables aux points correspondans sur le local.

On sait que le nom de Thèbes a été commun à plusieurs villes de l'antiquité. Car, outre Thèbes de Béotie, fondée par Cadmus venu de Phénicie, il y avoit une autre ville de ce nom dans la Phthiotide en Thessalie, sur le Golfe Pélasgique. Il faut ensuite citer une Thèbe dans la Troade, dont les habitans échappés aux malheurs de Troie, transportèrent le même nom dans un nouvel établissement en Pamphylie, selon une tradition dont parle Strabon *(p. 667)*. En Lucanie, contrée de l'Italie, il avoit existé une ville de Thèbes, au rapport du Vieux Caton, cité par Pline *(lib. III, c. 10)*. Il y avoit en Palestine, dans la Samarie, une ville dont le nom est Thèbes avec *theta* dans Josèphe, quoiqu'il paroisse écrit avec le *tau* dans le livre des Juges. Enfin, Ptolémée marque une ville de même nom sur le bord oriental du Golfe Arabique, & Eustathe prétend qu'on en compte jusqu'à neuf. Cette répétition du même nom à divers lieux feroit croire, qu'il est appellatif. Selon Varron *(de re rusticâ, lib. II)*, le mot de *Tebes* écrit sans aspiration, désignoit chez les Éoliens de Béotie un lieu élevé, une colline; & il étoit employé de même par les Sabins, dont le pays avoit reçu des Pelasges sortis de la Grèce. Quoique la grande Thèbes de l'Égypte fût située dans une vallée, eu égard aux deux chaînes de montagnes qui accompagnent le Nil, & dont même elle pouvoit remplir l'intervalle par sa vaste étendue; sa position reculée dans le plus haut pays

de

de l'Égypte sembloit lui rendre propre un nom marquant de l'élévation. Mais, si on trouve plus convenable de le tirer de la langue du pays même, Réland *(Palestinæ, p. 1033)* propose le terme Copte de *Th-baki*, désignant une ville en général; & on ne peut disconvenir que Thèbes pouvoit être appelée *Ville* par excellence.

Les écrivains de l'antiquité nous ont laissé une espèce de problème à résoudre, dans ce qu'ils rapportent de l'étendue de cette fameuse Thèbes. Selon Diodore de Sicile *(lib. I, 45)*, Busiris fondateur de cette ville, fit son circuit, σείβολον, de CXL stades. Mais, Caton cité par Étienne de Byzance, donnoit à la même ville CCCC stades de longueur, τὸ μῆκος. Eustathe sur Denys Périégete, y ajoute encore en marquant CCCCXX. Strabon qui avoit accompagné à Thèbes Ælius Gallus, gouverneur de l'Égypte sous Auguste, n'emploie le terme de τὸ μῆκος, ou de longueur, qu'en l'estimant d'environ LXXX stades. Voilà des indications bien peu d'accord entre elles. Car, comment concilier un circuit, σείβολος, de 140 stades, avec une longueur, μῆκος, de 400 ou de 420! La longueur d'environ 80 stades ne se concilieroit pas même avec le circuit de 140, faute dans ce circuit de pouvoir y suffire. Je n'ai vu aucun de ceux qui ont écrit sur l'Égypte, ou qui ont parlé de Thèbes, s'inquiéter d'un moyen de lever cette difficulté. Il n'y en a qu'un à proposer, qui est de changer les places, dans l'usage qui a été fait des termes de σείβολος & de μῆκος, par les auteurs que je viens de citer. Car, si μῆκος, ou la longueur, s'applique au nombre de CXL ſtades qui ſe lit dans Diodore, on doit remarquer, que les CCCC ou CCCCXX ſtades de Caton & d'Euſtathe, s'y rapporteront comme étant περίϐολος, ou circuit, puiſque 14 ou 140 ſont à 42 ou 420 comme le diamètre à la circonférence. Quant à une différence ſur la longueur, parce que Strabon ne la donne que d'environ 80 ſtades, au lieu de 140, la diſtinction qu'il convient de faire dans l'uſage des ſtades, écarte la difficulté ſur cet article. Le récit hiſtorique que nous devons à Diodore, étant tiré des anciens monumens Égyptiens, comme il s'en explique en pluſieurs endroits de ſa narration, la meſure dont il parle ne peut ſe rapporter convenablement qu'au ſtade Égyptien. L'évaluation de ce ſtade étant de 51 toiſes, les 140 ſtades qui fourniſſent au calcul 7140 toiſes, ou l'eſpace de trois lieues communes, paroîtront plus que ſuffiſans pour donner l'idée d'une ville prodigieuſe, & répondre en quelque manière à tout ce que l'antiquité raconte de la puiſſance de l'ancienne Thèbes. Conſidérant enſuite, qu'environ 80 ſtades dans Strabon, ſur la meſure du ſtade Olympique, la huitième partie du mille romain, & dont l'uſage prévaloit ſur tout autre du temps de Strabon, s'écartent peu d'un calcul rigoureux de 7140 toiſes, & qu'au lieu d'environ 80 ſtades d'un compte rond, Strabon auroit pu, la chaîne à la main, & en droite ligne, trouver quatre ou cinq ſtades de moins, on ſentira autant de convenance qu'il eſt poſſible d'en rencontrer dans une pareille combinaiſon.

SUR L'ÉGYPTE.

Strabon ne vit la grande Thèbes habitée que par villages répandus dans son étendue. Il n'est question que de grands vestiges de l'ancienne Thèbes, dans le récit que fait Tacite *(Annal. II, 60)* du voyage de Germanicus en Égypte. On peut citer ce vers de Juvenal :

Vetus Thebe centum jacet obruta portis. Sat. 15.

Gallus, sous le règne d'Auguste, sévit pour cause de rébellion contre cette ville, que Ptolémée Philométor avoit déjà dépouillée de ses richesses, comme on lit dans Pausanias *(Atticor. lib. I)*, en punition d'avoir suivi un parti contraire au sien dans les démêlés qu'il avoit eus avec sa mère. On sait que Cambyse l'avoit antérieurement fort maltraitée, & qu'il avoit enlevé les trésors accumulés dans les temples, au rapport de Diodore. L'opinion de Bochart, que le *No-Ammon*, dont parlent les prophètes dans l'Écriture, se rapporte à Thèbes, lui fait trouver dans Nabuchodonosor un autre destructeur de la même ville, quoiqu'il ne soit guère vraisemblable, que celui qui dépouilla Jérusalem eût laissé des restes de dépouilles, & sur-tout le riche cercle d'or de la sépulture d'Osymandias, à un ravisseur venant après lui. Je ne sais si on en doit croire Ammien-Marcellin *(lib. XVII)*, sur ce qu'il amène les Carthaginois dévaster Thèbes dans une irruption subite, *improviso excursu*, avant l'expédition de Cambyse.

Il ne faut point attendre que je répète ici ce que plusieurs voyageurs ont vu dans les ruines de Thèbes, qui malgré l'injure des temps dans une longue suite de siècles.

donnent encore l'idée des plus fuperbes conftructions. Entre les lieux qui font partie de ces ruines, celui dont j'ai parlé fous le nom de Madamut, fitué à l'écart du fleuve vers le pied de la montagne, fait une pofition particulière, & diftinéte de Thèbes ou de la grande Diofpolis, dans la carte du P. Sicard, fous le nom de *Maximianopolis*. On voit une ville de ce nom, fous les ordres du général de la Thébaïde, dans la Notice de l'Empire. Elle eft nommée entre Tentyra & Coptos dans la Notice d'Hiéroclés. Meletius, cité par M. Wef-feling & par le P. le Quien, dit avoir ordonné un même évêque pour Tentyra & pour Maximianopolis. On lit dans Théophane, dans Cedrenus, dans Zonare, que Maximien & Dioclétien détruifirent en Thébaïde deux villes rébelles, Bufiris & Coptos; & dans la Notice d'Hiéroclés, on voit également entre les villes de la haute Thébaïde, une Dioclétianopolis, dont la fituation nous eft inconnue. J'ai de la peine à croire, que celle de Maximianopolis foit convenable comme adhérente à Diofpolis, qui étoit un fiége particulier. Il ne paroît pas naturel qu'un évêque, qui l'étoit de Tentyra, eût comme adjoint à fon fiége une efpèce de fauxbourg de Diofpolis. Dans un même article de la Notice de l'Empire, Maximianopolis & Thèbes font des pofi-tions diftinétes, & citées féparément. L'union de Maxi-mianopolis avec Tentyra fous un même évêque, me fait jeter les yeux fur *Nekkadé*, en pofition bien plus à portée de Dendera, fur la même rive du Nil en

SUR L'ÉGYPTE. 265

remontant, qu'un lieu adhérant à Thèbes de l'autre côté du fleuve ; & une autre convenance que celle de la position dans Nekkadé, c'est qu'il y subsiste un évêché dans l'église des Coptes. Qu'on ne demande point où étoit cette ville de Busiris, dont les auteurs Bysantins font mention : j'ignore qu'elle soit connue d'ailleurs en Thébaïde, dans les monumens qui nous restent de l'antiquité.

Mais, l'étendue de la grande Thèbes ne se bornoit pas à la rive Arabique du Nil, quoique ce fût là plus précisément le lieu de Diospolis *magna*. Sur la rive opposée ou Libyque, un quartier considérable étoit distingué par le nom de *Memnonium*, selon Strabon *(p. 816)*. De grands vestiges d'anciens édifices subsistent encore aux environs d'un lieu nommé *Korna*, & d'un autre auquel les Arabes ont donné le nom de *Medinet-Habu*, peu loin d'un canal dérivé du Nil de plus haut, & qui se réunit au fleuve près de ces lieux, situés vis-à-vis des Akforein. Une ouverture en forme de trouée dans la montagne qui borne la vallée de ce côté-là, est sur les flancs de droite & de gauche, & dans l'enfoncement, percée de grottes, qu'on croit être des sépultures royales, & cet endroit est appelé *Biban-el-Moluk*, ou Portes des Rois. En effet, on lit dans Strabon, qu'au-dessus du *Memnonium* sont environ quarante tombeaux, creusés avec beaucoup d'industrie dans le rocher, & pour la sépulture des rois. Dans Ptolémée, le *Memnon*, ou ce qu'il appelle ainsi, paroît être un canton, & même

C c iij

un nome particulier dans la carte dreffée d'après lui. Il y place un lieu à l'écart du fleuve, & dont le nom fe lit *Tathyris*. Je ne crois pas devoir douter, que ce diftrict ne convienne à un nome que l'on trouve dans Pline *(lib. v, c. 9)* fous le nom de *Phaturites*. L'ordre qu'il garde dans l'énumération des nomes en cette partie fupérieure de la Thébaïde, eft remarquable: *Ombiten, Appollopoliten, Hermonthiten, Thiniten, Phaturiten, Coptiten, Tentyriten, Diofpoliten*. Je ne vois qu'un feul de ces nomes qui foit déplacé, le *Thinites*, qui devroit fuivre le *Diofpolites*; & parce qu'il feroit ainfi place au *Phaturites* à la fuite de l'*Hermonthites*, & avant le *Coptites* & le *Tentyrites*, il eft évident que ce *Phaturites* fe confond avec le *Memnon* de Ptolémée. On trouve dans Jérémie *(c. 44, v. 1)* & dans Ézéchiel *(c. 29, v. 14)*, en parlant de l'Égypte, le nom de *Phatures;* & felon Eusèbe *(in locis Hebr.)*, *Phatori* eft une contrée de l'Égypte. Saint Jérôme fur Ézéchiel, en fait même le nom de la métropole, *in urbe metropoli, quæ appellatur Phatures*. Or, il femble que la pofition du *Memnonium* dans le nome *Phaturites*, réponde précifément à cette circonftance particulière que fournit Saint Jérôme. Il réfulte de-là, que le *Tathyris* de Ptolémée doit fe lire *Pathyris*, ou même *Phaturis;* & qu'entre différens veftiges d'antiquité, ceux qui font plus voifins de la montagne Libyque que du Nil, peuvent convenir en rigueur à la pofition que donne Ptolémée à l'écart du fleuve. Je ne pouvois me refferrer dans des limites plus étroites fur un fujet comme celui de la grande Thèbes.

A fept ou huit milles de Médinet-Habu vers le fud-oueft, & en remontant, on trouve *Erment*. C'eft une pofition bien étrange dans la dix-neuvième feuille de la carte du Nil de M. Norden, que celle de ce lieu (qui n'eft pas des moins connus de l'Égypte) & toutefois placé dans cette feuille plus bas que la pofition donnée à Luxor; & par une fuite de ce dérangement Carnak plus feptentrional que Luxor, bien que Carnak plus reculé foit plus méridional. L'Itinéraire paffe du lieu nommé *Papa*, dont il a été parlé dans la feƈtion précédente, à *Hermonthis*, fans pofition intermédiaire, & marque xxx en cet intervalle. Le nome *Hermonthites* eft le dernier que connoiffe Ptolémée, fur la rive du fleuve du côté de la Libye. Un refte d'antiquité très-digne de remarque eft un Nilo-mètre dans les ruines d'Hermonthis. Près du plus entier des deux temples qu'on voit à Erment, eft un baffin revêtu de pierre, & d'environ 40 pieds de long fur 30 de large, au milieu duquel s'élève une colonne, dont une partie a été détruite par le temps. On peut croire que c'eft d'après ce Nilo-mètre que parle Ariftide le Sophifte, qui avoit remonté dans la haute Égypte jufqu'à la Cataraƈte, en difant que dans le diftriƈt d'Hermonthis la crûe du Nil s'élève à 30 mefures de coudée. Quant à cette élévation, qui felon le même auteur, eft de 28 degrés ou mefures à Syéné & à Éléphantine, ce que nous en conclurons fera plutôt une mefure particulière dans cette partie reculée de l'Égypte, qu'une plus grande hauteur dans la crûe du fleuve. Murtadi parlant d'un Nilo-mètre élevé par une vieille reine d'Égypte, dans la ville d'Afna, que nous devons rencontrer en remontant encore plus haut, dit précifément que les mefures y font plus courtes. L'opinion qu'on dit établie chez les gens du pays, que Moïfe a pris naiffance à Erment, fait donner à ce lieu le nom de *Beled Moufa*.

A Hermonthis dans l'Itinéraire fuccède immédiatement *Latopolis*, & la diftance marquée XXIIII n'eft pas fuffifante, pour ce que la carte prend d'efpace jufqu'à la pofition correfpondante à Latopolis. Ptolémée eft également vide de pofitions entre Hermonthis & Latopolis. Mais, Strabon nous en fournit deux, *Crocodilôn-polis*, & *Aphrodites-polis*. La première peut s'appliquer à un lieu nommé *Democrat*, felon l'opinion du P. Sicard, & l'autre ne peut convenir qu'à *Asfun*, un peu en deçà d'Afna. Dans ce nom d'*Asfun* je crois retrouver précifément celui d'*Asphunis* ou *Asphynis*, entre les poftes de la Thébaïde dans la Notice de l'Empire, à la fuite d'Hermonthis. C'eft un nom national ou Égyptien, confervé comme tel dans le pays, préférablement à une dénomination Gréque, qui au fond étoit étrangère au même pays, & ce n'eft pas le feul exemple qu'on en trouve dans l'étendue de l'Égypte. Une circonftance locale remarquable entre Democrat & Asfun, c'eft l'approche de deux montagnes latérales au Nil, qui ne laiffent en cet endroit qu'autant d'intervalle

qu'il

qu'il en faut pour le passage du fleuve ; & un lieu situé dans ce passage est appelé *Giblein*, ou les deux montagnes.

Latopolis, qui tiroit ce nom d'un poisson plus grand dans le Nil qu'ailleurs, selon Athénée *(lib. VII, c. 17)*, & auquel on rendoit en cette ville les honneurs divins, se nomme aujourd'hui *Asna* ou *Esneh*, comme qui diroit la brillante, ce qui chez les Chrétiens Coptes peut se rapporter au sang d'un prodigieux nombre de martyrs, répandu dans un champ voisin, sous la persécution de Dioclétien. Quoi qu'il en soit, *Lato*, selon la manière Égyptienne d'employer ce nom, est la même ville qu'Asna dans les dictionnaires Coptes : & Golius remarque *(in Alferg. p. 103)* que la latitude d'Asna dans Ibn-Iounis est la même que pour Latopolis dans Ptolémée, savoir 25 degrés. La construction de notre carte a fait rencontrer le même point, sans l'avoir cherché. Si cette position est plus reculée vers le midi dans la carte du P. Sicard, c'est que la position de Syéné, plus méridionale qu'il ne paroît convenable d'un tiers de degré, comme je l'ai fait voir dans la première section, entraîne avec elle les positions antérieures, & les fait participer plus ou moins au même déplacement. L'Itinéraire passe de Latopolis à *Apollonos superior*, autrement, selon Ptolémée, *Apollinis civitas magna*, *Apollonias* dans Hiéroclés. La distance marquée XXXII, peut convenir à la position d'*Edfu*, où l'on voit un temple presque enterré. M. Granger compte

Dd

d'Afna à Edfu neuf lieues, que par l'indication de l'Itinéraire, on eſtimera d'environ trois milles & demi. Mais, Strabon fait précéder cette ville d'un *Hieracônpolis*, ou ville des Éperviers, différente ainſi de celle dont il a été parlé dans la partie inférieure de la Thébaïde, ſur la rive droite du Nil, & au-deſſous de la ville d'Antée. C'eſt après avoir fait mention d'*Elethyia*, ou d'une ville conſacrée à Lucine, placée ſelon Ptolémée à la rive droite ou orientale, que Strabon tranſporte immédiatement enſuite la ville des Éperviers de l'autre côté par l'expreſſion de *megala*: & le P. Sicard lui donne pour poſition celle d'un lieu nommé *Keleh*, où un canal par lequel les environs d'Edfu paroiſſent iſolés, a été conduit. On peut ſe rappeler, que dans une énumération des nomes en cette partie de la Thébaïde, Pline fait mention d'un *Apollopolites*.

Sur la rive orientale du Nil, le premier lieu à citer au-deſſus de Thèbes eſt *Tuphium*, donné par Ptolémée; & celui dont je trouve le nom actuel écrit *Taûd* dans le Dénombrement, & qui conſerve les reſtes d'un ancien temple, un peu plus haut que n'eſt Erment ſur l'autre rive, eſt la poſition correſpondante. On ne connoît point ce lieu par l'Itinéraire, en paſſant de Thèbes à *Contra-Lato*. La diſtance marquée XL eſt propre à juſtifier la remarque qui a été faite ſur l'autre bord du Nil, que l'indication de XXIIII entre Hermonthis & Latopolis eſt inſuffiſante. Dans la Notice de l'Empire, il eſt mention de *Contra-Lato*, entre les poſtes de la

Thébaïde : & vis-à-vis d'Afna ou de Latopolis, il exifte un lieu nommé *Beni-Affer*. La pofition dont le nom fe lit *Chnubis* dans le manufcrit Palatin de Ptolémée, autrement *Chnumis*, étant marquée au même degré d'élévation que Latopolis, paroîtroit prendre la place de Contra-Lato, fi quelque écart de longitude ne faifoit pas remonter Chnubis par le moyen de féparation le plus convenable. On ne fauroit trop dire que le nom de ce lieu ait rapport à celui de *Cnuphis*, divinité qui avoit un temple dans l'île d'Éléphantine, felon Strabon *(p. 817)*. La répétition de XL entre *Contra-Lato* & *Contra-Apollonos* dans l'Itinéraire, eft un peu trop forte de mefure vis-à-vis de celle qui a paru convenir au local fur l'autre bord entre Latopolis & la grande Apollinopolis. Mais, on nous demandera en cet efpace la ville d'*Elethyia*, ou de Lucine, que Strabon place avant que d'arriver à Apollinopolis. Dans un mémoire qui accompagne la nomenclature moderne de la carte du P. Sicard, il eft mention du temple de Lucine comme exiftant, ou dans fes débris, & le lieu de cette nomenclature qui répond à la pofition de *Lucinæ civitas*, eft *el-Cab*. On peut dire de cet autel de Lucine, où des victimes humaines étoient immolées, *Scythicæ non mitior ara Dianæ*.

Entre les lieux que nous avons à parcourir jufqu'au point d'arriver à Syéné, la ville d'*Ombos*, qui dans Pline eft capitale d'un nome particulier, quoique Ptolémée comprenne toute cette partie fous le nom de Thèbes, est l'objet de plus grande considération. On conviendroit assez en général du compte de 70 milles entre Apollinopolis & Syéné, selon l'Itinéraire : mais, le détail des indications de cet Itinéraire, qui donne plus d'espace d'Apollinopolis à Ombos, que d'Ombos à Syéné, n'est point d'accord avec les cartes, selon lesquelles un lieu nommé *Koum - Ombo*, ou la Colline d'Ombo, est moins éloigné d'Edfu que d'Assuan. Ptolémée renchérit encore sur l'Itinéraire, par la proximité d'Ombos avec Syéné, ne mettant qu'un quart de degré de différence entre la hauteur de ces positions. J'ai de la peine à croire que le défaut soit dans les cartes, où le local se peint, pour ainsi dire, d'une manière à inspirer plus de confiance que ce qui semble le contredire. On voit dans Ptolémée en position intermédiaire de la ville de Lucine à Ombos, un lieu nommé *Toum*, à l'écart du fleuve. Ce fleuve sur sa rive droite que nous suivons, & au-dessus d'Edfu, est dominé par une hauteur, au sommet de laquelle un lieu aujourd'hui tout en ruines, est appelé *el - Bueib*, ou la Porte, & l'avantage de cette situation peut faire croire qu'elle n'étoit point négligée dans l'antiquité. Rappelons même ici, qu'un lieu de l'Égypte inférieure portant un nom semblable, répond dans la place qui lui convient à ce qui porte également le nom d'el-Bueib. Mais voici une autre situation plus remarquable encore, dans un endroit qui conserve quelques restes des édifices qui distinguent les anciens Égyptiens. En remontant plus haut que le

Bueib, le fleuve se trouve resserré par deux montagnes opposées directement l'une à l'autre, & que la tradition veut avoir été liées autrefois par une chaîne attachée de part & d'autre, à un pilier ou une masse de rocher qui existe, & cet endroit est nommé *Gebel-el-Silsili*, ou Mont de la Chaîne. Le P. Sicard y place le *Phthontis*, que donne Ptolémée entre la grande Appollinopolis & Syéné, mais qu'il auroit eu tort en pareille position de marquer comme étant à l'écart du fleuve; & j'aime mieux convenir que ce lieu de Phthontis m'est inconnu. Quant à celui du Mont de la Chaîne, il paroît si propre à avoir été un poste des plus importans à garder, que trouvant dans la Notice de l'Empire, entre ceux de la Thébaïde, le nom de *Silili*, je suis fort tenté de croire qu'il convient de lire *Silsili*, selon la dénomination propre & locale, au lieu de *Silili*, que Simler *(not. ad Itiner.)* a déjà voulu réformer comme incorrect qu'il paroît, pour en faire le *Selinon* de l'Itinéraire dans la partie inférieure de la Thébaïde. Il faudroit trouver un lieu du nom de *Thmuis*, que l'Itinéraire ne donne point sur la rive droite du Nil, pour répondre à celui de *Contra-Thmuim* que cet Itinéraire marque sur la gauche, avant que d'arriver au *Contra-Ombos*. Celui-ci est placé par le P. Sicard dans une île nommée *Mansurié*, située vis-à-vis de Koum-Ombo. Mais, il est douteux que l'Itinéraire nous fasse passer sur cette route, à une position renfermée dans une île. On voit dans quelle discussion cette partie reculée de la Thébaïde nous a engagés.

Syéné, où nous mettons pour ainſi dire le pied, conſerve ſon nom en celui d'*Aſſuan* ou *Eſſuen*, dans lequel un article préfix, qui ſelon la langue Arabe varie devant quelques conſonnes, paroît incorporé par l'uſage à l'ancienne forme de la dénomination, comme on le trouve en beaucoup d'autres dans les contrées de l'Orient. *Eléphantine* n'en eſt ſéparée que d'un demi-ſtade, au rapport de Strabon *(p. 817)* tranſporté ſur les lieux; & eſt appelée aujourd'hui *Geziret-el-Sag*, ou île fleurie. Son étendue de quelques centaines de toiſes, & peu différente en cela de celle de *Philæ*, que Strabon compare préciſément en grandeur à Éléphantine, eſt ainſi bien éloignée de la figure & de l'eſpace qu'elle prend dans la carte de Ptolémée. Il eſt fort ſingulier que par les poſitions des Tables d'un Géographe Égyptien, le point d'Éléphantine ſoit à un demi-degré de longitude de Syéné, & en même temps plus élevée en latitude de quelque portion de degré. Si l'on écrit ſur l'Égypte ſans connoître le local, & n'ayant les yeux ouverts que ſur la carte de Ptolémée, on croit pouvoir dire d'Éléphantine que c'eſt une grande île : & parce qu'elle a donné le nom à une dynaſtie particulière de princes dans des temps reculés, il ſemble qu'une pareille circonſtance en impoſe encore à l'imagination. Nous ne ſommes donc point de l'avis du P. Hardouin *(Plin. in fol. T. I, p. 257, n. 8)*, qui s'appuyant ſur Ptolémée, ſans avoir d'autre connoiſſance, prononce que le texte de Strabon eſt corrompu ſur l'article d'Éléphantine.

Mais, il est parlé d'Éléphantine & de Philé comme étant des villes, parce qu'elles étoient habitées, décorées par des temples, & que leur situation sur la frontière commune de l'Égypte & de l'Éthiopie, en faisoit des places de considération. Éléphantine & Syéné sont aux termes de Tacite, *claustra Romani Imperii.* Et de même que du temps que Strabon étoit en Égypte, trois cohortes Romaines défendoient Syéné, Éléphantine & Philé, on retrouve les mêmes postes militaires entre ceux de la Thébaïde, dans la Notice de l'Empire. La manière de mesurer la crûe du Nil n'étoit pas la même à Éléphantine qu'ailleurs : c'étoit, au rapport de Strabon, par le moyen d'un puits recevant les eaux du Nil, & sur les côtés duquel étoient gravées des marques qui indiquoient l'élévation de ces eaux plus ou moins grande. Ce que nous venons de rapporter touchant la situation d'Éléphantine, sur le témoignage de ceux qui avoient connoissance des lieux par eux-mêmes, fait voir une grande erreur dans ce que dit Pline, qu'Éléphantine est à IV milles en deçà de la Cataracte, *intra Cataracten,* & à XVI milles au-dessus de Syéné. Il faut dire d'une position *Contra-Syenem,* marquée dans l'Itinéraire, qu'elle répond, selon le P. Sicard, à un monastère des Coptes, dédié au Sauveur; & que dans la vingt-cinquième feuille du cours du Nil de M. Norden, on voit un lieu vis-à-vis d'Essuen ou Assuan, sous le nom de *Garbi-Essuen,* ou d'Essuen occidental.

Peu au-dessus d'Éléphantine, dit Strabon *(p. 817),*

est la petite Cataracte. Aristide le Sophiste, qui comme Strabon connoissoit le local pour l'avoir vu, fixe la distance d'Éléphantine à la Cataracte à sept stades, & rien de plus. La Cataracte, selon Strabon, est un rocher au milieu du lit du fleuve, qui du côté supérieur laisse couler les eaux d'une pente naturelle, jusqu'à leur chute en arrivant à la partie inférieure; & cette chute n'est pas tellement précipitée, que des esquifs ne puissent être abandonnés à la pente rapide sans se perdre. Il y auroit même un canal sur le côté du rocher, par lequel il seroit pratiquable de remonter. Aussi cette Cataracte n'est-elle que la petite, selon Ptolémée comme selon Strabon, & distinguée de la grande, qui est en Nubie, où elle est formée par la rencontre d'une montagne, dont le nom de *Gianadel,* selon ce qui m'a été dit par l'ambassadeur Turc, Zaïd-Effendi, qui avoit été sur les lieux, désigne une pierre noire, qui n'est point ouverte ou percée. Strabon nous conduit en chariot à *Philæ,* par un chemin fort uni, dans un espace d'environ cent stades, & il semble en le lisant, qu'on voie les lieux comme il les a vus. Héliodore dans ses Éthiopiques *(lib. VIII),* indique également cent stades dans cette distance; & il faut lire XII ou XIII, au lieu de III dans l'Itinéraire, de *Philas* à Syéné. On trouve plusieurs temples dans le petit espace qu'occupe cette île de Philé; & par l'échelle du plan de l'un de ces temples, on ne sauroit estimer que la longueur de l'île soit de 200 toises. Elle se nomme aujourd'hui *Heffa.* Mais, je trouve un sujet

de

SUR L'ÉGYPTE.

de difficulté dans la carte du Père Sicard. M. Norden donnant des plans & vues en grand détail des temples de Philé, les place dans l'île *el-Heiffi*, comme le nom est écrit, au lieu de *Heffa*; & ces temples autrefois confacrés à Ifis & à l'Épervier, font en effet attribués à Philé dans un mémoire du Père Sicard, qui fuit fa nomenclature moderne. Cependant, felon cette même nomenclature, Philé eft une île nommée *Berbé*, ou du Temple; & *Heffa*, au lieu d'être Philé, répond à une île nommée *Tacompfus*. Hérodote (*lib.* II, 29), cite *Tachompfo* comme une île, mais en remontant beaucoup plus haut, puifqu'il faut pour y arriver à partir d'Éléphantine, avoir navigué l'efpace de douze fchènes, par des replis tortueux du fleuve en cet efpace. Il eft vrai qu'aux termes d'Étienne de Byzance, un lieu nommé *Tacompfus*, eft auprès de Philé. Mais, comme ce Tacompfus peut avoir rapport au *Metacompfus*, qu'on trouve dans Ptolémée placé à 25 minutes plus au midi que Philé, cette proximité de Tacompfus à Philé dont parle Étienne de Byzance, ne doit pas être prife en rigueur, & on voit Hérodote d'accord avec Ptolémée fur l'éloignement de Tacompfus.

A une diftance eftimée de 35 ou 40 milles, en s'éloignant de Syéné vers le levant, eft une montagne, dont on tire une pierre noire & dure, nommée *Baram*, de laquelle on fait en Égypte différens vafes & uftenfiles de ménage, & dont je remarque que Strabon dit avoir vu des blocs ou morceaux, dreffés comme des *hermés* sur le chemin de Syéné à Philé. Cette montagne est le *Basanites lapis mons* de Ptolémée, quoiqu'il y paroisse trop à l'écart vers le Golfe Arabique, & qu'on trouve aussi dans l'intervalle du Nil au golfe une montagne de Pierre noire, séparément du *Basanites*. Or, je crois qu'un poste militaire, dont la Notice de l'Empire fait mention en Thébaïde, & dans une place très-reculée, sous le nom de *Castra-Lapidariorum*, ne peut mieux convenir qu'à un établissement, que la fouille des carrières du *lapis Basanites* avoit donné lieu de former, & qui demandoit d'être protégé. Quoiqu'on soit ainsi arrivé aux limites de l'Égypte, le rivage du Golfe Arabique dont elle est bornée, prendroit encore une place dans ces Mémoires, si la description de ce golfe dont ils seront suivis, ne devoit pas y satisfaire.

Fin des Mémoires sur l'Égypte.

P. 238. I
MER MÉDITERRANÉE
ALEXANDRIE
GOLFE DES ARABES
BAHRI
DAKELIE
RIF
SHARKIE
LIBYE
ARABIE PÉTRÉE
KAHIRA ou LE CAIRE
Plaine de Bacara ou de la Vache
Plaine de Sannur ou du Chat
DÉSERT DE TIH
BAHR ASSUEZ
Suez
M. Horeb
Gebel Tor ou M. SINAÏ
la Montagne qui borde le Nil du côté oriental est appellée d'un nom général en toute sa longueur GEBEL MOKATTAM ou Montagne Taillée

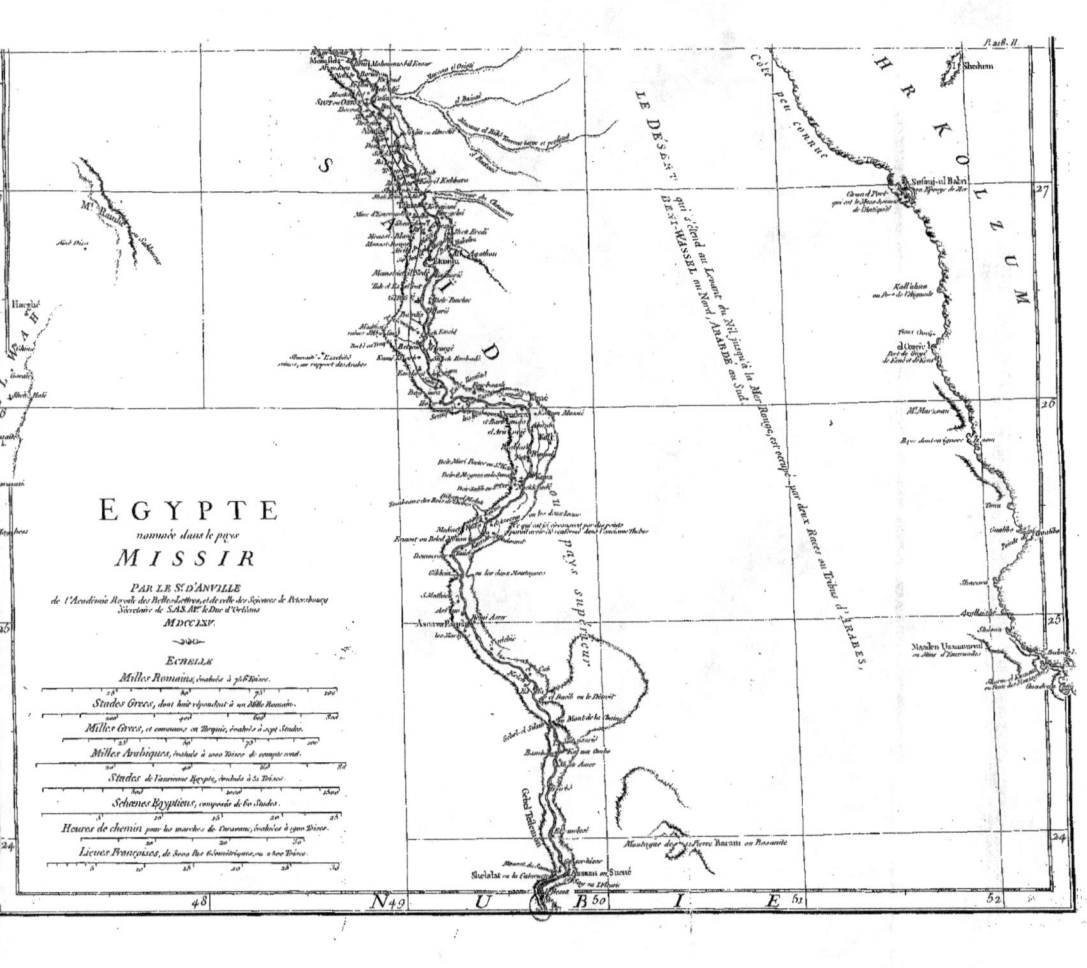

DESCRIPTION
DU
GOLFE ARABIQUE
OU DE
LA MER ROUGE.

Dans l'antiquité, le nom de *Mare Erythræum*, ou de Mer Rouge, se rapporte proprement à cette partie du grand Océan, qui depuis la côte orientale de l'Afrique, baigne les rivages de l'Arabie, de la Perse, & de l'Inde. Quoique le même nom soit appliqué quelquefois au Golfe Arabique, qui comme le Persique n'est qu'un enfoncement émané de cette mer dans les terres, ce nom ne s'y renferme pas comme aujourd'hui; & l'ancienne Mer Érythrée est ce qu'on appelle la Mer des Indes. Un roi Érythras, que l'on dit avoir donné le nom à la Mer Érythrée, n'est point connu; & sur ce personnage les savans se sont partagés, entre Édom, père des Iduméens, & le roi Himîar (c'est-à-dire Rouge) des Homérites de l'Arabie heureuse. Strabon *(lib. XVI, p. 779)* en parle comme d'un Persan, & on vouloit que sa sépulture fût dans l'ile Ogyris du Golfe Persique, & qui est celle que l'on connoît sous le nom d'Ormus. Il avoit plus de droit qu'un autre de communiquer son nom à cette mer, s'il est vrai qu'il fut le premier qui s'y embarqua sur de légers bâtimens, selon ce que rapportent Strabon & Pline *(lib. VIII, c. 56)*, pour passer du continent dans les îles, & fonder des colonies. On sait que le Golfe Arabique est nommé *Iam-Suph*, mer des joncs, ou de l'algue, dans le texte des livres saints. Les Arabes l'appellent *Bahr-Kolzum*, d'un terme qui signifie absorber, engloutir. La description que j'entreprends de donner, n'étant pas une lecture à faire tout d'une haleine, je me propose de la diviser en quatre sections, dont la première traitera de la côte Afriquaine jusque vers le milieu de sa longueur. La seconde & la troisième partageront entre elles le rivage Arabique; & dans la quatrième, en repassant à la côte Afriquaine, il sera question de rejoindre l'endroit de cette côte, par lequel la première division aura été terminée.

I.

POUR mettre une liaison entre la terre d'Égypte adjacente au Nil, & le rivage du Golfe, il est nécessaire d'évaluer ce qu'il y a d'espace entre le Caire & la position la plus à portée sur ce Golfe. L'objet d'un Mémoire donné à l'Académie, m'a déjà fait écrire ce que je me trouve dans l'obligation de répéter ici sur cette distance.

On compte communément 30 heures de chemin du Caire au Suez. M. Granger n'évalue la distance qu'à

21 lieues. Il a fait cette route en 26 heures, & Monconys n'en compte pas davantage. Le journal d'un Comite Vénitien, qui fit la route jusqu'à Diu dans l'Inde, sur la flotte de Soliman, & publié par Ramusio *(Tom. I, fol. 304)*, marque 80 milles entre le Caire & le Suez. C'est trois milles par heure, à raison de 26 heures de marche. Il est à remarquer, que par différentes directions, la route frayée dans cet espace décrit un arc sensible. Car, quoique le Caire par 30 degrés environ 2 minutes, soit plus élevé que le Suez, dont la latitude est de 29 degrés environ 45 minutes, selon les Portugais qui ont navigué jusqu'au fond du Golfe ; cependant, la route en partant du Caire, s'élève vers Grec-levant, ou Est-nord-est, pour se mettre à la hauteur d'un défilé nommé el-Bueib. De-là, en tendant vers Calaat-Agerud, la route rabat vers Siroc-levant, ou Est-sud-est, & d'Agerud elle n'arrive au Suez qu'en prenant l'Ostro-Siroc, ou Sud-sud-est. Ainsi, un intervalle, qui sur la carte de l'Égypte ne s'évaluera en droite ligne qu'à environ 58000 toises, en consume 66000 par les déviations de la route, sans les circuits de détail en chaque aire de vent, qui échappent à notre connoissance. Mais il s'ensuit, que les milles du Vénitien prennent au moins 825 toises, ce qui les met en grand rapport avec le mille Italique Lombard, dont la longueur passe celle du mille Romain, & plus encore le mille Grec & d'usage en Turquie. Chaque heure de marche est en même temps de plus de 2500 toises, & les lieues sur le pied

de 21 en cette distance sont de 3100 toises. Je ne pouvois me dispenser d'entrer dans ce détail d'analyse sur l'article dont il s'agit.

Pour juger ensuite du gisement que donne cette longue manche que forme le Golfe Arabique pour arriver au Suez, & qui forme le *Sinus Heroopolites* de l'antiquité, aujourd'hui appelé *Bahr-Assuez*, il faut se porter sur la position du Tor, le port du Mont-Sinaï. Selon le journal du Comite Vénitien, la route est Ostro-siroc, ou Sud-sud-est. Mais, ce qui ne donneroit ainsi que 22 à 23 degrés de divergence du sud à l'est, paroîtra de plus de 30 degrés dans la carte de l'Égypte, pour éviter le risque de ne pas prendre assez d'écart en longitude, & en supposant qu'une déclinaison de l'aimant vers l'ouest peut avoir été négligée dans l'indication de l'aire de vent, qui donne l'angle de position. La latitude du Tor, selon qu'elle est indiquée dans le journal de D. Jean de Castro d'une navigation des Portugais dans toute la longueur du Golfe, est de 28 degrés 10 minutes. Dans ce journal, la distance du Tor au Suez est marquée de 28 lieues. Et quoique l'évaluation qui m'a paru propre à l'estime des lieues dans le journal de Castro, les mette au même point d'échelle que par une analyse que j'en ai faite en décrivant le Golfe Persique dans un Mémoire donné à l'Académie *(T. XXX, p. 135)*, ce qui les établit sur le pied d'environ 17 au degré; toutefois le Tor est placé dans les cartes de l'Égypte & du Golfe Arabique, de manière à fournir en droite ligne plus de 30 de ces lieues entre les points du Suez & du Tor. J'avouerai ici qu'un deffein formé de ne point rifquer d'abréger les efpaces en dreffant la carte du Golfe en particulier, a pu contribuer à quelque excès de mefure dans l'efpace dont je viens de parler.

Les inftructions tirées des mémoires Portugais déterminent enfuite la pofition d'une île adjacente au rivage qui appartient à l'Égypte, appelée *Suffange-ul-bahri*, par 27 degrés de latitude, & plus orientale d'un degré environ 25 minutes que la longitude attribuée au Suez dans ces mémoires. *Alcocer*, qui eft le *Cofeir*, y eft marqué en même longitude que cette île, par 26 degrés 15 minutes de latitude. Et pour ne parler que des pofitions principales, une pointe de terre fort en faillie dans le golfe, & vers le terme de ce qui répond à l'étendue de l'Égypte, eft plus orientale de deux degrés & un tiers que le Suez, dans les Tables du Cofmographe Portugais Manoel Pimentel. Il y a tout lieu de croire, que les pofitions données dans le Golfe par ces Tables font tirées de la navigation de la flotte Portugaife, dans laquelle Caftro commandoit un bâtiment : les latitudes marquées dans fon journal font précifément les mêmes dans les Tables. Mais, je répéterai volontiers ici ce que j'ai dit à l'occafion de la pofition du Tor, qui eft d'avoir eu fort à cœur de ne point refferrer les objets ; & entre la longitude du Suez & celle de la pointe dont il s'agit, les cartes que je publie donneront plutôt plus que moins. Cette pointe de terre est nommée en Arabe *Ras-al-enf*, ou Cap du nez: & Castro en conclut la latitude d'environ 24 degrés, sur une hauteur observée à environ trois lieues au nord du cap. Si l'on cherche dans Ptolémée une pointe qui puisse répondre à celle-ci, on n'en trouvera point d'autre que celle qui est appelée *Lepte extrema*, quoique sa hauteur soit marquée plus élevée d'un tiers de degré. Mais, ce qui doit témoigner combien nous portons à l'est, dans la manière de ranger la côte du Golfe depuis le Suez, c'est que Ptolémée ne prenant en obliquité de position qu'un degré & un sixième de degré en longitude, entre le fond du Golfe & la pointe de Lepté, nous écartons la longitude en cet intervalle jusqu'à plus de deux degrés & demi.

Je n'irai pas actuellement plus avant sur cette côte; ne voulant point laisser trop en arrière un détail de positions dans la partie que nous venons de parcourir. La première des positions que présente l'antiquité est *Arsinoe*, à laquelle on est communément prévenu que répond celle du Suez. Selon Strabon *(p. 804)*, Arsinoë est aussi nommée *Cleopatris*; & quoiqu'il paroisse dans la même page distinguer Cleopatris en la nommant séparément d'Arsinoë, quelque nouveau lieu construit dans l'Arsinoë qu'avoit fondée Philadelphe, peut avoir donné occasion de substituer un nouveau nom au précédent. Et il est parlé de Cléopatris dans Strabon *(p. 780)*, comme étant voisine (πρὸς) du canal conduit dans le Golfe,

ou MER ROUGE. 225

Golfe, de même qu'on fait que ce canal aboutiffoit à Arfinoë. C'eft donc avec raifon qu'on trouve dans la verfion latine des actes du fecond concile d'Éphèfe, de l'an 449, *Cleopatris, quæ & Arfinoë*. On ne confondra point cette Cleopatris avec une ville de même nom dans la province d'Égypte, felon la Notice d'Hiéroclés, & jointe à quelques villes de la même province dans les foufcriptions de plufieurs conciles, mais dont la pofition eft inconnue. Le port auquel communiquoit le canal eft nommé *Daneon* dans Pline *(lib. VI, c. 29)*. Le Suez fitué fur une pointe de terre en forme de péninfule, n'a qu'un port étroit & peu profond : mais, M. Granger nous en fait connoître un autre plus fpacieux, diftant d'une lieue & demie. La manière dont l'extrémité du Golfe en forme de demi-cercle, & plus en avant dans les terres que le Suez, paroîtra figurée dans les cartes que je publie, eft tirée d'une carte Turque manufcrite, dreffée fur les galères du Suez. La largeur du Golfe vis-à-vis du Suez n'eft que d'environ un mille, & cet endroit eft appelé *Maadié*, ou paffage. Ptolémée, dans la diftinction qu'il fait de la pofition d'Arfinoë d'avec le plus grand enfoncement du Golfe, n'auroit pas dû employer deux tiers de degré dans cette différence de hauteur entre ces points. J'ai dit que celle du Suez nous étoit donnée de 29 degrés 45 minutes, par la navigation des Portugais dans la Mer Rouge. Le lieu du Suez dans la carte du P. Sicard ne paffant pas 29 degrés & demi, c'eft une fuite d'avoir placé le Caire

F f

plus fud qu'il ne paroît convenable, comme je l'ai remarqué ailleurs. Un défaut contraire & plus grief, dans une carte des embouchures du Nil, & de l'ifthme du Suez *(Tome III d'un nouvel Atlas maritime, n.° 89)* c'eft de voir le Suez plus feptentrional que le Caire, & en même hauteur que la pointe du Delta. Une copie de la Mer Rouge entière, d'après les cartes d'Afie & d'Afrique qui ont paru de ma compofition il y a quinze ans, copie inférée avec beaucoup d'autres de mes ouvrages dans cet Atlas, auroit dû fervir d'avertiffement au copifte fur ce point, qui n'eft pas de peu d'importance. Au refte, fi l'on confidère que la terre aux environs du Suez, & fort loin à la ronde, ne produit chofe quelconque; que l'eau qui y eft apportée de plufieurs lieues, eft faumatre, & qu'elle peut manquer quand les Arabes du voifinage font en guerre; que tout ce qui eft d'ailleurs néceffaire à la vie doit venir du Caire; on verra qu'il n'y a que l'opportunité de la fituation pour le commerce qui puiffe faire habiter un lieu pareil, & on prendra en même temps quelque idée de la nature du pays que bordent les rivages du Golfe.

Si on ne doit point diftinguer Cleopatris d'avec Arfinoë, il n'en eft pas de même de *Clyfma*. Dans Ptolémée, Clyfma eft une pofition différente d'Arfinoë, plus méridionale d'un tiers de degré fur le même rivage du Golfe. On voit Arfinoë & Clyfma féparément dans la Table Théodofienne. Je n'allèguerai point comme Cellarius *(T. II, Afr. p. 90)*, en preuve de cette distinction, que Clysma & Cleopatris sont des lieux différens dans les Notices, parce que la Cleopatris de ces Notices, à laquelle se rapportent quelques souscriptions d'évêques à des Conciles, pourroit être la Cleopatris de la province d'Égypte, dont j'ai parlé ci-dessus, & n'être pas la Cleopatris d'Arsinoë. Kalkashendi, auteur oriental, cité par le docteur Shaw dans son voyage, d'après une note de M. Gagnier sur Abulféda, distingue formellement al-Kolzum d'avec le Suez, & s'explique sur sa situation en disant, qu'al-Kolzum est à la suite du Suez, sur le rivage, en tirant vers le midi. Ce qu'on lit dans Macrisi, que le Kolzum est détruit, & que le Suez lui a succédé, ne veut pas dire précisément que Suez & Colzum occupent la même place. Golius *(in Alferg. p. 144)* a remarqué un rapport de signification entre le *Kolzum* de la langue Arabe, & le *Clysma* de la langue Gréque. Car, celui-ci signifiant ablution, lavage, l'autre désigne une submersion, avec la tradition locale, que c'est vers cet endroit que Pharaon a été englouti dans les eaux du Golfe. La représentation du local fait connoître, que la situation de Kolzum, ou de Clysma, ne peut se rapporter qu'à l'endroit où aboutit une longue vallée, ouverte dès la rive du Nil, vis-à-vis de l'emplacement qu'occupoit Memphis, vallée qui dans cet intervalle s'élargit en plaine, ou se resserre, & dont on doit une connoissance particulière au P. Sicard *(Voyez le Tome VI des Miss. du Levant)*. En rencontrant la mer, cette vallée se trouve limitée sur la droite & sur la gauche par des montagnes, dont le pied bordant de part & d'autre également le rivage du Golfe, ne laisse point d'autre abord dans le continent en cette partie que celui de la position de Clysma.

Une grande anse que forme ensuite le Golfe, a été connue à Dom Jean de Castro. Les noms des deux pointes dont elle est bornée, *Ras Abu-Drâb*, & *Ras Zaafrâné*, ou cap de Safran, sont tirés de la carte Turque manuscrite. Cette dernière pointe ressemble si bien à la dénomination Gréque de *Drepanum*, c'est-à-dire de Faux, que quoique le promontoire de ce nom paroisse plus reculé vers le sud dans Ptolémée, on peut croire qu'il nous est donné sans aller plus loin. Je ne sais si le Golfe du Suez ne seroit pas plus étroit que dans les cartes que j'ai dressées. Car, Jean de Castro ne lui attribue que trois lieues de largeur depuis le Tor, & plusieurs voyageurs, qui ont vu ce Golfe sur la route du Mont Sinaï, n'estiment sa largeur commune que d'environ douze milles. Ce qui m'a retenu, c'est de le voir plus large dans la carte du P. Sicard qu'il ne paroîtra dans celles qui accompagnent cet ouvrage. Nous n'avons point de connoissance particulière jusque vers l'entrée du Golfe du Suez, & vis-à-vis du Tor, que celle de *Gebel-Ezzeit*, ou montagne de l'huile, du pied de laquelle sort de l'huile pétrole, appelée *Naft* dans la carte Turque. Il faut courir jusqu'à la hauteur de 27 degrés pour trouver l'île dont le journal de Castro fait mention, & dont le nom de *Sufange-ul-bahri* est interprété en Portugais dans la Table de Pimentel, *Esponja do mar*. On remarquera le rapport de ce nom à celui de *Suph*, qu'on sait être propre au Golfe Arabique dans les livres saints, & qui désigne des plantes marines, de l'espèce de l'algue, qui naissent dans ce Golfe. Le même terme s'étend aux plantes des rivières, puisque dans le texte d'un endroit de l'Exode *(cap. 2, v. 2)*, où il est parlé de l'exposition de Moïse sur le Nil, les herbages qui environnoient son berceau sont nommés *Suph*. Je ne doute point qu'il ne convienne de rapporter à l'île dont il s'agit l'*Aphroditis*, qu'on trouve dans Ptolémée, quoiqu'elle y paroisse hors de place à la hauteur de 25 degrés. Personne n'ignore que Vénus étoit nommée *Aphrodite* par les Grecs, sur l'opinion qu'elle étoit sortie de l'écume de la mer; & le nom de *Sufange-ul-bahri* exprime une production marine, qui paroît une écume épaissie. Castro n'a connu qu'une île en ce parage, & il lui attribue deux lieues de longueur. Mais, dans la carte Turque je vois deux îles couchées parallèlement, & dont l'une peut être cachée par l'autre, qui seule peut être vue du large. C'est à cette hauteur qu'il faut chercher le port qui fut autrefois le plus fréquenté sur cette côte, le *Myos-Hormos*, ou *Muris-Statio*; ce qui me paroît devoir signifier le port de la Souris, plutôt que le port du Rat, parce que le nom d'une divinité de sexe féminin lui a été également commun, comme on le verra ci-après, & on sait que la représentation des divinités par des animaux est familière à l'ancienne Égypte. Ptolémée est peu éloigné de sa latitude, en la marquant de 27 degrés & un quart. On apprend de Strabon & de Diodore, que trois îles couvroient ce port; & parce qu'il n'y en a qu'une qui se soit laissé voir de Castro, une troisième plus petite & plus cachée que les autres, peut avoir échappé de même dans la carte Turque. Selon Diodore *(lib. III, c. 39)*, ce port est dominé par une montagne rouge, dont la vue blesse les yeux trop appliqués à la regarder. Ceux qui ont pris le Coseir pour le port de la Souris, de même que je le vois dans la carte du P. Sicard, n'ont pas fait attention que le Coseir est tout ouvert, & sans abri d'aucune terre, ce que Castro témoigne précisément. Le port de la Souris étoit aussi appelé le port de Vénus, selon Strabon & Agatharchide; & il n'est pas étonnant que le nom de Vénus se soit communiqué à une ou plusieurs îles adjacentes à ce port.

En voulant rapporter le *Coseir* à quelque ancienne position, je vois le port *Philoteras* dans Ptolémée, qui avoit une ville, selon Strabon, dont le nom outre celui du port, étoit *Ænnum* selon Pline. Les autres lieux marqués en ordre successif dans la carte d'*Ægyptus antiqua*, sont empruntés de Ptolémée; & ceux de l'état présent se doivent aux notions données par les Portugais. Dans la carte Turque, je trouve *Maadem Uzzumurud*, ce qui signifie Mine d'Émeraude, correspondre au *Smaragdus mons* dans Ptolémée. En ce parage, & par 24 degrés 45 minutes de hauteur indiquée, est un port dont on a un plan, & dont le nom de *Sharm-el-Kumam* est interprété dans la Table de Pimentel, *fenda ou aberta dos montes*. Ptolémée donne tout ce rivage à des Arabes Égyptiens, Ichthyophages ou vivans de poisson. Pline fait mention à la suite de Philoteras d'une nation d'Arabes sous le nom d'*Azarei*, devenue sauvage par un mélange de sang avec les Troglodytes, ou habitans des cavernes : & il faut être prévenu que cette côte Afriquaine du Golfe, en courant fort loin vers le midi, est l'ancienne *Troglodytice*, sur laquelle les Ptolémées, à commencer par Philadelphe, avoient étendu leur domination jusqu'à l'ouverture du Golfe dans la Mer Érythrée.

Le Ras-al-enf, dont il a été question dans ce qui précède, est suivi immédiatement d'un Golfe qu'Agatharchide, Diodore, & Strabon, nomment Ἀκάθαρτος, ou Immonde, ce qui doit faire croire que son fond est sale & rempli de dangers pour les bâtimens. Je le trouve dans la Géographie de l'Édrifi sous le nom de *Giun-al-Malik*, qui signifie Golfe du Roi. C'est sur son rivage que Ptolémée Philadelphe avoit construit une ville de *Berenice*, pour être l'abord des bâtimens, dont les cargaisons étoient transportées par terre à Coptos, en suivant au travers des déserts une route, dont il est parlé dans la troisième section des Mémoires sur l'Égypte. Ptolémée donne à cette Bérénicé la même latitude que celle de Syéné, 23 degrés 50 minutes. Strabon dans son second livre, dit qu'à Bérénicé comme

à Syéné, le soleil est vertical au solstice d'été. Et Pline s'en explique en ces termes : *cùm in Berenice, ipso die solstitii, horâ sextâ, umbræ in totum absumantur*. Quoique nous ayons observé dans la section première des Mémoires précédens, que de ce phénomène il ne sauroit résulter un point de latitude d'une précision rigoureuse, il faut se trouver satisfait de pouvoir présumer de n'être pas fort loin de cette précision sur la hauteur convenable à la position de Bérénicé. Dans la carte d'Égypte du P. Sicard, je vois cette Bérénicé par 25 degrés environ 25 minutes. Dans la nomenclature moderne de cette carte, le P. Sicard faisant correspondre au nom de Bérénicé un nom dont on n'a point connoissance d'ailleurs, qui est *Dara*, applique le surnom d'*Epidires* à cette Bérénicé. Or, c'est la confondre avec une autre Bérénicé, située près de l'embouchure du Golfe, d'où lui venoit précisément ce surnom d'*Epi-dires*, du mot grec δειρή, par lequel il faut entendre un endroit resserré en forme de col. Je suis encore étonné de voir *Muris Statio* à peu de distance dans la même carte, de la Bérénicé dont il s'agit, environ un quart de degré. C'est faute d'avoir eu sous les yeux le Périple de la Mer Érythrée, où dès les premières lignes, la distance qui sépare le port de la Souris d'avec Bérénicé est marquée de dix-huit cent stades, χιλίων ὀκτακοσίων σταδίων, en toutes lettres. La carte Turque donne un port dans le fond du Golfe, sous le nom de *Minet Belad-el Habesh*, c'est-à-dire Port du pays d'Habesh ou Abissin. La position de
Bérénicé,

Bérénicé, si on l'appliquoit à ce port, conviendroit moins à une hauteur commune avec Syéné; & d'ailleurs, Bérénicé n'étoit qu'une plage sans port, ἀλίμενον, comme en parle Strabon *(p. 815)*. Les Portugais indiquent en ce parage une pointe nommée *Ras-el-nashef*, ou tête sèche, par 23 degrés 16 minutes de latitude.

Une île que Castro dit être à huit lieues au large de cette pointe, & nommée *Zemorgete*, est figurée d'après la carte Turque, & c'est une carte Portugaise qui m'a fait connoître une autre île plus près de terre, nommée *Kernaca* ou cornue, & un banc, dont le nom de *Shaab-el-iadaïn* signifie banc des deux mains. Nous retrouvons dans la première des îles dont je viens de parler, celle qu'une pierre précieuse, de couleur d'or, comme disent Strabon & Diodore, faisoit nommer *Topazos*, quoiqu'avant la découverte de cette pierre, étant infestée de serpens, elle fût appelée *Ophiodes*, ou Serpentaire. Ptolémée en plaçant une île sous le nom d'*Agathon*, à 23 degrés & un tiers, lui fait prendre ainsi la hauteur qui convient à *Topazos*. Il semble que *Cytis* soit un nom propre à l'île des Topazes dans Pline *(lib. XXXVII, c. 8)*; & on croiroit encore qu'il distingue deux îles de ce nom, lorsqu'en parlant de *Berenice Epi-dires*, *ubi fauces Rubri maris*, il ajoute *(lib. VI, c. 29)*, *insula ibi Cytis, Topazium ferens & ipsa*. En tirant d'après les mémoires du roi Juba, le nom de *Topazos* du langage des Troglodytes, comme répondant au verbe latin *quærere*, ou chercher, ce qui est répété dans Isidore

G g

(*Orig. lib.* VI, *c.* 7); il n'a pas pris garde que du verbe grec τοπάζω peut dériver une signification à peu près semblable. L'île Topazos a quatre-vingts stades de longueur, selon Diodore. Juba la disoit éloignée du continent de ccc stades, comme on lit dans les éditions de Pline avant celle du P. Hardouin, ce qui se rapporteroit assez à la distance des huit lieues marquées par Castro à l'égard d'un lieu de la côte Afriquaine ; & *diei navigatio*, que le P. Hardouin a tiré de plusieurs manuscrits, paroîtroit demander davantage. Une observation digne de remarque dans Castro, c'est que de cette île qui est élevée, on découvre le rivage Arabique ainsi que l'Afriquain, ce qui doit modérer l'estime qu'on voudroit faire de la largeur du Golfe à cette hauteur, quoique le rivage Arabique soit plus éloigné que l'Afriquain.

Du fond du *Sinus Immundus* la côte court plus obliquement dans notre carte qu'en aucune autre partie antérieure, en donnant le sud-est jusqu'à une pointe nommée *Calmés*. Le détail exprimé en cet espace est tiré de la navigation de Castro, dont on me dispensera de transcrire les circonstances. Les ports de *Gidid* & de *Kilfit*, l'entrée d'une rivière sous le nom de *Farat*, me sont connus par des plans que j'ai en manuscrit. Le port nommé Gidid dans les mémoires Portugais, me paroît être celui dont parlent les Géographes orientaux sous le nom d'*Aidab*, ou comme il est écrit dans l'Édrisi, *Adhab*. Ce lieu dépend du gouvernement de l'Égypte,

& je le trouve inscrit dans le dénombrement entre les lieux du district de Kous, qui est celui de la Thébaïde supérieure. Cependant, on voit dans l'Édrisi, que le Prince de ce canton, ou de *Boja,* reçoit une partie de la douane établie en ce port. C'est un lieu fréquenté pour se rendre à Giddah, le port de la Mekke. Le trajet est d'un jour & une nuit de navigation, selon l'Édrisi, & les 40 milles Arabiques marqués par Gollius *(in Alferg. p. 100)* sont insuffisans, vis-à-vis d'un espace de deux degrés que donne Ibn-Saïd, cité par Abulféda. La pointe de *Calmés* mentionnée ci-dessus, est un lieu de remarque sur cette côte, selon Jean de Castro, en ce que tous les bâtimens, qui des ports du sud, Matzua & Suakem, font voile pour Giddah, comme pour le Cofeir & le Tor, sont obligés de la reconnoître & de la doubler. Elle sera le terme de cette première section, & c'est en y revenant que se terminera la quatrième & dernière.

I I.

Je passe actuellement à la côte Arabique. Ce qu'on remarquera de très-circonstancié sur le côté oriental du Golfe du Suez, est tiré de la route de plusieurs voyageurs vers le Tor & le Mont Sinaï, & une des feuilles de la grande carte d'Égypte de M. Pocoocke y a contribué. Cette feuille est remplie d'un grand détail de montagnes dans cette partie de l'Arabie Pétrée, entre les deux Golfes qui terminent la Mer Rouge.

Mais, c'est une faute grave, & qui nuit à tout ce détail, d'y voir le Mont Horeb au levant du Sinaï, au lieu d'être au Maestral, ou entre le nord & le couchant. J'ai une représentation dessinée à la main & fort détaillée du Mont Sinaï & de l'Horeb, & singulière en ce qu'elle est répétée sur les deux côtés de la même feuille, pour que les objets cachés d'un côté soient figurés de l'autre. Elle étoit insérée dans une collection de cartes manuscrites concernant l'histoire sacrée, datée de l'an 1584, & qui est marquée appartenir vingt ans après à André Favin, connu par ses ouvrages. La route que dans la carte de l'Égypte on voit tracée du Mont Sinaï à Gaza, avec une expression assez particulière du local, & qui a grand rapport à la relation de Breitenbach, est tirée d'un autre morceau de la même collection. Le Mont Sinaï, l'objet le plus considérable en ce canton, est appelé par les Orientaux *Gebel Tour*, d'un terme qui paroît appellatif, & commun avec le *Taurus*, dont la dénomination s'est étendue d'une manière générale à une longue suite de montagnes, qui d'occident en orient traverse tout ce que l'antiquité a connu dans le continent de l'Asie. C'est vraisemblablement par une communication du nom de la montagne au port, par lequel on y arrive plus communément, que le lieu situé sur ce port est nommé *le Tor*. Je ferai mention d'un dessein que j'ai du rivage du Tor, & de celui qui lui est opposé, parce qu'il vient de D. Jean de Castro, qui y est cité de manière à faire connoître que ce morceau est son ouvrage. Je ne vois point de lieu plus convenable au *Phænicon*, ou *Palmetum*, dont Strabon & Diodore font mention d'après Agatharchide & Artémidore, que le Tor, où quelques plans de palmiers sont plus remarqués qu'autre chose par ceux qui parlent de ce lieu pour y avoir été. Le monastère qui y subsiste est le *Raithum* des légendes monastiques. L'île des Veaux marins, *Phocarum insula*, qui dans les auteurs que je viens de citer paroît au-delà du *Palmetum*, est une petite île nommée *el-Cab*, en deçà du Tor, selon la carte du P. Sicard. Je dois à la carte Turque le détail de la côte jusqu'au *Ras Mohammed*. Ce promontoire formé par l'extrémité du continent qui sépare les deux Golfes, est le *Posidium*, ou *Neptunium*, des mêmes auteurs, appelé *Phara* dans Ptolémée, qui donne une ville de même nom à quelque distance du promontoire dans les terres. On voit *Phara* dans la Table Théodosienne, avec une position intermédiaire à l'égard de *Clysma*, marquée à XL de Clysma, & de Phara LXXX. Sur ces distances, le lieu auquel elles se rapporteroient conviendroit à ce qu'on nomme actuellement *Corondel*, qui est un lieu de passage sur le Golfe, & le nom de *Medeia* que donne la Table, sembleroit avoir rapport au *Maadié* de la langue Arabe, signifiant trajet ou passage. De cette position on est conduit au *Deir Faran*, ou monastère de Pharan, qui peut conserver l'emplacement comme le nom d'un lieu anciennement habité. Les montagnes qui couvrent le pays à remonter du Promontoire dont il a été parlé vers le nord, font appelées en général *Melanes* dans Ptolémée; & l'Itinéraire du Sinaï à Gaza nous fait connoître des montagnes brûlées, rouges & noires, fur cette route. L'antiquité ne nous offre en ce canton aucun autre objet de recherche. Une île que l'on voit dans Ptolémée au midi du promontoire de Pharan, nommée *Sappirene*, ou felon Pline *Sapirene*, fe reconnoît dans celle que Caftro nous indique fous le nom de *Sheduan*, difant que de la pointe de cette île au Tor la route eft à peu près le nord-ouest. Elle gît obliquement en longueur dans un efpace de quelques lieues, & je l'eftime un peu moins élevée que la hauteur de 27 degrés 40 minutes, marquée dans la Table de Pimentel.

Le *Sinus Ælanites*, appelé aujourd'hui *Bahr-el-'Akaba*, du nom d'un lieu dont nous aurons connoiffance, s'ouvre à la droite du promontoire mentionné ci-deffus, pour pénétrer dans les terres jufque vers une ancienne ville, qui lui communiquoit fon nom, *Ælana*, ou fans diphthongue *Elana*, *Ailath* ou *Elath* dans les livres faints, aujourd'hui *Ailah*. Cette ville ne paroît plus exifter, & quoiqu'il foit dit dans Abulféda, qu'elle fe rencontre fur la route des Hadgis ou pélerins de la Mekke, il n'en eft point mention dans trois Itinéraires que l'on a très-circonftanciés de cette route. Abulféda parle néanmoins d'une tour fur le bord de la mer, où réfide un commandant dépendant de l'Égypte, ajoutant qu'il n'y a point de terre cultivée dans les environs.

La distance à l'égard de Gaza, indiquée de 1260 stades par Strabon & par Marcien d'Héraclée, dont on peut conclure 157 milles romains & demi, quoique par un compte rond Pline ne marque que 150, est le moyen le plus propre que j'aie connu pour juger de la hauteur convenable à Ælana, parce que la position de Gaza s'appuye sur une correspondance avec la latitude de Jérusalem. Je vois dans la carte Turque, que l'extrémité du Golfe se partage en deux Golfes particuliers; & sur l'un des deux, qui laisse l'autre au couchant, est la position d'un lieu nommé *Calaat-el-Akaba,* ce qui signifie château de la descente; & je remarquerai à ce sujet que le *Catabathmus* de l'antiquité sur la côte de Libye, est désigné actuellement par le même terme d'*Akaba*. Dans la description que Diodore *(lib. III, 44)* & Strabon *(p. 777)* nous ont laissée du Golfe Arabique d'après Artémidore, on distingue un Golfe séparément de celui qui s'avance jusqu'à Elana; & ils le décrivent comme un bassin renfermé entre des hauteurs, & étroit à son entrée. Les 500 stades qu'ils lui donnent d'étendue, sont plus faciles à admettre pour sa circonférence que pour sa longueur. Josèphe *(lib. VIII, c. 2)* & Saint Jérôme *(in Ailath.)* sont d'accord à nous indiquer *Asiongaber,* ou *Eziongeber,* comme un lieu voisin d'Elana ou Ailath. Dans le Deutéronome *(cap. 2, v. 2)*, Elath & Asiongaber sont cités de suite, & dans cet ordre, sur la route des Israëlites en s'avançant vers le pays de Moab. D'où il faut conclure, que la position d'Afiongaber, qui fut le port duquel partoient les flottes de Salomon pour se rendre à Ophir, ne peut s'estimer plus convenable que sur ce Golfe adjacent à celui d'Ailah. On apprend encore de Josèphe, que de son temps Afiongaber portoit le nom de *Berenice.* Comme on parle d'un port appelé *Minet Iddahab,* ou port de l'Or, dans cet enfoncement du Golfe Élanite, ce nom ne pourroit se mieux appliquer qu'au port d'Afiongaber, où l'or tiré d'Ophir étoit débarqué.

Mais, il est à propos d'examiner jusqu'où le fond du Golfe nous porte dans l'est. Un Itinéraire de la grande caravane de la Mekke, communiqué à Thevenot *(pr. Voy. sec. P. c. 17)* par un prince de Tunis, qui revenoit de ce voyage, fait compter 77 heures & demie de route entre Calaat-Agerud dans les environs du Suez, & Calaat-el-Akaba. L'Itinéraire que M. Pococke a inféré dans sa relation *(T. I, p. 265)*, fournit un compte de 1190 dérages, à 4 minutes par dérage, dont il résulte 4760 minutes, ou 79 heures 20 minutes. Je ne citerai point ici un pareil Itinéraire donné par M. Shaw, parce qu'en cet espace j'y trouve une lacune. En prenant 78, milieu de 77 & 79, la mesure de l'espace prise à l'ouverture du compas, étant portée sur la graduation de latitude, y répond à deux degrés & environ un cinquième de degré, d'où il suit que l'espace d'un degré renferme la marche de 36 heures. Si de cette estime il ne résulte qu'environ 1600 toises de progrès sur le terrain en chaque heure, il faut considérer que c'est

d'après

d'après la marche lente de la plus prodigieuse caravane, & que les détours & difficultés de la route dans un pays presque inhabité, ajouteront sensiblement à la mesure d'espace donnée par une ligne aërienne & directe. Mais, il faut aller plus loin, & voir ce qu'une beaucoup plus grande étendue de route, en se portant de Calaat-el-Akaba jusqu'à la Mekke, nous fera trouver d'estime. On compte 303 heures & demie dans l'Itinéraire de Thevenot; & le compte des dérages dans les deux autres fournit 309 heures 20 minutes, ou 312, 40, Un lieu moyen est environ 308. Or, l'espace entre le point de partance & la Mekke, revient sur la graduation de latitude à ce que valent 8 degrés & près de deux cinquièmes, & conséquemment il faut plus de 36 heures, & à peu près 37, pour remplir un degré. Quoique la hauteur du point de partance ne nous soit pas donnée aussi positivement que celle dont on a l'indication pour la Mekke, on peut juger cette hauteur en grande proximité de la position actuelle. Il n'y auroit donc qu'une plus grande obliquité dans la route, ou plus d'écart en longitude, qui pût alonger la mesure de l'espace; & supposé que nonobstant une espèce d'affectation de faire courir le gisement du Golfe le plus obliquement qu'il paroisse permis, sans aller contre la vraisemblance, il y eût quelque chose à ajouter, en écartant la longitude, on ne se trouveroit peut-être encore qu'au point de l'estime précédente de 36 heures au lieu de 37. Si j'ai dit quelque part, que les heures de marche de la caravane de la Mekke pouvoient s'évaluer à environ 1800 toises, c'est en voulant donner plutôt plus que moins en évaluation ; & cette analyse positive est ici d'autant plus convenable, que la route du pélerinage, avec le détail des mansions ou gîtes qui s'y rencontrent, se voit tracée sur la carte de la Mer Rouge.

Entrons maintenant dans quelque détail de positions. Le premier lieu de remarque en prenant la route de la Mekke, est *Magar Shuaib*, ce qui veut dire Grotte de Shuaib ou de Jethro, & c'est le nom qu'on donne actuellement à l'ancien *Madian*, que l'on trouve dans Ptolémée, où le nom est *Modiana*. Il faut ensuite faire mention du lieu nommé *Calaat-el-Moilah*, sur le bord du Golfe précisément : & Ptolémée plaçant sur cette côte, à la suite d'un lieu nommé *Hippos*, un *Phœnicum oppidum*, je ne vois point d'emplacement plus convenable que celle du château & port de Moilah. Entre les îles que renferme le Golfe d'Ailah, & dont je dois la connoissance à la carte Turque, il y en a une dont le nom d'*Iouba* ayant quelque rapport à celui d'*Iotabe*, la feroit reconnoître pour celle dont il est mention dans Procope *(Persic. lib. I, c. 19)*, si ce n'est que du fond du Golfe Élanite Procope compte 1000 stades de navigation jusqu'à Iotabe, ce qui conduiroit plutôt à une île nommée *Kaman*, en approchant de la hauteur de Moilah. Cette île, selon Procope, étoit habitée par des Juifs ; & on trouve dans l'Édrifi en cette partie du Golfe une île que des Samaritains habitoient.

Diodore *(lib. III, 44)*, après avoir parlé de trois îles défertes en ces parages, décrit le rivage qui fuccède comme hériffé de montagnes, dont le pied eft battu par la mer, & où l'abord eft dangereux, dans un efpace de 1000 ftades : & vu qu'il donne ce rivage aux Arabes appelés *Thamudeni*, c'eft en effet à cette hauteur qu'eft le canton de la contrée d'Héjaz, dont les Géographes Orientaux font mention fous le nom de *Thamud* ou de *Tzammud*. La carte Turque indique néanmoins quelques lieux d'ancrage fur ce même rivage; & le lieu nommé *Rhaunathi* dans Ptolémée, s'y reconnoît fous le nom de *Rouiné*. Il eft enfuite queftion dans Diodore d'un Golfe fpacieux, femé d'îles, qu'il compare aux Échinades de la côte d'Étolie & d'Acarnanie. Or, voilà de ces circonftances qu'on ne pourroit rendre dans une carte, fans une defcription locale & particulière, & c'eft fur quoi la carte Turque m'a paru très-fatisfaifante, comme on en jugera par le détail qu'exprime la carte que je publie. La profondeur de cette grande anfe fait, que la route des Hadgis, en quittant le rivage du Golfe à Moilah, le retrouve aux environs d'*Hawara*, dont l'Édrifi fait mention. La fignification propre du nom de ce lieu nous fait connoître le *Leuce come*, ou *Albus pagus*, que Strabon & l'auteur du Périple de la Mer Érythrée placent fur cette côte. Car, *haur* en Arabe, *hauar* en langue Syriaque & Chaldaïque, fignifie *blancheur*, comme Bochart l'a remarqué; & on trouve dans Étienne de Byzance le récit d'un fait particulier, auquel la caufe de cette dénomination à ce lieu même d'Hauara, étoit attribuée.

Diodore fait fuccéder à ce Golfe une *Cherfonèfe*, ou péninfule, que l'on trouve moins bien placée dans Ptolémée, qu'elle ne l'eft par la defcription de Diodore. Car, à la fuite de l'enfoncement du Golfe dont il a été parlé, cette péninfule eft précifément deffinée dans la carte Turque, avec le nom de *Ras-Edom* à la pointe de terre la plus avancée en mer. Le port adjacent fous le nom de *Charmotas* dans Diodore, fe retrouve dans celui dont le nom actuel d'*al-Sharm* défigne proprement une ouverture en forme de brèche, ce qui convient fort à ce port, qui très-fpacieux dans l'intérieur, & pouvant contenir 2000 navires, n'a que deux plethres ou jugères de largeur entre des falaifes à fon entrée, felon la defcription qu'en fait Diodore. Strabon s'en explique à peu près de même. Ce port eft celui d'un lieu nommé *Iambo* à quelque diftance de la mer. Dans Ptolémée, on voit *Iambia* entre les lieux maritimes, & la hauteur qu'il lui donne de 24 degrés ne fe trouve avantageufement pour lui qu'à quelques minutes de celle d'Iambo dans notre carte. Il a rencontré moins jufte dans la latitude d'*Iatrippa* à 23 degrés & un tiers. On fait qu'*Iatreb* eft le nom primitif de la ville qui a pris celui de *Medinet-al-Nabi*, ou de ville du Prophète. Une eftime de la diftance à l'égard de la Mekke, me la fait croire un peu moins élevée en latitude que celle de 32 degrés, comme elle eft marquée dans les Tables de

Nasir-uddin & d'Olug-beg. L'Édrisi compte trois journées entre Médine & son port nommé *Algiar*, qui suit de près celui d'al-Sharm dans la carte Turque. Il est, à mon avis, fort équivoque d'y rapporter, selon l'opinion de Bochart *(Phaleg. lib. IV, c. 2)*, un lieu du nom d'*Egra*, sur le Golfe Élanite, comme on lit dans Étienne de Byzance, & en même temps celui d'*Arga*, que l'on trouve dans Ptolémée.

Avant que d'arriver à la Mekke j'observerai, que quoique la distance de cette ville à l'égard de son port, qui est Giddah, soit de deux journées, cependant la route des Hadgis, dans une direction qui peut faire un angle de plus de 45 degrés avec celle qui tend à Giddah, se trouve à environ 20 heures en deçà de la Mekke, dans le lieu nommé Osfan, n'être qu'à environ huit milles du Golfe. Or, il auroit paru difficile de concilier cette proximité à l'égard de la mer dans un lieu moins éloigné de la Mekke que n'est son port, si je n'avois remarqué dans une carte manuscrite Françoise, que la côte depuis la pointe nord du port de Giddah court vers nord-est jusqu'à un port nommé Marza-Bahor. Il est évident, que la mer s'enfonçant ainsi plus profondément dans les terres, doit être en effet moins distante de la route qui conduit à la Mekke, que la position de la Mekke même; & dans un lieu qui précède celui d'Osfan sur la même route, & nommé al-Giofa, la mer n'est éloignée que d'environ quatre milles. Il faut avoir senti la difficulté de combiner différentes circonstances locales données, quand il s'agit de composer une carte, pour connoître l'importance d'une pareille observation. La carte que je viens de citer, fait entrer à Marza Bahor une rivière, que les Anglois ont nommée Charles. Et comme la mer n'en reçoit qu'une seule en ce canton de l'Arabie, selon la description que Barros a faite de la Mer Rouge, il faut croire que c'est la rivière dont parle cet historien, qui la dit peu considérable, formée de deux ruisseaux, & nommée *Bardilloi* par les Arabes. C'est pourtant ce qu'on peut rapporter au *Betius* de Ptolémée, quoiqu'il en tire la source d'un lieu très-enfoncé dans le continent. Je vois dans la carte Turque une île, qui sous le nom de *Geziret-el-Tëir*, île de l'Oiseau, peut bien représenter l'*Accipitrum insula* de Ptolémée, quoiqu'il l'abaisse davantage en latitude.

Il étoit aisé de reconnoître le nom de *Mekkê*, ou de la Mecque, comme on écrit communément, dans celui de *Macoraba*, que l'on trouve dans Ptolémée. En l'établissant même à 22 degrés de latitude, Ptolémée n'est ainsi qu'à un tiers de degré de celle de 21 degrés 40 minutes, que donnent les Tables Astronomiques des Orientaux, où il est à présumer que cette position est moins hasardée, ou plus constante par la recommandation du lieu, que beaucoup d'autres. Le terme de *Rabba*, dans le nom de *Maço-raba*, a été commun à cette ville comme à plusieurs autres principales, telles que *Rabbath-Ammon*, *Rabbath-Moab*, quoique les Arabes n'usent pas plus actuellement de ces termes à l'égard de ces villes, appelées simplement *Ammon* & *Moab*, qu'à l'égard de *Mekké*. Saint Jérome parlant de *Rabbath-Moab*, ajoute, *id est grandis Moab*. Et la Mekke pouvoit être traitée de même dans des siècles antérieurs au Mahométisme, puisqu'elle renfermoit un Temple, qui étoit le plus grand objet de vénération qu'eussent les Arabes depuis des temps très-reculés.

En jetant les yeux sur le plan particulier d'un espace d'environ douze milles sur le rivage au fond duquel est *Giddah*, & que j'ai tiré d'une carte Angloise de la Mer Rouge, on verra combien cette côte demande de précaution pour l'aborder sans se perdre. Si ceux qui parlent du port de Giddah, en décrivent l'abord comme très difficile par les basses qui le couvrent, ces basses font la tranquillité du mouillage sous la ville, en rompant le flot qui vient du large. Je trouve une note sur la carte Angloise, indiquant la latitude de Giddah à 21 degrés 35 minutes, ce qui n'est qu'à 5 minutes de la hauteur donnée par les Orientaux à la position de la Mekke. Un Navigateur que j'aurai occasion de citer ailleurs, m'a rapporté, qu'à quelques milles au-dessus de Giddah, ou plus au nord, & en même distance de la côte, un fort avoit été construit sur une île rase, ou bâture au niveau de la mer, & c'est tout ce que j'en ai appris. On lit dans Barros, qu'entre Giddah & un autre port, appelé *Ziden* ou *Gedan*, que les cartes manuscrites, françoise & angloise, marquent conformément à la nôtre, & qui n'est pas oublié dans la carte Turque; il y a deux ports, dont l'un s'appele *Badea*. A cette dénomination je joindrai celle de *Ras-Bad* ou *Abud*, qui est propre au cap qui termine l'anse du rivage au sud de Giddah. Or, nous reconnoîtrons ici la position d'une ville qualifiée de royale dans Ptolémée sous le nom de *Badeo*. La pointe de terre ou le cap dont je viens de parler, se rencontre en même hauteur que la pointe de Calmés, par laquelle a été terminée la section précédente. Et j'ai appris d'un navigateur, de qui je tiens plusieurs morceaux manuscrits sur la Mer Rouge, avec le journal d'un bâtiment françois sur lequel il étoit embarqué, que la distance entre ces pointes de terre n'égale pas 30 lieues marines, & qu'elle est évaluée à 70 milles par les Arabes pratiques de cette mer. Si l'on ouvre le compas sur notre carte, elle donnera les 70 milles de la mesure la plus grande, & propre à composer la plus étendue des parasanges sur le pied de 17 au degré. Ces 70 milles en valent environ 80 de ceux qui résultent de la mesure du degré terrestre sous le Khalife Almamon. Et si cet espace ne doit pas égaler 30 lieues marines, il est de 27 à 28. C'est à cette hauteur que je diviserai la côte Arabique du golfe, comme j'y ai divisé l'Afriquaine dans une première section.

III.

De la hauteur de cette division dont je viens de parler, qui est en latitude par 21 degrés, & environ deux cinquièmes, notre course tendra vers Mokha &

ou MER ROUGE. 249

le détroit nommé Bab-el-mandeb, en continuant de ranger la côte Arabique. Deux cartes, l'une Angloise, l'autre dreſſée ſur le vaiſſeau François l'Aimable en 1734, me fourniſſent juſqu'en approchant de Mokha, la plus grande partie de ce qu'on verra de détail dans la carte que je publie. Le premier lieu auquel je m'attacherai eſt *Bender Comfida*. Les Arabes Magrebins, ou occidentaux, ne connoiſſent point ce terme de *Bender* pour déſigner un port, comme il eſt d'uſage dans les contrées orientales, & ils y emploient un autre terme qui eſt *Marza*. Les deux cartes rangent également Comfida à 19 degrés & quelques minutes ; & quoique dans la relation d'Ovington, les latitudes de pluſieurs lieux ne ſoient pas des plus juſtes, celle-ci pourroit l'être ſelon ſon indication à 19 degrés 5 minutes. Vers la hauteur de 20 degrés eſt un port, nommé *Marza Ebrahem*, qui eſt la plage d'un lieu nommé *Ariadan*, & dans la carte Turque je trouve *Aridan* marqué comme un port. Cette latitude de 20 degrés eſt donnée à *el Serraïn* dans Abulfeda : & ſuivant les mémoires de Luis de Marmol Carvajal, les Portugais ont trouvé en même hauteur les veſtiges d'une ville de ce nom, où l'on diſtingue deux tours d'ancienne conſtruction, ce qui peut convenir à Serraïn, dont il eſt parlé comme d'une foustereſſe dans l'Édriſi. Ce Géographe nous indique ſa diſtance à l'égard de Giddah de ſix journées, & un lieu maritime intermédiaire, nommé *Sockia*, dans le voiſinage d'une montagne nommée *Ialamlam*, qui pourroit être le mont *Læmus*, dont Agatharchide fait mention en ce canton-là. Des montagnes se font remarquer de la mer à la hauteur de 20 degrés 30 & 50 minutes, selon les cartes. Les ports *Semerah*, *Gedan* ou *Ziden*, *Marza Kouf*, *Marza Eram*, y sont rangés dans cet ordre en partant de Ras Bad, accompagnés du détail figuré dans notre carte. Plusieurs autres stations ou mouillages sur ce rivage, & que je me dispenserai de nommer ici, sont d'après le journal du Comite Vénitien, dans le retour de la flotte de Soliman.

Je reviens à Comfida. Un navigateur dont j'ai tiré quelques notions insérées dans la description du Golfe Persique que j'ai donnée à l'Académie, Don Alvaro de Navia y Cienfuegos, m'a rapporté, que le lieu habité de Comfida étoit renfermé dans une île voisine du continent, comme je l'exprime dans la carte. La situation de cette échelle se distingue par sa proximité d'une pointe remarquable, formée par une retraite subite du rivage en tendant à l'Est, pour reprendre ensuite vers le Sud ; & cette pointe paroît en grande saillie dans la carte Turque, sous le nom de *Ras Ébrahem*. C'est dans le fond de cette anse que doit être située une ville nommée *Hali*, dont la latitude seroit 18 degrés 50 minutes, selon l'indication qu'en donne Abulfeda, & dont la distance à l'égard de la Mekke est de huit ou neuf journées dans l'Édrisi. Hali porte le surnom d'*Ebn-Iacub* ; & je trouve une montagne ainsi nommée dans la carte Françoise entre 18 & 19 degrés. Le lieu que l'on voit fous le nom d'*Æli* dans Ptolémée, quoique trop abaiffé en latitude, eft indubitablement celui dont nous parlons. Agatharchide & Diodore citent en ce parage les *Alilæi* & *Gafandi*; & les premiers pouvant fe rapporter au diftrict du même lieu, les feconds conviennent à *Ghezan*, qui eft le nom d'un port ultérieur, & d'une tribu d'Arabes, établie aux environs d'une ville nommée Gionuan, dont la pofition reculée dans l'intérieur de l'Yémen, fe préfume en même hauteur que le Bender Ghezan. On trouve des Caffanites dans Ptolémée, & une montagne de même nom; mais qui dans une latitude de plufieurs degrés au-deffus d'*Æli*, doit être le mont *Gazzuan*, qui n'eft diftant de la Mekke que de quelques journées entre l'orient & le midi. La latitude de Ghezan, qu'Ovington marque de 17 degrés, eft plus élevée de quelque portion de degré dans les cartes que j'ai fous les yeux. Entre les lieux fitués fur la côte, ces cartes me font connoître une ville nommée *Lohîa*, dont il eft parlé dans Ovington, mais d'une manière infuffifante pour en fixer la pofition; & dans l'indication de la latitude à 15 degrés 4 minutes, je ne doute pas qu'il ne convienne de fubftituer 40 au nombre des minutes. Lohîa paffe même 16 degrés dans les cartes dont je parle: mais en cela je les crois fautives par un déplacement, qui s'étend jufqu'à Mokha dans la carte Angloife. Don Alvaro, que j'ai cité plus haut, prononçoit & écrivoit *Lukîa*, en remplaçant l'afpiration du *Hha* des Arabes par un *K*; & dans un morceau

Portugais manuscrit que j'ai, le nom de Mokha est écrit *Moha*. Le rivage s'arrondissant en retraite au midi de Lohîa, forme une grande anse, au fond de laquelle *Bokah* est le port de *Zebid*, grande ville, à un menzil ou une journée de la mer, & capitale de la contrée de *Tehama*, qui succède à celle d'*Hejaz* le long du Golfe, & dont le nom désigne une terre basse, au pied de la partie montueuse de l'Yémen.

Il faut actuellement parler de quelques îles. *Camaran* est la plus considérable de celles qui sont rangées vers la côte Arabique. On ne la distingue point entre plusieurs autres dans Ptolémée. Sa figure en forme de croissant me fait penser qu'elle pourroit emprunter son nom du mot Arabe *Camar*, qui signifie Lune. Les îles d'*Ashafas*, remarquables par la pêche des perles, en sont distantes de 40 milles, selon le journal du retour de la flotte Turque; & je dirai en passant, que par l'estime qu'on peut faire des milles en cette navigation, ils ne m'ont pas paru de grande étendue. Ptolémée a connu une île brûlée, *Catakecaumene*, qui par ce qu'indique sa dénomination ne peut mieux convenir qu'à un volcan qui s'élève en pleine mer, nommé *Gebel Tar*, au large de Camaran. Bochart *(Chanaan, lib. I, c. 34)*, est d'opinion qu'une île voisine selon Ptolémée, sous le nom d'*Arê*, est une répétition de la même, sur ce que la signification du terme dans une autre langue que la Gréque est la même. On peut toutefois remarquer en approchant de Mokha de petites îles, dont le nom d'*Aroé*, paroît conferver celui que Ptolémée diftingue de Catakecaumené. J'ai ifolé *Hodeida* fur la foi d'Ovington, quoique dans les cartes on ne diftingue pas cette pointe de terre d'avec le continent.

Avant que d'arriver à Mokha, nous ferons mention d'un lieu nommé *Mofeh* ou *Mofa*, qui dans les temps antérieurs étoit fur le rivage Arabique ce que Mokha eft aujourd'hui, l'échelle du commerce, & l'abord des navires, qui au défaut d'un port y trouvoient une rade, où il étoit fûr de mouiller. C'eft ainfi qu'il eft parlé de *Muza* dans le Périple de la Mer Érythrée : & la pofition de *Muza Emporium* à la hauteur de 14 degrés dans Ptolémée, n'eft qu'à un quart de degré de celle où Mofeh fe rencontre dans notre carte. *Mokha* eft un lieu nouveau, du moins pour la célébrité. Il n'en eft point mention dans l'Édrifi, ni dans Abulfeda, quoique poftérieur à l'Édrifi de près de deux fiècles. Dans le journal de navigation de la flotte Turque, qui eft de l'an 1538, il n'eft parlé de Mokha que comme d'un fimple château ; & fuivant le Gihan-numa, ou miroir du monde, qui eft une Géographie écrite en Turque, c'eft un Pacha Turc nommé Aidin-lu Mohammed qui a fortifié Mokha. Sa pofition n'eft pas en latitude convenable à 13 degrés & demi dans plufieurs cartes. Je tiens d'une perfonne, qui avoit fait la route de Mokha à Giddah, & de Giddah à Mokha, & qui m'en a remis le journal écrit de fa main, que la hauteur a été obfervée à Mokha de 13 degrés 15 minutes. Il résulteroit même de la hauteur observée dans le Détroit par Jean de Castro, & dont je ferai mention en parlant de ce Détroit, que celle de Mokha atteindroit à peine les 15 minutes, en affectant sur ce point plus de précision qu'il n'est permis d'en prétendre. Mais, ce que je regarde comme très-important à observer étant arrivé à la position de Mokha, c'est d'examiner jusqu'où elle nous porte dans l'Est, par l'obliquité de position donnée au gisement du Golfe Arabique. La carte Françoise ne fait entrer que trois degrés deux tiers de la graduation ordinaire de longitude entre les points de Giddah & de Mokha. La carte Angloise va plus loin, en donnant quatre degrés & environ deux cinquièmes. Le point donné par le journal que j'ai entre les mains, fait trouver à peu-près quatre degrés. En préférant néanmoins tout ce qui pouvoit tendre à prendre plus de longitude dans le prolongement du Golfe, l'intervalle des lieux dont il s'agit est dans notre carte de quatre degrés environ trois quarts de la graduation sphérique; & le rayon tiré du point de Mokha sur Giddah décline d'environ 9 degrés vers l'ouest de ce qu'il est sur la carte Françoise. La déclinaison de l'Aiman m'est indiquée d'environ 13 degrés, & il n'est pas probable qu'on n'y ait eu aucun égard dans l'orientement d'une carte. On étoit prévenu dès l'antiquité, que l'inclinaison du Golfe du midi vers l'orient, peu considérable dans une partie de son étendue, devenoit plus grande au-delà de Ptolemaïs Epi-theras, dont nous

ou MER ROUGE. 255

verrons la position sur le rivage Afriquain. Cette observation qui nous est fournie par Strabon, paroîtra convenable à la figure que prend le Golfe sur les notions actuelles.

Les environs du Détroit par lequel le Golfe communique avec une mer plus spacieuse, ont été par les moyens que j'ai acquis, ce qui pouvoit être figuré avec plus de détail & de précision. Ainsi, le point d'échelle qui suffisoit à la représentation du Golfe en général, étant trop resserré pour suffire à quelque chose de plus ample & plus circonstancié; j'ai profité d'un espace vide dans le quarré de la carte, pour répéter en grand l'entrée du Golfe, ou ce qu'on nomme *al-Babo*, ou la porte. Castro donne la hauteur comme ayant été observée dans le Détroit, à 12 degrés 15 minutes; & dans la Table de Pimentel, l'île du détroit sous le nom de *Mehum*, que Barros *(p. 768)*, dit lui être propre, est marquée dans cette latitude. En supposant que l'espace que donne notre carte particulière du Détroit soit tel qu'il n'y ait rien à redire entre l'île dont il s'agit & Mokha, cet espace n'égalant pas tout-à-fait la différence d'un degré, la latitude de Mokha à 12 degrés 15 minutes, ajoutera quelques minutes à la détermination de Castro. L'île du Détroit porte le nom de Diodore dans le Périple de la Mer Érythrée, & ce nom peut lui avoir été commun avec une autre île que nous trouverons dans le retour au rivage Afriquain. Quant au nom du Détroit, on me pardonnera de ce qu'en l'écrivant *Bab-al-Mandeb*, je n'ai pas eu la complaifance de l'écrire felon la manière vulgaire de l'appeler Babelmandel, dont je ne trouverai point mauvais que d'autres faffent ufage. Il eft naturel qu'en étudiant fur les contrées de l'Orient les Géographes Orientaux, la connoiffance qu'on prend chez eux des dénominations qui leur font propres dans le pays qu'ils occupent, infpire de la répugnance à adopter des noms altérés par ignorance. La dénomination dont il s'agit eft d'autant moins arbitraire qu'elle porte une fignification, qui eft celle de porte funefte ou d'affliction, non pas à caufe de fes écueils ou dangers particuliers, comme Ludolfe fe l'eft perfuadé, mais par l'idée du rifque qu'on imaginoit à fe hafarder au-delà dans la vafte étendue de la Mer Érythrée, ou de l'Océan Indien.

Il y a beaucoup de juftteffe, par convenance avec le local, dans le rapport de Strabon *(p. 769)*, qui eft, que par le travers des îles au nombre de fix dans le Détroit, l'intervalle entre les continents eft de 200 ftades. Ce n'eft pas la même chofe que ce qui eft dit quelques lignes auparavant, favoir, que vers l'endroit nommé *Dira*, le paffage refferré n'eft que de 60 ftades; & le même nombre de ftades fe trouve dans le Périple, en parlant de l'île du Détroit. Dans Pline, *fauces Rubri maris VII millibus D paffuum*, font en effet en rapport avec les 60 ftades; & pour admettre cette indication de largeur, appuyée fur différens témoignages, on peut

fe

se réduire au passage le plus libre entre l'île Mehum & les îles voisines de l'Afrique. La représentation du local dans la carte en fera même apercevoir la convenance. On lit avec surprise dans les actes du martyr Arethas, rapportés par Surius, que le Détroit qui sépare les Éthiopiens des Arabes n'a que deux stades de largeur, & que Dunaan, roi des Homérites, fit tendre une chaîne d'un bord à l'autre. Mais, il y a toute apparence que cela doit s'entendre de l'ouverture de quelque port de la côte Arabique, le plus à portée du Détroit, & duquel Dunaan, persécuteur des Chrétiens, vouloit fermer l'entrée aux Abissins, qui armoient en leur faveur. Qu'auroit-il servi au roi des Homérites de fermer le Détroit, quand la chose eût été pratiquable, puisque les Abissins avoient leurs ports en dedans même de ce Détroit! Ce port, dont l'entrée pouvoit être assez étroite pour être fermée d'une chaîne, m'est connu par une des deux cartes manuscrites que j'ai du Détroit, & ne l'est point d'ailleurs, que je sache. On le verra figuré distinctement dans la représentation particulière du Détroit. Son nom est *Ghela*, & nous y reconnoîtrons l'*emporium*, nommé *Ocelis*, marqué dans Ptolémée immédiatement en-deçà de la pointe Arabique, qu'il nomme *Palindromos*, opposée à celle de *Diræ*, que forme le continent de l'Afrique. Selon Artémidore, cité par Strabon *(p. 769)*, le promontoire d'Arabie opposé à *Dira*, se nomme *Ocila*; & nous découvrons ainsi cette échelle d'*Ocelis*, dont

Kk

Pline dit *(lib. VI, c. 23)*, qu'il eſt le plus avantageux de partir pour la navigation de l'Inde.

Une des cartes manuſcrites de l'entrée du Golfe s'étendant juſqu'à Aden, avec un détail du local plus circonſtancié que tout autre part, j'ai cru devoir reculer juſque-là les limites de notre carte. Ce morceau me paroît ſorti des mains des Portugais, qui ont fréquenté cette côte. La diſtance qui conduit à Aden y eſt notée par écrit ſur le pied de 32 lieues, qui s'eſtimeront de 19 au degré, en conſéquence de 35 à 36 lieues marines ou de 20 au degré, que donne le routier des Indes orientales compoſé par M. Daprès. La latitude d'Aden paroît trop élevée dans la carte de ce routier à 13 degrés; ce que la conformité de cette carte avec celle qu'on trouve dans le Pilote Anglois, tant ſur la hauteur du Détroit que ſur cette côte qui eſt contiguë, a dû produire. Je trouve la hauteur indiquée par une note à 12 degrés 35 minutes, dans la carte manuſcrite qui me donne la côte d'Aden. Downton, Anglois, ayant été quelque temps en relâche à Aden, eſt conforme ſur cette latitude; & la navigation d'un autre Anglois, qui eſt Herbert, y convient également. Selon le journal du navire françois l'Aimable, la hauteur obſervée ſept à huit lieues au Sud cinq degrés Eſt du cap d'Aden, eſt de 12 degrés 14 minutes, ce qui fait conclure la latitude du cap à 12 degrés environ 36 minutes, à quoi on peut encore ajouter pour quelque élévation dans la poſition d'Aden au-deſſus du cap qui ferme le port de cette ville. Au-reste, je ne doute point qu'Aden ne soit l'*Emporium Arabia* dans Ptolémée, quoiqu'il y paroisse reculé de plus de cinq degrés en longitude à l'égard de l'entrée du Golfe. Il en est aussi mention dans Méla. L'épithète d'εὐδαίμων, ou de Félix, que l'auteur du Périple joint à la dénomination d'*Arabia*, répond au propre de la signification du nom d'*Aden*, applicable à un lieu d'agrément & de délices. Dans Philostorge, il est parlé d'*Adane* comme d'un port fréquenté par les Romains : & vu que le fait pour lequel ce lieu est cité dans l'historien, savoir l'établissement de plusieurs églises chez les Homérites, se rapporte au temps de Constantin & de Constance ; on voit que le nom d'*Aden*, plus convenable à un lieu en particulier que celui d'*Arabia*, étoit connu dès le quatrième siècle.

IV.

Après avoir ainsi terminé la côte Arabique, il faut passer au rivage Afriquain, pour rejoindre la partie de ce rivage que nous avons parcourue dans la première section. En partant du Détroit, un espace de plus de 100 lieues marines, qui comprend Matzua & Dahlak, est ce que j'estime dans notre carte approcher le plus d'une sorte de perfection ; & il peut suffire d'en considérer le détail, pour juger qu'il ne peut avoir été connu de cette manière que par un travail particulier sur le local. A la suite d'une carte Portugaise manuscrite du Détroit, jusques & compris le port d'Assab, une carte

Françoife & manufcrite de même, qui s'étend beaucoup plus loin fur le même rivage de l'Abiffinie, me conduit jufqu'au delà du parallèle du feizième degré ; & peu s'en faut que cette longueur de côte, depuis une pointe nommée *Ras - bel* vers l'iffue du Détroit, ne faffe la moitié de l'efpace qui tend à la pointe de Calmés, où il eft actuellement queftion de revenir pour achever le circuit du Golfe.

La grande baye d'*Affab* ne me paroiffoit point connue, lorfque la carte Portugaife, d'après laquelle on la verra figurée, m'eft tombée entre les mains ; & ce que j'en ai vu depuis dans une carte de l'*English Pelott*, eft très-imparfait. Selon une note de la carte Portugaife, la diftance entre Moha (ou Mokha) & le port d'Affab eft de 13 lieues, qui étant employées fur le pied de 19 au degré, fourniffent plus d'efpace que la carte Angloife, où les 13 lieues ne font pas tout-à-fait complettes fur le pied de 20 au degré. Ainfi, quelque refferré que paroiffe le Golfe en cette partie eu égard à des cartes précédentes, l'efpace n'y eft point épargné dans la nôtre. Il eft mention dans Strabon *(p. 771)*, d'une grande ville fur cette côte fous le nom de *Sabæ*, & le nom d'*Affab* n'en diffère que par l'union d'un article préfixe. On le retrouve plus complettement dans celui d'*Affabinus*, que les Éthiopiens Troglodytes donnoient à la divinité qui chez eux repréfentoit Jupiter, au rapport de Pline *(lib. XII, c. 19)*. Ce qu'il dit, que le Cinnamome recueilli par ces Éthiopiens, eft tranfporté

ou MER ROUGE.

fur des radeaux, poussés par le vent *Argestes*, qui souffle du Nord-ouest, pour arriver au port d'*Ocila* (ou d'*Ocelis*, dont il a été parlé dans la section précédente) convient précisément au trajet du port d'Assab au port de Ghela, que nous avons vu être Ocelis. Une position sous le nom d'*Antiochi solen* dans Ptolémée, paroîtroit convenir à Assab, & le nom différent de *Sabæ* n'y feroit point obstacle, par la raison qu'en ces contrées il n'est point extraordinaire de voir deux noms à un même lieu, l'un propre à la nation qui habite le pays, l'autre à un étranger dominant. Strabon paroît fournir beaucoup de détail sur cette côte, mais d'une manière confuse, difficile à débrouiller, & sur différens rapports vraisemblablement, sans conciliation des uns avec les autres. La Bérénicé, qu'il cite comme étant près de *Sabæ*, κατὰ Σαβὰς, ne sauroit être que *Berenice Epi-dires*, l'antiquité ne connoissant point deux différentes villes de ce nom vers cette partie reculée du rivage Afriquain. Pline *(lib. VI, c. 29)* parlant des villes qui portoient le même nom de Bérénicé, s'explique bien positivement sur celle dont il peut être question : *tertiam, quæ Epidires, insignem loco. Est enim sita in cervice longè procurrente, ubi fauces Rubri maris VII millibus D passuum ab Arabia distant.* On a vu dans la section précédente, de quelle manière cette largeur donnée est convenable ; & comment l'entendroit-on de quelque autre endroit du Golfe ? Cependant Strabon, qui à la *page 771* connoît Bérénicé près de *Sabæ*, nous donne p. *773* sous le nom d'*Arsinoe* la position immédiatement voisine de *Dira*, & que revendique *Berenice* par le surnom d'*Epi-dires*. On trouve en effet le nom d'*Arsinoe* en cette place, plutôt que celui de *Berenice*, dans Ptolémée; & deux reines d'Égypte ont pu faire porter successivement des noms différens au même lieu, comme nous avons vu l'Arsinoë du fond du Golfe avoir pris le nom de Cleopatris. Si on cite Méla *(lib. III, c. 9)* sur ce qu'on lit, *Arsinoe, & alia Berenice*, il faut prendre garde que cela ne peut se rapporter à des lieux où se termineroit la description extrêmement succinte, & assez difficile à éclaircir, du Golfe Arabique dans Méla; & je n'en ferois point mention, si je ne voyois qu'il en est parlé dans Cellarius *(Tome II. Afr. p. 97)*, sur l'objet dont il s'agit. Une anse que je trouve figurée dans les cartes que j'ai entre les mains, avec le nom de *Soliman*, & couverte par des îles, paroît la situation la plus convenable à l'emplacement d'une ville sur ce rivage. En rapportant le nom de *Diræ* ou *Dira*, à la pointe de la terre d'Afrique la plus avancée, & où commence dans Ptolémée le *Sinus Avalites*, aujourd'hui Golfe de Zeila, c'est le *Ras-bel* qui répond à cette pointe. Des îles dont il est mention dans Pline *(lib. VI, c. 29)* sous le nom de *Pylæ*, & de *Pseudo-Pylæ*, de Portes, & de fausses Portes, au-devant d'un port distingué par le nom d'*Isis*, à dix jours de navigation du port d'*Adulis*, & immédiatement en deçà du *Sinus Avalites*, doivent être celles qui dans le Détroit sont rangées

ou MER ROUGE. 263

vers la côte Afriquaine. Leur nom dans Pline semble faire allusion à celui que l'on donne au Détroit même.

C'est purement, & sans modification, que la carte Françoise, en succédant à la carte Portugaise, dont j'ai tiré la baye d'Assab, est appliquée sur la carte du Golfe, ce qui s'étend du cap d'Assab jusqu'à Matzua inclusivement. Selon nos navigateurs, la latitude de Matzua est de 15 degrés 45 minutes. La construction de la carte en a soustrait quelques minutes. Les Portugais l'ont marquée à 15 degrés & demi, ce qui conviendroit davantage à la plage d'Arkiko, que Pimentel dans sa Table, confond en quelque manière avec Matzua par ces mots, *de fronte fica Arquico*. Une petite île près de cette côte, & nommée *Sarbo*, où Jean de Castro dit avoir trouvé par observation 15 degrés 7 minutes, s'est rangée dans notre carte à 9 ou 10 minutes au-dessus des 15 degrés; & il est constant que le lieu de Sarbo est en hauteur plus convenable dans la Table Portugaise, que celle de Matzua, puisqu'en s'écartant de cette Table assez sensiblement sur ce point de Matzua, on se trouve très-voisin de la même Table sur celui de Sarbo. J'ai un plan manuscrit de l'anse & des îles de Matzua, compris dans une suite de plans dressés dans le cours de la navigation Portugaise, dont Jean de Castro a écrit un journal. Mais, un autre plan que me donne la carte Françoise, & dont on voit une réduction dans un quarré particulier de notre carte du Golfe, paroît fait avec plus de détail & de précision. Castro a cru trouver la *Ptolemais Epitheras* de l'antiquité dans la position de Matzua, se fondant sur ce qu'on lit dans Pline en deux endroits, *(lib. II, c. 74, & lib. VI, c. 29)* que quarante-cinq jours avant & après le solstice d'été, à la sixième heure, qui est celle de midi, le Soleil ne fait point ombre à Ptolemaïs, ce qui (en supposant de la précision dans l'observation de ce phénomène), donneroit en effet 15 degrés environ deux tiers. Isaac Vossius, dans ses notes sur Méla, adopte cette opinion, comme si elle ne souffroit point de difficulté : *certum est*, dit-il, *illam (Ptolemaïda) Mazuan hodiè dici*. Mais, la position que demande le port d'*Adulis*, ne souffre point celle de Ptolémaïs à Matzua. Dans un Mémoire sur les sources du Nil, donné à l'Académie (*Tome XXVI, p. 53*), j'ai fait voir qu'*Adulis*, le port de l'ancienne ville royale du pays Abissin, ou d'*Auxum*, & le plus fréquenté sur cette côte, devoit monter à la hauteur de l'anse de Matzua, ou 15 degrés environ 40 minutes, quoiqu'abaissé dans Ptolémée à 11 degrés deux tiers. J'ai observé, qu'en conséquence de ce que la hauteur d'Auxum est d'environ 15 degrés, au lieu de 11 dans Ptolémée, celle d'Adulis devoit suivre le même changement en élévation ; & avec d'autant plus d'évidence, que le déplacement quant à la hauteur de la part de Ptolémée, n'a point détruit chez lui le rapport de position entre Auxum & Adulis.

On doit être étonné que Strabon ne fasse aucune mention d'Adulis. Pline en parle en ces termes :
maximum

maximum hîc emporium Troglodytarum, etiam Æthiopum. Selon Procope *(Perſic. I, c. 19)*, ce port eſt éloigné d'Auxum, capitale de l'Éthiopie, de douze journées; mais l'auteur du Périple n'en compte que huit. Ptolémée ne donnant qu'un degré & demi de longitude, ſur deux tiers de degré en latitude, dans la différence des poſitions d'Auxum & d'Adulis, les rapproche encore davantage, & plus qu'il ne convient en rigueur. Ce qu'il y a d'eſpace entre la mer & les veſtiges de l'ancienne ville royale des Auxumites, dans le lieu nommé Axum, eſt évalué par les miſſionnaires Portugais qui ont fréquenté l'Abiſſinie, à 43 lieues. Le lieu habité d'Adulis étoit à 20 ſtades du rivage, au rapport de l'auteur du Périple, & de Procope; à deux milles ſelon Coſmas, qui nous a conſervé cette belle Inſcription Gréque du troiſième des Ptolémées, dont un trône de marbre élevé dans le lieu même d'Adulis, étoit chargé. Ce port eſt une plage, appelée *Arkico*, dans le fond d'une anſe ſpacieuſe, à quatre ou cinq milles de l'île dont le nom eſt Matzua. Il eſt mention dans le Périple d'une île du nom de Diodore, dans le plus grand enfoncement de ce golfe, aſſez voiſine de terre pour que les barbares du continent puiſſent s'y rendre en franchiſſant le paſſage à gué; & cette circonſtance nous la fera connoître. L'une des deux îles qui accompagnent celle de Matzua, détache une pointe découverte en baſſe mer, & qui n'eſt ſéparée de la terre ferme que par un eſpace aſſez étroit pour ne pouvoir en quelque façon être meſuré ſenſiblement ſur un plan.

Or, nous voyons par quel moyen il est possible d'arriver à cette île, sans le secours d'un bâtiment dans le trajet. Nos marins ont eu droit d'appeler cette île, l'île des François, puisque c'est par eux qu'elle est connue plus particulièrement. Ce que l'exposition de cette circonstance a de plus important, est de faire voir combien il est nécessaire d'être instruit du local dans le détail, pour fixer les objets que présente l'ancienne Géographie. Matzua qui paroîtroit mériter une attention de préférence par rapport à cette île dont il est mention dans l'antiquité, n'y conviendroit point, étant séparée du continent par un canal ayant de fond depuis 6 jusqu'à 10 brasses. On peut appliquer à Matzua l'île que marque Ptolémée vis-à-vis d'Adulis, sous le nom de *Pan*. Il en place une fort au large sous le nom de Diodore, qui ne convient point à la précédente, & il ne connoît point celle dont je vais parler.

Au-devant du golfe d'Adulis, à 200 stades du continent, est une île nommée *Orine*, selon le Périple. On la reconnoît aisément dans celle dont le nom actuel est *Dahlak*, la plus grande qui soit dans la Mer Rouge, quoiqu'il y ait beaucoup à rabattre des 25 lieues de longueur, & 12 de largeur, que l'on trouve dans le journal de Castro. Le nom d'Ὀρεινή désignant en Grec une terre élevée en montagnes, on trouveroit à redire que Castro parle de Dahlak comme d'une terre plate & basse, si l'on n'étoit point prévenu que ne l'ayant vue que de l'intérieur de l'anse de Matzua, le rivage de l'île est en effet plat & bas du côté qui regarde le continent, au lieu que relevé comme il est en falaises escarpées de l'autre côté, cette terre vue du large peut avoir été appelée montueuse. D'ailleurs, la vue de l'île en navigant au large, se confondant avec les hautes montagnes du pays Abissin, que l'auteur du Périple en parlant d'Adulis appelle également *Orine*, cette apparence d'élévation commune a pu donner lieu à la dénomination de l'île. Dans Ptolémée, *Orine* est une Chersonèse qui tient au continent, à la pointe septentrionale du golfe d'Adulis, vis-à-vis de cette île de Pan que nous avons vu pouvoir se rapporter à Matzua; & on la verra ainsi dessinée d'après le local, suivant le plan particulier de Matzua & des environs. Entre différentes îles dont il est mention dans les écrits de l'antiquité, celles d'*Alalœi*, petites & sablonneuses selon le Périple, *Aliœu* dans Pline, placées au-delà d'Adulis en tendant vers le Détroit, me paroissent se faire connoître dans celles d'*Habael*, comme je trouve leur nom dans la carte Françoise.

Je passe à *Ptolemais*, que l'on sait avoir été distinguée par le surnom de *Therôn*, ou d'*Epi-theras*, parce que la chasse des Éléphans se faisoit aux environs. Elle étoit située sur une pointe de terre, selon la position que donne Ptolémée, & cette pointe de terre étoit même une péninsule, selon qu'en parle Strabon, laquelle même il dit avoir été isolée, en creusant un fossé de séparation d'avec le continent; & ce fossé est un des argumens de Voſſius, pour vouloir que Matzua ſoit Ptolémaïs ; comme ſi un canal de mer entre le continent & Matzua ayant 10 braſſes de fond, pouvoit être pris pour un foſſé. On lit dans Pline *(lib. VI, c. 29)*, que Ptolémaïs eſt à cinq jours de navigation d'Adulis ; & il ſeroit difficile d'en évaluer l'eſpace, ſi Pline ne nous fourniſſoit en même temps un objet de comparaiſon déterminé dans des limites connues, en diſant que la diſtance d'Adulis à un port que nous avons reconnu dans le Détroit du Golfe, eſt de dix journées. Or, la moitié de cet eſpace double du premier, nous portera de la hauteur de Matzua à celle de 18 degrés, & même au-deſſus ; & Caſtro nous fait connoître en ce parage une pointe de terre fort avancée en mer. Je citerai ſur ce ſujet le texte du journal de Caſtro, comme je le trouve dans le recueil d'Antoine Mathieu, quoique le titre de ce recueil, *Veteris ævi analecta*, ne promette guère une pièce pareille à ce journal. Caſtro indique, *oblongum & arenoſum terræ cornu, quod continens vaſtè in altum emittit :* & cette pointe étoit doublée, & laiſſée en arrière en faiſant route vers le nord, lorſque la hauteur fut obſervée de 18 degrés & demi ; d'où l'on peut conclure, que la pointe dont il s'agit plus élevée que les 18 degrés, eſt moins élevée que 18 & demi. Si on n'en voit point le nom dans Caſtro, je trouve *Ras Ahehaz* dans une de mes cartes manuſcrites.

Ce qui s'étend entre Matzua & cette pointe de terre eſt ſur la côte Afriquaine ce que nous connoiſſons le moins dans le détail, & je n'ai point fait difficulté de le noter sur la carte même. Ptolémée seul donne lieu aux circonstances qui y sont exprimées. Mais, nous serions curieux d'être instruits sur le *Sebasticon Stoma*, que l'on voit dans Ptolémée, à la suite immédiatement de Ptolémaïs, entre le couchant & le midi. Le nom d'une pareille embouchure sur ce même rivage se lit *Sabaiticon* dans Strabon, & Saumaise préfère cette leçon à celle que donne Ptolémée. Ce que dit Strabon d'une dérivation du fleuve *Astaboras* dans le Golfe près de Ptolémaïs, pourroit se rapporter à cette bouche, bien que ce soit séparément de la dérivation de l'Astaboras qu'il en est parlé dans Strabon. La proximité entre Ptolémaïs & le *Stoma* dans Ptolémée, sans rien d'intermédiaire, voudroit rapprocher ce qui paroît disjoint & séparé, dans un détail que je tiens être peu suivi & sans cohérence dans Strabon. En écrivant sur les sources du Nil dans un Mémoire donné à l'Académie, (*Tome XXVI, p. 55*), la question de savoir si le Nil peut être détourné de son cours, ou dérivé dans la mer en ces parages, m'a donné occasion de parler de la dérivation de l'Astaboras, que l'on connoît pour un des principaux fleuves qui se joignent au Nil, & qui renferment ce que les anciens croyoient être une île sous le nom de Meroë. Méla *(lib. III, c. 9)* s'explique bien formellement sur une pareille dérivation dans le Golfe Arabique, soit qu'elle parte du Nil même, soit de l'Astaboras : *manu factus amnis*, dit - il, *ideoque referendum, quod ex Nili alveo, diorige fit adductus.* On attribueroit volontiers le travail d'un canal ainfi creufé à des Égyptiens exilés par Pfammetichus, appelés *Sebridæ*, ou *Sembritœ*, d'un nom qui fignifioit des étrangers dans le pays où ils s'étoient établis, & qui dépendoit de Meroë, felon le rapport de Strabon *(p. 770 & 786)*.

Toute cette côte Africaine, en montant jufqu'à la hauteur d'Affuan, porte le nom de *Habesh*, quoique l'emploi que nous faifons du nom d'Abiffinie, qui eft le même, fe renferme dans la partie de l'Éthiopie qui obéit au Négus. C'eft par déférence pour l'ufage, que j'écris ici, comme j'ai fait dans des cartes antérieures, le nom d'Abiffinie fans afpiration, quoiqu'elle dût y être placée; puifque c'eft même l'afpiration rude, ou le *Hha*, qui y eft employée. M. Ludolf a mieux fait en écrivant *Habeffinia*.

Il faut en reprenant le détail de la côte, parler d'une île, nommée *Marketi* dans la carte Turque, *Marate* dans la navigation de Caftro, qui dit avoir mouillé près de cette île, une heure après l'obfervation de la hauteur méridienne à 18 degrés 30 minutes. La Table de Pimentel marque un port fous le nom de *Shabaké*, en ajoutant *que fignifica rede*, à 18 degrés 50 minutes, & dans la navigation on juge que la hauteur de ce port doit approcher de 19 degrés. Mais, le port principal fur ce rivage eft *Suakem*, par 19 degrés 20 minutes felon la Table Portugaife. Plufieurs auteurs de l'antiquité, Diodore, Strabon, Ptolémée, font mention d'un port : *Soter limen*, selon Diodore, *Theôn soter* ou *Deorum salutaris portus*, selon Ptolémée, *Sotiras* ou *Sotiræ deæ*, selon Strabon. Ce port étoit donc regardé comme l'asile le plus assuré des navigateurs, sur une côte dangereuse par les basses qui la couvrent; & c'est ce qui convient à Suakem, préférablement à tout autre port dans ce parage. Si on n'est point instruit sur ce lieu par nos gens de mer, je dirai en peu de mots ce que je remarque de principal dans le plan manuscrit de D. Jean de Castro, & dans les notes jointes à ce plan. C'est un bassin, auquel conduit un canal assez long pour sa largeur, qui n'est guère que d'une portée de fusil. Ce bassin renferme plusieurs îles, dont la principale dans le milieu, n'ayant de tour qu'un quart de lieue, ou peu davantage, contient une ville très-riche, & fort serrée d'habitations, que le fond de mer permet aux bâtimens d'aborder de très-près, pour verser des marchandises ou en recevoir : *emporium*, comme je lis dans une note, *populosissimum, & nobilissimum inter omnia totius ferè Orientis*. Une espèce de crayon très-informe de Suakem dans le recueil de Thévenot, est remplacé dans notre carte du Golfe par une réduction très-précise du manuscrit original. On sait que Suakem est au pouvoir du Grand-seigneur. Sa latitude étant indiquée de 19 degrés 20 minutes, je remarque qu'un degré & quelques minutes de différence dans Ptolémée entre le *Soter limen* & *Ptolemais Epi-theras*, est précisément ce qui s'en trouve entre la position que nous avons jugée convenir à Ptolémaïs, & celle de

Suakem. Or, cette convenance est propre à justifier le rapport de l'un & de l'autre de ces lieux à ceux qu'ils représentent. Le port de Shabaké devient ainsi l'*Evangelion limen*, ou le port des Bonnes-nouvelles, marqué par Ptolémée en cet intervalle. Si le port *Soter* ne paroît point dans Pline, j'y remarque une ville du nom de *Suché*; & quoiqu'elle y soit nommée à la suite de Ptolémaïs, dans un ordre qui paroîtroit tendre vers Adulis, je ne doute point que son nom ne se rapporte à Suakem. Ce nom n'est point Grec comme celui de *Soter*, auquel la domination des Ptolémées sur le rivage Troglodytique a donné lieu. Mais, il est commun de trouver un nom national & usité dans la contrée, indépendamment de celui qu'il avoit plu à une puissance dominante d'imposer; & ces dénominations nationales ont presque toujours eu l'avantage de subsister, & de faire disparoître celles dont on avoit voulu les remplacer. Le nom de *Suché* devoit moins se perdre que beaucoup d'autres, ayant un rapport marqué à celui du peuple de la contrée. Car, les Τρωγλοδύται, qui dans le texte Grec des Paralipomènes *(lib. II, c. 12)*, font partie de l'armée de Sesac roi d'Égypte, sont dénommés *Suchiim* dans le texte Hébreu. Dans des cartes plus imparfaites qu'on ne peut dire, on trouve un *susquam* entre les ports du Golfe qui répondent à ce que l'Égypte occupe d'étendue; & le P. Hardouin y rapporte le *Philoteras*, que nous avons vu dans la première section convenir au Coseir, qu'un intervalle de sept degrés de latitude

sépare

sépare de Suakem. Je crois qu'il conviendroit d'écrire *Suaken*, & que l'usage d'y mettre une *m* vient d'une orthographe qui est propre aux Portugais.

Les ports qui suivent, savoir *Dradate*, *Dorho*, *Fusha*, *Arekea*, sont dessinés dans la carte, d'après des plans particuliers que j'en ai. Les latitudes données à ces ports dans la Table Portugaise sont 19. 50 : 20. 3 : 20. 15 : 20. 32. Selon des observations sur le gisement de la côte par Jean de Castro, elle court depuis Suakem Nord-nord-ouest, & même Nord presque plein, jusqu'à un port qu'il nomme *Salaka*, & dont la distance à l'égard de Suakem étant marquée de 26 lieues, la carte en fournira la mesure sur un grand pied, ou de 17 lieues au degré. Au nord de Salaka, un reculement dans la côte forme une anse par la hauteur de 21 degrés, qui est celle où Ptolémée nous donne deux ports voisins l'un de l'autre, l'un distingué par le nom des *Dioscures*, l'autre appelé *Bathos*, ou profond. Plusieurs îles qu'on voit renfermées dans cette anse, ont été décrites par Castro. Mais, je n'omettrai point une circonstance qu'il a remarquée, que la côte qui depuis Matzua & Suakem paroît basse jusqu'en approchant de Salaka, s'élève en collines, derrière lesquelles on découvre de très-grandes montagnes. Citons le journal latin : *continens littori incumbens, in colles & tumulos assurgit, ponè quos vasti montes se attollunt ; cùm hactenùs omnis ora humilis fuerit*. Or, nous tirerons de cette disposition du local la connoissance d'un objet remarquable sur cette côte.

Dans la Géographie de l'Édrifi *(Climatis I, parte IV)*, il eſt parlé d'une montagne très-riche en mines d'or & d'argent, dans le pays de Boja, à quinze journées d'Affuan entre l'orient & le midi. En liſant Agatharchide, & pareillement Diodore fur ce qui concerne le Golfe Arabique, on trouve une deſcription fort ample de ces mines, & comme étant dans le voiſinage du Golfe. Ajoutons, qu'Abulféda dit que la rade ou le port, qui eſt peu diſtant de la montagne, porte le même nom. Je me perſuade en combinant les rapports, que ce nom, qui eſt *Alaki* dans Abulféda, *Ollaki* dans l'Édriſi, eſt caché ſous le nom de *Salaka*, comme il ſe lit dans Caſtro. Et je ne diſſimulerai pas, que cette remarque m'avoit échappée juſqu'au moment où j'écris ceci, & que dans mes cartes d'Afrique & d'Aſie, qui ſont fort antérieures, ayant placé le Gebel Ollaki plus au nord qu'il ne convient pour être voiſin de Salaka, je ſuis bien déterminé à le faire changer de place, par la main du graveur, ſur le cuivre. Un eſpace d'environ 120 lieues en droite ligne, que je trouve entre les poſitions données d'Affuan & de Salaka, dont il réſultera plus de 150 heures de caravane, ſuffira bien à fournir le chemin de quinze journées marqué par l'Édriſi. On voit dans Diodore *(lib. III, 12)*, que les Ptolémées tiroient de grandes richeſſes des mines dont il eſt parlé ci-deſſus; & cela me fait penſer à une ville de Bérénicé, portant le ſurnom de *Pan-chryſos*, comme étant toute d'or, dont Pline *(lib. VI, c. 29)* a cru devoir faire mention, quoiqu'elle fût omise, comme il le remarque dans les Mémoires de Juba. J'observe, que cette Bérénicé se distingue très-bien dans Pline des deux autres Bérénices connues, dont la première communique avec Coptos par une grande route, & l'autre occupe une place marquée sur le Détroit, d'où elle tire le surnom d'*Epi-dires*; & celle-ci est de plus appelée *tertia* dans Pline, ce qui demande nécessairement une Bérénicé intermédiaire de ces deux-là. J'ajoute, que l'endroit de Pline où il est question de *Berenice Panchrysos*, répond à cette partie du rivage Afriquain qui tient un milieu entre les deux Bérénices antérieurement connues. Je ne sache pas qu'on ait jusqu'à présent cherché à connoître celle qu'il falloit tirer de l'obscurité.

L'anse formée par le Golfe près de Salaka, est couverte au nord par un cap, dont le nom de *Ras-el Doar* est interprété dans la Table Portugaise, *Ponta dos rodeos*. La latitude est marquée 21 degrés 20 minutes. Mais, à environ une lieue vers le nord en déclinant vers l'est, *ad Boream* dit le journal latin, le rivage forme une pointe sablonneuse, sur laquelle on découvre treize pierres fort élevées, qu'un pilote du pays disoit être des tombeaux, *quæ nauclerus Mahumetanus monumenta esse testabatur*, & qui peuvent servir de reconnoissance. Cette pointe est celle de *Calmés*, la plus remarquable sur cette côte (*cornu celeberrimum & notissimum totius oræ*, selon les termes du journal), & à laquelle nous revenons en achevant le tour du Golfe. Elle ne paroît point dans le journal Anglois, si ce n'est que ce qui lui appartient est appliqué au Ras-el-Doar, ce qui est un défaut qu'on ne peut se dispenser de relever. Mais, ce qu'il ne faut point omettre, c'est de remarquer, que la saillie de ces terres de Ras-el-Doar & de Calmés se reconnoît avec évidence dans Ptolémée. Ce qu'il désigne sous le nom d'*Isius mons*, & de *Mnemium promontorium*, par 21 degrés & un tiers, & 21 & demi, en couvrant deux ports placés en retraite, *Bathos* & *Dioscurôn* dont nous avons fait mention, prend au local correspondant une conformité plus parfaite qu'on ne l'attendroit de Ptolémée, chez qui il est si fréquent de voir des lieux hors de la place qui leur convient. Ce que nous avons rapporté sur ce qui concerne la pointe de Calmés, qui est d'y découvrir des tombeaux fort élevés, est singulièrement convenable au nom qui lui est propre dans Ptolémée, savoir, Μνημεῖον, formé de Μνῆμα, qui en latin est *Sepulchrum, vel Bustum*. Distinguer ces objets sur un rivage barbare, c'est le considérer d'assez près.

Quoique la description que nous venons de faire du Golfe Arabique ou de la Mer Rouge dans toute sa longueur, en parcourant l'un & l'autre bord, l'Arabique & l'Afriquain, puisse paroître chargée d'un grand détail de circonstances locales, j'ai néanmoins épargné à ceux qui voudront bien en faire la lecture, quelques discussions plus minutieuses de gisemens & de distances, dont il étoit utile de connoître les résultats dans la composition

22

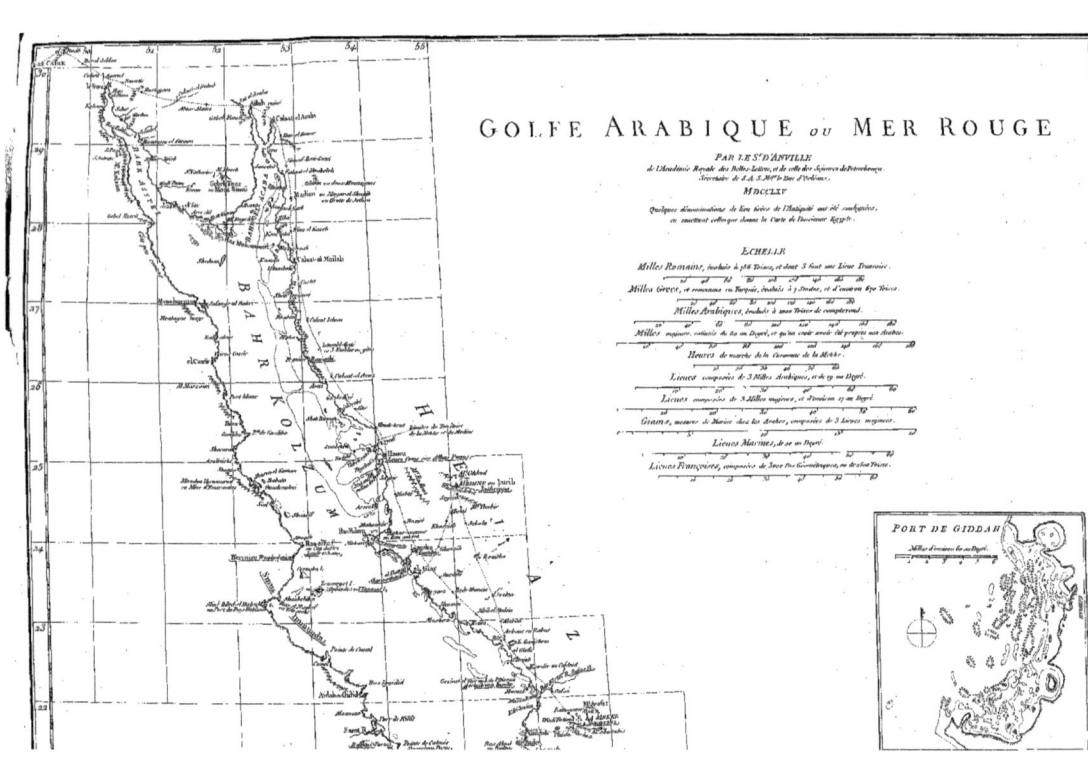

ABIQUE.

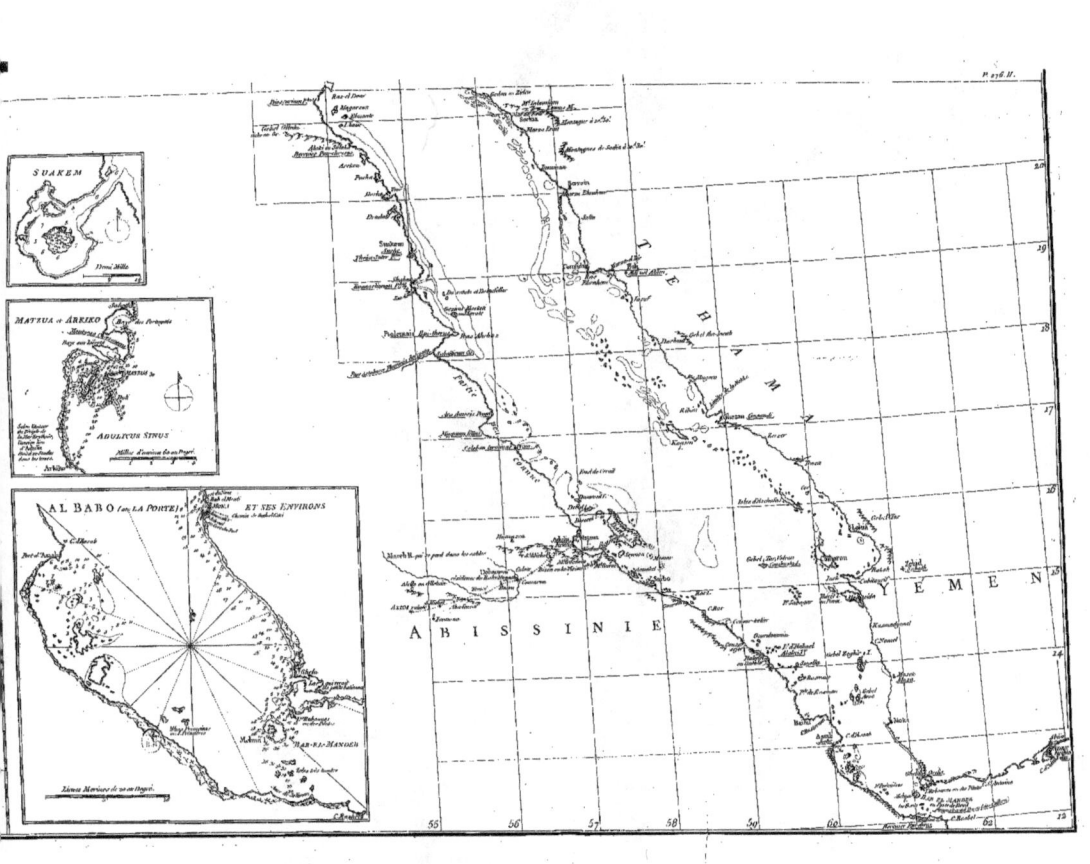

de la carte. J'ajouterai seulement une observation importante sur la largeur de cette mer. Selon Barros & Marmol - Carvajal, les pilotes Arabes pratiques du Golfe, & qu'on appelle *Roboanes*, estiment cette largeur dans sa plus grande étendue à 12 *Jiom* ou *Giam*, qui est une mesure d'espace dont les navigateurs Arabes font usage. J'ai analisé cette mesure dans un Mémoire donné à l'Académie sur le Golfe Persique ; & comme elle est composée de trois parasanges, si on y emploie la plus forte mesure qui soit donnée de la Parasange, & sur le pied de 17 au degré, les 12 Giam se compareront à 42 lieues marines, ou peu de chose de plus en rigueur, à raison de 20 lieues par degré. Or, cet espace est celui que donne notre carte dans une grande partie du Golfe, à remonter de Camaran vers Giddah. C'est ce que les Arabes appellent la Mer large, où la navigation est plus libre qu'ailleurs & vers les rivages. Mais, donner à la Mer Rouge quatre-vingts des mêmes lieues de largeur, comme dans des cartes précédentes, est un excès manifeste.

Fin de la description du Golfe Arabique.

TABLE
DES
AUTEURS ANCIENS ET MODERNES,
Et de quelques mémoires & morceaux Géographiques,
cités dans cet Ouvrage.

A

ABULFÉDA, *pages* 36, 43, 45, 61, 85, 89, 91, 103, 108, 110, 114, 135, 138, 196, 197, 198, 235, 238, 249, 250, 253, 274.
AGATHARCHIDE, 194, 230, 231, 237, 250, 251, 274.
ALEXANDRE POLYHISTOR, 130, 194.
ALVARO DE NAVIA, 247, 250, 251.
AMMIEN-MARCELLIN, 49, 56, 60, 90, 105, 178, 203.
ANTOINE MATHIEU, 268.
ARISTIDE LE SOPHISTE, 55, 56, 67, 91, 102, 207, 216.
ARISTOTE, 10, 50.
ARTÉMIDORE, 12, 237, 239, 257.
ATHANASE (S.ᵗ), 68, 70.
ATHÉNÉE, 193, 209.
ATLAS MARITIME, 226.

B

BANIER (l'Abbé), 89, 162.
BARROS, 246, 255, 277.
BELON, 147.
BERNAT (le P. du), 36.
BOCHART, 203, 243, 245, 252.
BOLLANDISTES (les), 194.
BONAMI (M.), 61.
BOSSUET (M.), 157.
BREITENBACH, 236.

C

CARTE ANGLOISE, Pr. XII. 247, 249, 254, 258, 260.
CARTE FRANÇOISE, Pr. XII. 245, 247, 249, 254, 260, 263, 267.
CARTE PORTUGAISE, 258, 259, 260, 263.
CARTE TURQUE, Pr. XI. 225, 228, 229, 230, 232, 233, 237, 239, 242, 243, 244, 246, 247, 249, 250, 270.

CASAUBON, 160.
CASTRO (D. Jean de), Pr. XII, 222, 223, 224, 228, 229, 230, 233, 234, 235, 236, 254, 255, 263, 266, 268, 270, 271, 273.
CATON l'ancien, dans *Pline*, 200; dans *Étienne de Byzance*, 201, 202.
CEDRENUS, 204.
CELLARIUS, Pr. X. 51, 65, 71, 83, 105; 113, 114, 168, 171, 191, 226, 262.
CHAZELLES (M. de), 4, 5, 6.
CHÉRÉMON dans *Josèphe*, 125.
CLÉOMÈDE, 4.
COMITE Vénitien, dans *Ramusio*, 221, 222, 250.
CONCILE D'ÉPHÈSE (second), 225.
COSMAS, 265.
CTESIAS, 82.
CYRILLE (S.^t), 34, 114.

D

DALÉCHAMP, 86.
DAPRÈS (M.), 258.
DÉNOMBREMENT, 29, 37, 39, 40, 73, 79, 126, 128, 177, 198, 210, 234.
DENYS PÉRIÉGÈTE, 31.
DEUTÉRONOME, 239.
DICTIONNAIRES COPTES, 58, 77, 209.
DIODORE de Sicile, 9, 11, 12, 14, 16, 28, 34, 47, 99, 102, 108, 109, 132, 142, 143, 144, 145, 146, 147, 149, 150, 151, 152, 155, 156, 157, 159, 161, 163, 189, 191, 192, 201, 202, 203, 230, 231, 233, 234, 237, 239, 243, 244, 251, 271, 274.
DION-CASSIUS, 109.
DOWNTON, 258.
DUVAL, 75.

E

EBN-AL-WARDI, 196.
ÉDRISI (l'), 42, 43, 44, 45, 67, 80, 85, 94, 95, 115, 119, 138, 185, 191, 196, 231, 234, 235, 243, 245, 249, 253, 274.
ÉLIEN, 84, 106, 180, 183.
ÉPIPHANE (S.^t), 67.
ÉRATOSTHÈNE, 3, 8, 18, 58; 101.
ÉTIENNE DE BYZANCE, 68, 72, 73, 77, 81, 82, 86, 87, 88, 95, 105, 112, 124, 126, 130, 131, 176, 182, 183, 186, 193, 198, 217, 245.
ÉTYMOLOGIQUE (le grand), 100.
EUSÈBE, 124, 206.
EUSTATHE, 32, 68, 200, 201, 202.
EXODE, 229.
ÉZÉCHIEL, 97, 106, 206.

GIAN-

G

GIHAN-NUMA, 253.
GOLIUS, 6, 59, 62, 94, 97, 110, 112, 132, 134, 140, 167, 192, 197, 199, 209, 227, 235.
GRANGER (M.), 76, 119, 152, 154, 177, 188, 185, 198, 209, 220, 225.
GUERRE CIVILE (hist. de la), 55, 57.
GYLLIUS, 89.

H

HARDOUIN (le P.), 32, 86, 105, 106, 114, 214, 234, 272.
HÉLIODORE, 216.
HERBELOT, 75.
HERBERT, 258.
HÉRODOTE, 8, 9, 11, 13, 16, 27, 29, 43, 45, 47, 48, 49, 63, 65, 71, 73, 78, 79, 81, 83, 85, 86, 91, 96, 99, 100, 104, 120, 121, 124, 149, 150, 151, 152, 155, 156, 159, 161, 167, 171, 187, 188, 196, 217.
HIPPARQUE, 3.
HISTORIA MISCELLA, 75.
HOLSTENIUS, 165.

J

JABLONSKI (M.), 81.
IACUTI, 112.
IBN-IOUNIS, 192, 199, 209.
JEAN CASSIEN, 93, 94.
JÉRÉMIE, 206.
JÉRÔME (S.ᵗ), 9, 70, 74, 91, 101, 102, 127, 206, 239, 247.
JÉRÔME de S.ᵗ Étienne, 196.
JOINVILLE (le Sire de), 46.
JONAS, Évêque de Siut, 192.
JOSÈPHE, 53, 54, 66, 111, 117, 122, 124, 125, 126, 239, 240.
JOURNAL DE CASTRO, 273, 275.
JOURNAL FRANÇOIS, 254, 258.
ISIDORE, 233.
ITINÉRAIRE DE LA MEKKE, 240, 241.
ITINÉRAIRE ROMAIN, 10, 11, 21, 22, 69, 70, 72, 80, 81, 82, 86, 95, 96, 98, 102, 103, 111, 113, 116, 117, 118, 122, 126, 128, 129, 164, 169, 172, 175, 176, 180, 182, 184, 189, 190, 191, 193, 194, 195, 197, 198, 207, 208, 209, 210, 211, 212, 215.
JUBA (dans *Pline*), 234.
JULE AFRIQUAIN (dans le *Syncèle*), 149.
JUVENAL, 203.

K

KALKASENDI, 227.
KIRKER (le P.), 94.

L

Léon d'Afrique, 24, 36, 37, 58, 59, 60, 63, 64, 65, 76, 184, 195, 197.
Le Quien (le P.), 95.
Longuerue (M. l'Abbé de), Pr. XI.
Lucain, 3.
Ludolfe, 256, 270.

M

Macrizi, 132, 227.
Maillet (M. de), 29, 30.
Manéthon, 125, 126, 149.
Marcien d'Héraclée, 238.
Marmol Carvajal, 249, 277.
Marsham, 124.
Martianus Capella, 102.
Méla (Pomponius), 43, 68, 83, 90, 150, 157, 259, 262, 269.
Meletius, 204.
Mémoires Portugais, 223, 230, 233, 234.
Monconys, 221.
Mont-Sinaï, 236.
Murtadi, 123, 175, 191, 208.

N

Nacir-Uddin & Olug-Beg, 245.
Nicéphore-Callixte, 74, 75.
Nilammon (Légende de S.ᵗ), 98.
Nilus Doxopatrius, 170.
Norden (M.), Pr. V, 18, 53, 144, 179, 180, 181, 189, 207, 215, 217.
Notice de l'Empire, 32, 33, 34, 72, 111, 115, 116, 118, 127, 169, 175, 177, 180, 188, 190, 193, 195, 197, 204, 208, 210, 213, 215, 218.
Notice Gréque, 88.
Notice d'Hiérocles, 32, 33, 34, 88, 89, 92, 98, 163, 165, 182, 204, 209, 225.

O

Olympiodore, dans *Photius*, 188.
Ortelius, 128, 182.
Ovington, 249, 251, 253.

P

Pallade, 74.
Pancirole, 195.
Paralipomènes, 272.
Paul Lucas, 50, 193, 162.
Pausanias, 203.
Périple de la Mer Érythrée, 232, 243, 253, 255, 259, 265, 266, 267.
Philon, 54.
Philostorge, 259.
Photius, 178.
Picques (M.), 29.
Pietro-della-Valle, 112, 143, 147.
Pilote Anglois, 258, 260.
Pimentel (Manoel), 223, 229, 230, 238, 255, 263, 270, 273.

TABLE DES AUTEURS, &c.

PINDARE, 91.
PLANS D'ALEXANDRIE DE Mrs POCOCKE ET NORDEN, 52, 53.
PLAN DU CAIRE DE M. POCOCKE, 136.
PLINE, 10, 21, 22, 34, 35, 41, 47, 49, 53, 54, 56, 57, 62, 64, 66, 67, 74, 78, 79, 81, 82, 86, 98, 99, 100, 103, 105, 106, 109, 110, 121, 139, 140, 142, 144, 145, 147, 148, 150, 153, 157, 159, 161, 165, 167, 178, 182, 185, 193, 194, 206, 210, 211, 215, 220, 225, 230, 231, 232, 233, 238, 239, 256, 258, 260, 261, 262, 263, 264, 267, 268, 272, 274, 275.
PLUTARQUE, 82, 109, 190.
POCOCKE (M. Richard), Pr. IV, 7, 52, 115, 136, 138, 154, 169, 181, 235, 240.
POLYBE, 103.
PROCOPE, 64, 242, 265.
PTOLÉMÉE, Pr. IX. 3, 5, 8, 19, 20, 26, 31, 32, 34, 35, 47, 48, 50, 51, 64, 65, 68, 69, 70, 72, 73, 75, 77, 78, 79, 80, 82, 83, 84, 85, 86, 87, 90, 92, 93, 95, 96, 98, 103, 105, 106, 107, 108, 110, 113, 121, 124, 133, 158, 163, 164, 165, 168, 170, 171, 172, 173, 176, 178, 181, 182, 183, 185, 188, 189, 190, 191, 193, 195, 196, 197, 199, 200, 205, 206, 207, 208, 209, 210, 211, 212, 213, 214, 216, 217, 218, 224, 225, 226, 228, 229, 230, 231, 233, 237, 238, 242, 243, 244, 245, 246, 248, 251, 252, 253, 257, 259, 261, 262, 264, 266, 267, 269, 271, 272, 273, 275, 276.
PTOLÉMÉE le Mendéſien, 124.

Q
QUINTE-CURCE, 54, 56.

R
RÉLAND (Adrien), 201.
ROULE (M. le Noir du), Pr. V, 176, 179, 187.
RUFIN, 58, 170.

S
SANUT (Marin), 94, 97, 128, 130.
SAUMAISE, 99, 269.
SCHOLIASTE DE LUCAIN, 98.
SCHULTENS (M.), 29, 110, 111, 114, 174, 197.
SHAW (M.), 115, 240.
SICARD (le P.), Pr. IV, VI, VII. 7, 18, 42, 46, 60, 65, 69, 70, 72, 73, 74, 75, 76, 78,

vj TABLE DES AUTEURS, &c.

79, 80, 81, 82, 86, 87, 91, 93, 100, 101, 103, 104, 105, 106, 107, 108, 110, 115, 119, 121, 128, 138, 149, 154, 159, 160, 162, 164, 166, 170, 172, 173, 175, 176, 178, 179, 184, 185, 186, 190, 192, 193, 194, 204, 208, 209, 210, 211, 213, 215, 217, 225, 227, 228, 230, 232, 237.
SIMLER, 182, 213.
SOCRATE, 74.
SOZOMÈNE, 58, 74, 98, 103.
STRABON, 11, 14, 16, 21, 23, 25, 26, 27, 28, 32, 34, 35, 41, 47, 49, 53, 54, 55, 56, 59, 60, 62, 64, 66, 67, 68, 69, 70, 71, 73, 74, 77, 78, 79, 81, 85, 92, 93, 95, 97, 98, 99, 101, 102, 105, 107, 108, 111, 112, 121, 125, 130, 139, 142, 143, 145, 148, 158, 159, 160, 162, 163, 164, 165, 166, 170, 173, 174, 175, 181, 183, 185, 186, 187, 188, 189, 193, 196, 197, 200, 201, 202, 203, 205, 208, 210, 211, 214, 215, 216, 217, 219, 224, 230, 231, 233, 237, 239, 243, 244, 255, 256, 257, 260, 261, 267, 269, 270, 271.
SUIDAS, 92, 182.
SURITA, 22.
SURIUS, 257.

T

TABLE THÉODOSIENNE, 11, 21, 22, 102, 107, 130, 166, 168, 171, 226, 237.
TABLES ORIENTALES, 246.
TACITE, 58, 203, 215.
THÉOPHANE, 204.
THÉOPHRASTE, 163.
THÉVENOT (Jean-Baptiste), 101, 112, 115, 126, 133, 134, 135, 149, 240, 241.
THÉVENOT (Melchisedec). P. XI. 271.
THUCYDIDE, 81, 88.

V

VANSLEB, 17, 18, 39, 43, 65, 70, 87, 133, 137, 141, 167, 168, 173, 176, 179, 182, 188, 189, 192.
VARRON, 200.
VATTIER, 143.
VERSION COPTE, 123.
VERSION GRÉQUE, 106, 114, 115.
VIRGILE, 48.
VOSSIUS, 264, 268.
WESSELING (M.), 62, 69, 95, 150, 165, 183, 194.

Z

ZAÏD EFFENDI, 110, 216.
ZONARE, 204.

Fin de la Table des Auteurs.

TABLE DES MATIÈRES.

A

ABOTIS, page 182.
ABU-GIRGÉ, 171.
ABUSIR, 63.
ABUTIG, 182.
ABYDUS, résidence de Memnon, 182.
ACANTHUS, 169.
AGATHARTOS, sive IMMUNDUS SINUS, 231.
ACCIPITRUM INSULA, 246.
ACHERON, 146.
ACORIS, 176.
ADANE, 259.
ADEN, sa distance du Détroit, & sa latitude, 258.
ADRIBÉ, 189.
ADULIS, sa latitude, 264. Troglodytarum & Æthiopum emporium, 265.
el ADUVIEH, ou le Passage, 142.
ÆGYPTUS, 33; divisée en deux, ibid.
ÆLANA vel AILATH, 238; sa distance de Gaza, ibid.
ÆLANITES SINUS, 238.
ÆLI, 251.
ÆNNUM, 230.
AGATHON INSULA, 233.
AGATHON, montagne. 192.
AGATHOS-DŒMON, bras du Nil, 50.
AGNI-CORNU, 77.

AHENAS, 155, 162.
AIDAB ou ADHAB, 234; trajet du Golfe au port de Giddah, 235.
AÏLAH, 238.
AIMON, 124.
AIN-SJEMS, 114, 138, 139.
AKMIM, 40.
AKSOR ou LUXOR, & AKSOREIN, 198.
ALABASTRITES MONS, 178.
ALABASTRON, 178.
ALALŒI INSULÆ, 267.
ALCOCER ou le COSEÏR, sa position & sa latitude, 223.
ALEXANDRIE, 52 & suiv. sa latitude 4; longueur & largeur d'Alexandrie, 54, 58. Rhacotis, 58. Bruchion, 59. Magnus portus, Porto novo, 53. Eunosti portus, 53. Hepta-stadium, 53; sa longueur, 55. Kibotos portus, Marza-el-Silsili, 59. Serapeum, 58. Necropolis, Nekita, 58, 59. Pharus, le Farillon, 61, 62. Lochias promont. 60. Antirrhodus, 60. Majumas, Menna, 62. État actuel d'Alexandrie, 63.
ALEXANDRINORUM nomus, 70.
ALGIAR, 245.
ALILŒI, 251.
ALYI, 176, 177.

a. iij

ALZAR, lac, 44.
ANCYRÔN-POLIS, 175.
ANDRO vel ANDROPOLIS, 70, 72.
ANDROPOLITES nomus, 70.
ANTÆOPOLIS, 181, 189.
ANTHEDON, 103.
ANTHYLLA, 71.
ANTINOE, 178.
ANTINOITES nomus, 31, 174.
ANTIOCHI SOLEN, 261.
ANYSIS, 104.
APHNAION, 96.
APHRODITES, 81.
APHRODITES-POLIS, Oppidum Veneris, 182.
APHRODITES-POLIS, vel ASPHYNIS, 208.
APHRODITES, sive VENERIS INSULA, 229
APHRODITOPOLIS, 174, 177.
APHRODITOPOLITES nomus, 40, 113, 174, 182.
APIS, 65.
APOLLINOPOLIS magna, vel superior, 209.
APOLLINOPOLIS parva, 197, 198.
APOLLONOS minor, 182.
APOLLOPOLITES nomus, 210.
APROSOPITES nomus, 81.
el ARABA, ou Plaine des Chariots, 179.
ARABES ÆGYPTII ICHTHYOPHAGI, 231.
ARABIA emporium, vel ADANE, 259.
ARABIÆ nomus, 107.
ARABICUS MONS, 15.

ARÊ, île, 252.
ARCADIA, voy. HEPTANOMIS.
AREKEA, Port, sa latitude, 273.
ARGEI insula, vel ARGAIS, 68.
ARIADAN ou ARIDAN, 249.
el ARISH, 203.
ARKIKO, 263, 265.
AROÉ, îles, 252.
ARSINOE, 162.
ARSINOE, vel CLEOPATRIS, 121, 224.
ARSINOITES nomus, 40, 166.
ARURE ÉGYPTIEN, son étendue comparée à l'Arpent françois, 27, 28.
ASFUN, 208.
ASHMUNEIN, 173, 174.
ASHMUN-TANAH, 45, 91.
ASIONGABER, 239. Bérénicé, 240.
ASKAR, ou Mont très-dur, 179.
ASKIT, ou Monastère de S.t Macaire, 74.
ASNA ou ESNEH, sa latitude, 209.
ASPHYNIS, 208.
ASRAIL, île, 91.
ASSAB (Baie d'), 260, 261.
ASSABINUS (Jupiter), 260.
ASSUAN, 214.
ASTABORAS, canal de ce fleuve, dérivé dans le Golfe Arabique, 169.
ATARBECHIS, vel APHRODITES POLIS, 81.
ATFIEH ou ETFIH, 40, 174.
ATHARRABIS, 105.
ATHRIBIS, 84, 108.
ATHRIBITES nomus, 105.
ATHRIBITICUS fluvius, 105.

TABLE DES MATIÈRES.

ATLAS MARITIME, très-fautif sur la latitude du Suez, 226.
ATRIB, 84, 104.
AVALITES SINUS, 262.
AVARIS vel ABARIS, 124, 125.
AUASIS, communément OASIS, 186.
AUGUSTAMNICA, 33; divisée en deux, *ibid.*
AUXUM, ville royale du pays Abiffin, ou Auxum, 264; fa diftance d'*Adulis*, 265.
AZAREI, 231.

B

BABEL, 82.
BAB-al-MANDEB, fignification de cette dénomination, 256.
al BABO, ou Entrée du Golfe figurée plus en grand que dans la carte du Golfe en fon entier, 255.
BABYLON. 111. *Bablion*, 112.
BADEA, port, 248.
BADEO regia, 248.
BAH-BEIT, 86.
BAHIRÉ, partie de l'Égypte inférieure, 37.
BAHR-AL-MONHA, 185.
BAHR ASSUEZ, 121, 122; fa largeur, 228.
BAHR-BELA-ME, ou fleuve fans eau, 75.
BAHR-el-ACABA, 238.
BAHR-IUSEF, ou KHALITZ-IL-MENHI, 167.
BAHRI, ou Égypte inférieure, 36.

BAHR KOLZUM, nom du Golfe Arabique chez les Arabes, 220.
BANCHIS, 169, 170.
BANUB, 186.
BARAM (montagne de la Pierre). 217.
el BARAMUS, 75.
BARBANDA, 195.
BARDILLOI, rivière, 246.
BARRAI-SCIAHIAT, 75.
BASANITES LAPIS mons, 218.
BASTA, 106.
BATHOS PORTUS, 273, 276.
BEHNESÉ, 170.
BELBEIS, 39, 109, 110.
BEISSOUS, 107.
BELED-KERUN, 169.
BENDER, terme défignant un port, 250.
BENI-ASSER, 241.
BENI-HASAN, 178.
BENI-SUEF, 179.
BERABA ou BERBÉ, ce que ce nom fignifie, 191.
BERBÉ, qui eft *Philæ*, 217.
BEREBOS, 88; pointe de Berelos, 6.
BERENICE, 231, fa latitude; pofition déplacée dans le P. Sicart, & confondue avec un autre lieu du nom de *Bérénicé*, 232. Plage, 233, 275.
BERENICE *Epi-dires*, 233, 261, 275.
BERENICE *Pan-chryfos*, 274, 275.
PERONBEL, 175.
BESA, 31, 178.
BETIUS fluvius, 246.

TABLE DES MATIÈRES.

BIBAN-EL-MOLUK, sépulture des rois de Thèbes, 205.
BIRKET-EL-HAGGIS, ou lac des Pélerins, autrement AL-GIOB, ou le Puits, 113.
BIRK-MARIOUT, ou lac Marœotis, 65.
BOKAH, port de Zebid, 252.
BOLBITINE, 77.
BOPOS, 194.
BOUCHE BOLBITINE, ou de Raſcid, 48, 76.
BOUCHE BUCOLIQUE, 49.
BOUCHE CANOPIQUE, 48, ou Héracléotique, & la Maadié, 49.
BOUCHE MENDÉSIENNE, 46.
BOUCHE PÉLUSIAQUE, ou de Tineh, 46.
BOUCHE PHATMÉTIQUE ou PHATNITIQUE, ou de Damriat, 47.
BOUCHE SÉBENNITIQUE, 47.
BOUCHE TANITIQUE, 46.
BOULAC, 137, ſa diſtante de la diviſion du Nil, 142.
BRAS tendant à DAMIAT, 42.
BRAS tendant à RASCID, 41.
BUBASTICUS FLUVIUS dans Ptolémée, 83.
BUBASTITES nomus, 107.
BUBASTUS, 106.
el BUEIB, 119, 212.
BUSIR, 146.
BUSIR-BANA, 85.
BUSIRIS, 85.
BUSIRIS, 147.
BUSIRIS, 205.
BUSIRITES nomus, 85.

BUTICUS LACUS, 43, 78.
BUTUS, 78, 120.
BUTUS, 120.
BYBLOS, 82.

C

CABASA, 79.
CABASITES nomus, 79.
el CAB (*Lucinæ civitas*), 211.
el CAB, île, 237.
LE CAIRE ou KAHIRA, 130, & ſuiv. ſa latitude 6, 7; fondation de cette ville, 132; ſon étendue en longueur, 133; évaluation de cette étendue, 134, comparée à un eſpace dans Paris, *ibid*. Meſure de ſon enceinte, 135; défaut du plan donné par M. Pococke, 136; concluſion de la comparaiſon d'étendue entre le Caire & Paris, 137.
CALAAT-AGERUD, ou Château des Sablonnières, 121, 221.
CALAAT-el-AKABA, ou Château de la deſcente, 239.
CALAAT-el-MOILAH, 242.
CALAOU-CENE, 172.
CALMÉS, pointe, 234, 235, 248; tombeaux remarquables ſur cette pointe, 275.
CAMARAN, 252.
CANAL ATHRIBITIQUE, 51, 84, 105.
CANAL BUBASTIQUE, 51, 84, 90, 106, 109.
CANAL BUSIRITIQUE, 51, 84, 105.
CANAL D'ADRIEN CÉSAR, 132.

CANAL

TABLE DES MATIÈRES.

CANAL D'ALEXANDRIE, 42.
CANAL D'ASMUM, *ou* de REXI, 46.
CANAL de NECOS, *ou* de DARIUS, 108, 124.
CANAL de RASCID, *ou* de ROSSET, 44.
CANAL de SHATNUF, 80.
CANAL SÉBENNYTIQUE, 42, 87.
CANAL tendant à la MAADIÉ, 42.
CANAL tendant à MÉHALLÉ, 43.
CANAL THERMUTIAQUE, 51, 82.
CANOPUS, *vel* CANOBOS, 67.
CAP-DEL-CAS, *ou* du CISEAU, 99.
CARNAK, 198.
CARTE du P. Sicard en défaut sur l'étendue d'un espace, 186.
CASHEFS, *ou* Intendans en Égypte, 39.
CASIOTIS, 99.
CASIUM, 98.
CASIUS MONS, 99, 100.
CASR-ISSHEMMA, 112.
CASR-KIASSERA, 67.
CASTRA JUDÆORUM, 116.
CASTRA LAPIDARIORUM, 218.
CATAKECAUMENE INSULA, 252.
CATARACTE, qui est la petite; sa description, 316; la grande est en Nubie.
CATIEH, 98.
CENE, 169, 172.
CERCASORUM *oppidum*, *vel* CERCESURA, 43, 73.
CHABRIÆ CHARAX (*sive Vallum*), 97.
CHAMSA, *ou* CROCODILE, actuellement TEMSAH, 167.

CHARMOTAS PORTUS, sa description, 244.
CHÂTEAU du CAIRE, 112, 135.
CHEMMIS INSULA, 79.
CHEMMIS, *vel* PANOPOLIS, 191.
CHEMMIS, *ou* CHEMMO, qui est PAN, 191.
CHENOBOSCION, 193, 194.
CHEREU, 69.
CHERSONESUS, 244.
CHERSONESUS PARVA, 64.
CHNUBIS, 211.
CLEOPATRIS, 224, 225.
CLEOPATRIS, différente de la précédente, 227.
CLYSMA, 123, 126, 217.
CNUPHIS, divinité, 211.
CÔ, 171.
COCHONE, *vel* COCHOME, 149.
COCYTUS, 146.
CÆNE-POLIS, *sive* NOVA CIVITAS, 196.
COMFIDA, sa latitude, 249; son emplacement, 250.
CONTRA APOLLONOS, 211.
CONTRA COPTON, 196.
CONTRA LATO, 210.
CONTRA OMBOS, 213.
CONTRA SYENEN, 215.
COPIES de mes Cartes dans l'Atlas maritime, 226.
COPTES, d'où vient ce nom propre aux Égyptiens naturels, 36.
COPTITES NOMUS, 197.
COPTOS, 196, principal entrepôt du commerce; sur sa position, 19.
CORONDEL, 237.

b

TABLE DES MATIÈRES.

Côs, 198.
el Cosair, 196, 230.
CROCODILÔN-POLIS, 182.
CROCODILÔN-POLIS, 208.
CROCODILOPOLIS, vel ARSINOE, 161, 167.
CUSÆ, vel CUSSA, 180.
CUSSIÉ, 180.
CYNOPOLIS, 171.
CYNOPOLITES NOMUS, 171.
CYNO, vel CYNOPOLIS, 86.
CYTIS INSULA, 233.

D

DAHLAK, la plus grande des îles de la Mer Rouge, 266.
DAKELIÉ, partie de l'Égypte inférieure, en Sharkié, 38, 91.
DAMIAT (ou DAMIETTE), sa latitude, 5; discussion sur son antiquité, 88, 89, 90,
DANEON PORTUS, 225.
DAPHNÆ PELUSIÆ, 45, 96, 111.
DAR-EL-SOLDAN, 129.
DASHUR, 163.
DEIR-EL-BACCAR, 180.
DEIR FARAN, 237.
DELTA, 31. DELTA PARVUM, 51.
DEMENHUR-EL-WOHHOSH, ou du Désert, 70.
DÉMOCRAT, 208.
DENDERA, 194.
DERAGE, quatre minutes de temps, 115, 240.

DÉTROIT du Golfe Arabique, sa latitude, 255; sa largeur, 256.
DIOCLETIANOPOLIS, 204.
DIODORI INSULA, 255, 265.
DIOLCOS, fausse bouche, 50.
DIONYSIAS, 168, 169.
DIOSCURÔN PORTUS, 273, 276.
DIOSPOLIS, 92, la même que PANEPHYSIS, 93.
DIOSPOLIS PARVA, 186.
DIOSPOLITES NOMUS, 186.
DIRA, vel DIRÆ, ou le Détroit, sa largeur, 256, 257, 262.
DISTANCE de Péluse à la pointe du Delta, & d'Alexandrie à cette pointe, 12, 13; de cette pointe à la Cataracte, 14.
DISTANCE & ROUTE du Caire au Suez, 220.
DISTANCE évaluée entre Ras-Bad & Calmés, 248.
DIVERGENCE, ou obliquité de positions, entre Giddah & Mokha, d'où résulte le gisement ou l'inclinaison du Golfe en cette partie, 234.
DIVISION du NIL en plusieurs bras, 41 & suiv. De l'Égypte inférieure d'avec la supérieure, 31.
DORHO, port, sa latitude, 273.
DRADATE, port, sa latitude, 273.
DRAH, coudée Égyptienne, sa longueur, 27.
DREPANUM PROMONT. 228.

E

EBN-IACUB (montagne d'), 250.
ECREGMA (Sirbonidis), 99.
EDFU, 109.
EGRA & ARGA, 245.
ÉGYPTE, idée générale qu'on doit avoir de ce pays, 1; son étendue en latitude, 2 & suiv. sur la Méditerranée, 2 & suiv.
ELBO INSULA, 100.
ELEARCHIA, 87, 88.
ELEPHANTINE, 214, 215.
ELETHYIA, vel LUCINÆ CIVITAS, 201, 211.
ELEUSINE, 208.
EKMIM, 191, sa latitude, 192, qui est déplacée dans le P. Sicard, ibid.
EKSAS, 73.
ENSENÉ, 178.
EPHRIM, 73.
ERMENT, 207, ou BELED-MOUSA, 208.
ERYTHRÆUM MARE (ou MER ROUGE), 219.
ERYTHRAS (le Roi), qui a donné le nom à la Mer Érythrée, 219.
ESTABL, ayant la même signification en Arabe que Stabulum, 177, 181.
ETKO, 69.
EVANGELIÔN LIMEN, 272.

F

FARAMEH, ou AL-FARMA, 97.
FARAT, rivière, 284.
FAU-BAASH, 194.
FAUSSES BOUCHES du NIL, 50.
FAUTES plus remarquables dans les cartes de M. Norden, 179, 180, 181, 189, 207.
FEÏUM, 16, 40, 167.
FENSHI, 171.
FESHN, 171.
FOSTAT, 131, le Vieux CAIRE, 132, 139; sa distance de la division du Nil, 141.
FOÛA, 77, 38.
FUSHA, port, 273; sa latitude.

G

GARBIÉ, partie de l'Égypte inférieure, 38.
GARBI-ESSUEN, 215.
GASANDI, 251.
GAZZUAN, montagne, 251.
GEBEL-EL-SILSILI, ou Mont de la Chaîne, 213.
GEBEL-EZZEIT, ou Montagne de l'Huile, 228.
GEBEL-IL-CALIL, ou Montagne du Bien-aimé, 179.
GEBEL MOCATTEM, ou Montagne Taillée, 15.
GEBEL OLLAKI, ou ALAKI, montagne, & port qui paroît le même que Salaka, 174.
GEBEL TAR, 252.
GEBEL TOUR, ou MONT SINAÏ, 236.
GEDAN ou ZIDEN, port, 250.
GERMIANÉ, ou S.te Damiane, 87.

GERRHA, vel GERRHUM, 98.
GEZIRAT ABU-GARIB, 194.
GEZIRAT-EL-SAG, 214.
GEZIRAT-EL TEIR, 246.
GEZIRAT IDDAHAB, ou Isle d'Or, 131.
GHELA, port, 257, 261.
GHEZAN, 251.
GIANADEL, montagne où est la grande Cataracte, 216.
AL-GIAUF, ou AL-HAUF, 181.
GIBLEIN, 209.
GIDDAH, plan de son port, & sa latitude, 245, 247.
GIDID, port, 234.
AL-GIOFA, 245.
AL-GIOFAR, 103.
GIRGÉ, ville qui n'est pas ancienne, mais aujourd'hui la principale de la haute Égypte, 184.
GIUN-AL-MALIK, ou Golfe du Roi, 231.
GIZEH, 40, 131, 138.
GOLFE semé d'îles comparées aux Échinades, 243.
GYNÆCOPOLIS, 71.
GYNÆCOPOLITES NOMUS, 71.

H

HABAEL (îles d'), 267.
HABASEH, 127, 128.
HABESH, nom propre de l'Abissinie, qui devroit s'écrire avec aspiration, 270.
HALI, 250.
HANK, ou LA HANK, 115.
HAOARA, race d'Arabes, 184.
EL HARAM, ou les Pyramides, 143.
HARGUÉ, 187.
HAWARA, 243; signification de ce nom.
HEJAZ, 252.
HELIOPOLIS, 112; fausse position dans Ptolémée, 113.
HELIOPOLITES NOMUS, 113.
HEPTANOMIS, autrement HEPTAPOLIS, 31, 163 & suiv. 188.
HEPTA-STADIUM d'Alexandrie, sa longueur, 55.
HERACLEOPOLIS, vel HERCULIS CIVITAS MAGNA, 165, 166.
HERACLEOPOLITES NOMUS, 40, 164.
HERACLEUM, 68.
HERCULIS PARVA CIVITAS, vel SETHRUM, 95.
HERMONTHIS, 207.
HERMONTHITES NOMUS, 207.
HERMOPOLIS, vel MERCURII CIVITAS MAGNA, 32, 173.
HERMOPOLIS, vel MERCURII CIVITAS PARVA, 69.
HERMOBOLITANA PHYLACE, 173.
HERMOPOLITES NOMUS, 40.
HÉRODOTE éclairci sur une position particulière, 120.
HEROOPOLIS, 121, 122, 123, 124, 129.
HEROOPOLITES SINUS, 121, 122.
HESSA, qui est Philé, 216.
HIBE, 188.

HIERACÔN, 190.
HIERACÔN POLIS, 210.
HIPPONÔN, 176, 177.
HISORIS, vel HISOPIS, 182.
HODEIDA, 253.
HOLUAN, 175.
HOREB (le mont), déplacé dans la carte de M. Pococke, 235.
HOUR, 170.
HOW, 186.
HYPSELIS, 181.
HYPSELITES NOMUS, 181.

I

IAHEL, ou MEDINET-IAHEL, 176.
IALAM-LAM (montagne), 249.
IAMBIA, 244.
IAMBO, 244.
IAM SUPH., nom du Golfe Arabique dans les Livres saints, 220.
IATRIPPA, ou JATREB, 244.
IBIU, ou IBEUM, 173.
IBRIT, 174.
IENYSUS, 104.
ILLAHON, ou LAON, 168.
IOTABE, île habitée par des Juifs, 242.
IOUBA (île), 242.
ISEUM, 164.
ISIDIS OPPIDUM, 86.
ISIS (port), 262.
ISIUS MONS, 276.
ITFU, 183.
ITINÉRAIRE ROMAIN, corrigé, 116; restitué, 119; corrigé, 189, 190, 197, 216.
ITINÉRAIRE DE LA MEKKE, 240; évaluation de la marche de la Caravane dans cet itinéraire entre Calaat-Agerud & Calaat-el-Akaba, 240; entre Calaat-el-Akaba & la Mekke, 241.
JULIOPOLIS, 66.

K

KABAS-EL-MELEH, 79.
KAHIRA. Voyez LE CAIRE.
KAMAN, île, 242.
KAN-IOUNÉS, 104.
KASR-ESSAÏAD, 193, 194.
KASR-KERUN, 157, 162.
KAU-IL-KUBBARA, 189.
KEFT, 196.
KELEH, 210.
KELIUB, 39.
KENÉ, 193, 195, 196.
KERNACA, 233.
KHALITZ-ABU-MENEGGI, 108.
KHALITZ-IL-MENHI, 173, 185.
KHALITZ-UL-FARS, 45.
KILFIT, port, 234.
KIMAM-EL-EMD, 87.
AL KOLZUM, 227.
KORNA, 205.
KOUM OMBO, 212.
KOUS, 197; ci-devant l'échelle du commerce, & alors ville considérable; sa latitude, 99; son district, 40.

TABLE DES MATIÈRES.

L

LABYRINTHES, 159 & suiv. Labyrinthe du nome Arsinoïte, ou du roi Mendés, 160. Labyrinthe des XII Princes, 161, 165. Le Kasr-Kerun ne paroît point un Labyrinthe, 162.
LAC BATHEN, qui est le Mœris, 154.
LAC DE TENNIS, ou DE MANZALÉ, 46, 94.
LACUS AMARI, 108.
LÆMUS MONS, 250.
LARGEUR du Golfe entre Assab & Mokha, 260.
LATITUDES empruntées de Ptolémée par Ibn-Iounis, 199.
LATITUDES prises par le P. Sicard, réformées, 209, 225.
LATOPOLIS, 208, 209. *Latus*, poisson.
LEONTOPOLIS, 105.
LEONTOPOLITES NOMUS, 106.
LEONTOPOLIS (altera), 117.
LEPIDOTUM, 133. *Lepidotus*, poisson à écaille.
LEPTE EXTREMA, 224.
LETHE, 146.
LETUS, vel LATONÆ CIVITAS, & LETOPOLITES NOMUS, 72, 163.
LETUS, vel LATOPOLIS, 112.
LEUCE COME, sive ALBUS PAGUS, 243.
LIBYCUS MONS, 15.
LIEUES d'environ 17 au degré, 273.
LOHIA, ou LUKIA, 251.
LYCOPOLIS, 180, *vel* LYCÔN, 171, 181.
LYCOPOLITES NOMUS.
LYCUS FLUVIUS, 75.

M

MAADEM UZZUMURUD, ou Mine d'Émeraude, 230.
MAADIÉ, 49.
MAADIÉ du Suez, 225.
MACO-RABA, 246.
MADAMUT, 198, 204.
MADFUNÉ, ou ARABA-ARRAKIN, 185.
MADIAN, ou *MODIANA*, 242.
MAGAR SHUAIB, ou Grotte de Jethro, 242.
MAGDOLUM, 96.
MANDRA, sa signification, 175.
MANSORA, 39, 45.
MANSURIÉ (île), 215.
MANZALÉ, 94.
MAREA & PALEMARIA, 65.
MAREOTIS LACUS, 54, 64.
MARIOUT, 65.
MARKETI, ou MARATE, île, 270.
MARZA, terme désignant un port, 249.
MARZA BAHOR, 245.
MARZA EBRAHEM', 249.
MARZA ERAN, 250.
MARZA KOUF, 250.
MATZUA, sa latitude, 263.
MAXIMIANOPOLIS, 204.

TABLE DES MATIÈRES.

MEDEIA, 237.
MEDINE, ou IATREB, 244, sa latitude.
MEDINET HABU, 176.
MEDINET IAHEL, 176.
MEGAIZEL, pointe, 77.
MEHALLÉ KEBIR, ou la grande Mehallé, 43.
MEHUM, île du Détroit, 255.
MEIDON, 165.
MEKIAS, ou Nilo-mètre, 131.
MEKKÉ ou LA MEKKE, 246, sa latitude.
MELANES MONTES, 237.
MELAÛI, 174.
MEMNONIUM, 205.
MEMPHIS, 138 & suiv. Que Gizeh n'est point Memphis, 138, 148, 149; distance de Memphis de la division du Nil à la pointe du Delta, 139. Évaluation de cette distance, 140. Emplacement de cette ville, 142; étendue de son enceinte, *ibid*.
MEMPHITES NOMUS, 40, 163.
MENDES, 91.
MENDESIUS NOMUS, 90.
MENELAUS & MENELAÏTIS, 68.
MENF, 138, 139.
MENSHIET-IL-NEDÉ, 184.
MÉNUF, 38.
MÉNUF, 73.
MÉNUFIÉ, partie de Garbié.
MER LARGE, ou largeur du Golfe Arabique, en remontant de Camaran à Giddah, 277.

MESR, ou MISSIR, nom propre de l'Égypte, 35.
MESR, ou MEMPHIS, 131, 138.
MESSIL, ou METELIS, 77.
MESURE DE LA TERRE par Ératosthène, 3.
MESURE en surface des terres de l'Égypte, propres à la culture, 23 & suiv. Comparaison avec l'étendue de la France, 30.
MESURE particulière de la crûe du Nil à Hermonthis, Syéné & Éléphantine, 207.
METACOMPSUS, 217.
METELIS, 77.
METELITES NOMUS, 77.
MIGDOL, vel MAGDOLUM, 96.
MHIT-DEMSIS, 44.
MILESIORUM MURUS, 77.
MINES très-riches. *Voyez* GEBEL OLLAKI & BERENICE PANCHRISOS.
MINET BELAD-EL-HABESH, ou port du pays de Habesh, 232.
MINET IDDAHAB, ou port de l'Or, 240.
MINIET-EBN-KHASIB, 179.
MINIET RAHINÉ, 164.
MNEMIUM PROMONT. 270.
MODIANA, 242.
MŒRIS LACUS, 149 & suiv. Ne sauroit être le Lac de Feïum, 151, 152. Le Mœris n'étoit qu'un Canal, 153; connu du P. Sicard sous le nom de Lac Bathen, 154; son étendue du nord au sud, & sa longueur, 155; ce qui a été

TABLE DES MATIÈRES.

donné comme périmétrie, n'est qu'une mesure de surface, & ce qui est dit de sa profondeur ne peut s'admettre, 156. Que le Lac du Feïum paroitroit être le Mœris dans Strabon & dans Ptolémée, 158; & cependant qu'on retrouve chez eux ce qui le représente, 165.
MOKHA, son nom écrit MOHA, 253; sa latitude, *ibid.*
MOMEMPHIS, 73.
MOMF-LOT, 181, 188.
MONTUOSA CHERSONESUS, 267.
MOSEH, *ou* MOSA, 253.
MUSON, 176, 177.
MUTHIS, 190.
MUZA *emporium*, 253.
MYOS-HORMOS, *sive* MURIS STATIO, 229; *alias* APHRODITES PORTUS, 230; lieu déplacé dans le P. Sicard, 232.

N

NAHR BOLQIN, *ou* BELKIN, 44.
NAHR SABUR, 42.
NAHR SHIANSHIA, 44.
NATHO, 81.
NATRON, & lacs dont on tire le Nitre, 74.
NAUCRATIS, 79.
NAUCRATITES NOMUS, 79.
NEAPOLIS, 196.
NEDEBÉ & SEDÉ, lacs qui donnent le Nitre, 74.
NEKKADÉ, 204.
NESTRAOA, 38, 95.

NEUT NOMUS, 93.
NICIÆ PAGUS, 64.
NICII, *ou* NIKIU, 72, 80.
NICOPOLIS, 66.
NIKIOS, *ou* NICAUS, 80, 81.
NILO-MÈTRE à Hermonthis, 207.
NILOPOLIS, 165.
NITHINE, 70.
NITRIA *mons & oppidum*, 74.
NITRIOTIS NOMUS, 74.
NOMBRE des villes attribué à l'Égypte, 28; nombre actuel des peuplades, 29.
NOMI, les Nomes ou Préfectures, 34.

O

OASES (les), 26, 35.
OASIS, 174, 186; MAGNA, 188; ce que ce nom désigne en général; sa distance à l'égard de plusieurs positions voisines du Nil, 187.
OASIS PARVA, 188, 189.
OCELIS, *vel* OCILA *emporium*, 257, 261.
OMBOS, 183, 211.
ON, *vel* HELIOPOLIS, 114.
ONIAS (Temple élevé par), 117.
ONII, 113.
ONION, 117.
ONUPHIS, 86.
ONUPHITES NOMUS, 86.
ORINE INSULA, 266.
ORINE, montagnes du pays Abissin, 267.
OSFAN, 243.

OSIOT,

TABLE DES MATIÈRES.

Osiot. Voyez Siut.
Ostracine, 102.
Oxyrynchites nomus, 40, 170, 171.
Oxyrynchus, 169.

P

Pachnamunis, 87, 88.
Palindromus, 257.
Pampanis, 195.
Panephysis, 92, 93.
Panis insula, 266.
Panopolis, vel Chemmis, 189, 191 (Panopolites nomus).
Papa, 195, 207.
Papremis & Papremitis, 73.
Paralus, 88.
Pas commun des hommes évalué, 133.
Passalus, 190, 191.
Patumos, 123.
Peluse, ou Tineh, 96.
Pelusiacus canalis dans le P. Sicard, 108.
Pelusium, ce nom dérivé du Grec ΠΗΛΟΣ, 97, 125.
Peme, 164.
Penta-schœnon, 10, 98.
Persei specula, 77.
Pesla, vel Pescla, 190.
Phacusa, 107.
Phagrorium, vel Phagroriopolis, 130.
Phagroriopolites nomus, 130.
Phara, 237.

Pharan promont. vel Rosidium, 237.
Pharus insula, 61. Pharus colonia, 62.
Phatures, 206.
Phaturites nomus, 206.
Pherme, 75.
Philœ, 214, 215.
Philoteras portus, 236.
Phocarum insula, 237.
Phœnicon, 197.
Phœnicon, sive Palmetum, 236.
Phœnicum oppidum, 242.
Phragonis, 88.
Phthembuthi, vel Phthemphu nomus, 82.
Phthenote nomus, 77, vel Ptenethu, 78.
Phthontis, 213.
Pi-beset, 106.
Pied Grec, 28.
Pineptimi, fausse bouche, 50.
Pithom, vel Pethom. Patumos, 123.
Pline repris sur la position d'Éléphantine, 215.
Plinthine, 63.
Plinthinetes sinus, 9, 63.
Posidium, sive Neptunium, 237.
Prosopis, 81.
Prosopites nomus, 80.
Prosopitis insula, 81.
PROVINCES de l'Égypte, 31 & suiv.
Ptolemais, 166, 168.

PTOLEMAIS EPITHERAS, que la chasse des Éléphans faisoit ainsi surnommer, 267; n'est point Matzua, 264, 268; estime de sa distance à l'égard d'*Adulis*, & pointe de terre qui convient à sa position, 268.
PTOLEMAIS Hermii, 19, 183.
PTOLEMŒUS CANALIS, 108.
PTOLÉMÉE étrangement en faute sur la première division du Nil, 83; repris sur Éléphantine, 215.
PYLŒ & PSEUDO-PYLŒ, 262.
PYRAMIDES, 143 & *suiv.* leur distance & position à l'égard du Caire, 143, 144; leur distance à l'égard de Memphis & du Nil, 144, 145; application des distances données, 145, 146, 147. Pyramides de Sakara, 149.

R

RABBATH, *id est grandis*, 247.
RAITHUM, 237.
RAMLIÉ, montagne de Sable, 189.
RAPHIA, 103.
RASCID, *ou* ROSSET, 76.
RAS ABU-DRAB, 228.
RAS AHEHAZ, 268.
RAS-AL-ENF, *ou* Cap du nez, sa position & sa latitude, 223, 224.
RAS BAD, *ou* ABUD, 228.
RAS BEL, 260, 262.
RAS CAZARON, *ou* CAP DEL CAS, 99.
RAS EBRAHEM, 250.

RAS EDOM, 244.
RAS-EL-DOAR, sa latitude, 275.
RAS MOHAMMED, 237.
RAS ZAAFRANÉ, 228.
REFAH, 103.
RHAUNATHI, 243.
RHINOCORURA, 102.
RIF, dénomination donnée à l'Égypte inférieure, 36.
ROBOANES, pilotes de la Mer Rouge, 277.
ROUDA, île, 131.
ROUINE, 243.
ROUTE de Bérénicé à Coptos, 213; du Mont Sinaï à Gaza, 236; du Pélerinage de la Mekke, 242.

S

SA, 79.
SABŒ, 260, 261.
SABAITICUM, *vel* SEBASTICUM STOMA, 269.
SABBATICUS FLUVIUS, 101.
SAFNAS, 44, 96.
SAHEL, *ou* SAÜL, 185, 186.
SAYDE, *ou* Égypte supérieure, 36.
SAIS, 79.
SAITES NOMUS, 79.
SAKARA, 146, 149.
SALAKA, port, sa distance de Suakem, 173.
SALEHIEH, 126, 128.
SAMALUT, 172.
SAMARITAINS dans une île du Golfe d'Ailah, 243.
SAMOCRAT, 80.

TABLE DES MATIÈRES.

SAN, *ou* ZOAN, qui est TANIS, 45, 94.
SAPIRENE INSULA, 238.
SARBO, île, sa latitude, 263.
SCENÆ, signification de ce nom, 114.
SCENÆ MANDRORUM, 175.
SCENÆ VETERANORUM, 114.
SCETIS, 74.
SCHEDIA, 68, 69.
SCHÈNE ÉGYPTIEN, sa mesure, 9.
SCHOINOS. *Voyez* Schène Égyptien.
SCITHIACA REGIO & SCIATHIS, 75.
SEBAKET BARDOIL, *ou* Lac de Baudoin, 100.
SEBENNYTUS, 85.
SEBENNYTES N. SUPERIOR, 85, 87.
SEBENNYTES INFERIOR, 87.
SEBRIDÆ, *vel* SEMBRITÆ, 270.
SEDAFÉ, 182.
SELÆ, *vel* SILE, 126, 127.
SELAMUN, 71.
SELINON, 191.
SEMENNUD, 85.
SEMERAH, port, 250.
SERAPEUM, 128, 129.
EL-SERRAÏN, 249.
SETHROITES NOMUS, 95, 96.
SETHRUM, *vel* HERCULIS PARVA CIVITAS, SETHRON, 95.
SHAAB-EL-IADAÏN, 233.
SHABAKÉ, port, 270, 272.
SHABUR, 42, 71.
SHARKIÉ, partie de l'Égypte inférieure, 38.
AL-SHARM, signification de ce nom, 244.
SHARM-EL-KUMAN, *ou* Fente des montagnes, 230.
SHATNUF, *ou* SHIANTUF, 43.
SHEDUAN, île, 238.
SHEIB, lac, autrement BAHR-IBN-MENGI, 108.
SHEK-ABADÉ, 178.
SHIOBRET-EL-IÉMENI, 43.
SILIN, 191.
SILSILIS, 213.
SIN (*vel* PELUSIUM), 97.
SINAÏ & HOREB, figurés sur chacun des côtés opposés, 236.
SIRBONIS, *vel* SERBONIS PALUS, 99.
SIUT, *ou* OSSIOUT, 180; sa position déplacée, 181; son district, 40.
SMARAGDUS MONS, 230.
SOCKIA, 249.
SOLIMAN (anse de), 262.
SPEOS ARTEMIDOS, 176, 177.
STADE propre au Schène Égyptien, 10, 57; convenable à l'*Hepta-stadium* d'Alexandrie, & à la mesure de la Terre par Ératosthène, 56, 140.
STRAKI (pointe de), 103.
SUAKEM, description du port & de la ville, sa latitude, 271.
SUCCOTH, 115.
SUCHE, qui doit être Suakem, 272.
SUCHIIM du texte Hébreu, sont les Troglodytes du texte Grec, 272.
SUEZ, sa latitude, 221; son port, 225; disgrâces de sa situation, 226; n'est pas le même lieu que Kolzum, 227.

TABLE DES MATIÈRES.

SUFFANGE-UL-BAHRI, ou Éponge de mer, 223, 228, 229.
SUPH, mot qui désigne des plantes marines, & même fluviales, 229.
SUSQUAM, fausse position, 72.
SYENE, sa latitude, 3; sa position, 214.

T

TABENNA INSULA, 194.
TACASARTA, TACASIRIS, 111, 118.
TACOMPSUS, 217.
TACONA, 169.
TÆNIA, 64, 67.
TAHA-EL-MODAÏN, 155, 166, 173.
TALI FLUVIUS, 77.
TAMIATHIS, 88, 89.
TAMIEH, 89, 151.
TAMONTI, 171.
TANAH, 94, 95.
TANIS, 94.
TANIS (altera), 173.
TAPHNES, 96.
TAPOSIRIS, 64.
TAPOSIRIS MICRA, 67.
TARUT-ESSHERIF, 167, 173, 185.
TATHYRIS, 206.
TAVA, TAÙA, 82.
TAÙD, 210.
TAUNA, 174.
TAURUS (le nom du), dans GEBEL TOUR, 236.
TEHAMA, 252.

TEHENÉ, 176, 178.
TEILAMON (Mont), 196.
TEKEBI, 87.
TEL, signification de ce mot, 116.
TEL-EL-IHUDIEH, 116.
TEL-ESSABÉ, 106.
TEMPLES dans Philé, 216. TENAH. 46.
TENNIS, vel TENNESUS, 94.
TENTYRA, vel TENTYRIS, 194, 195.
TERANÉ, 72.
TERENUTHIS, 72.
THAMUDENI, Arabes, 243.
THAMUD, ou TZAMMUD, 243.
THAUBASTUM, 126, 127, 128, 129.
THEBÆ, vel DIOSPOLIS MAGNA, 198 & suiv. Sa position oblique à l'égard de celle de Coptos, 20; sa latitude au point d'Aksor, 199; plusieurs villes du même nom de Thèbes, & son interprétation, 200; problème à résoudre, sur l'étendue de cette ville, 201; solution de ce problème, 202; calamités qu'elle a essuyées, 203.
THEBAIS, divisée en deux, 34.
THEBAICA PHYLAE, 173.
THEON-SOTER LIMEN, 270.
THERMUTHIS, 84.
THERMUTHIACUS, vel PHARMUTIACUS CANALIS, 83.
THIMONEPSI, 176, 177.
THINITES NOMUS, 183.
THIS, 183.
THMUIS, 90.

THMUITES NOMUS, 91.
THMUIS & CONTRA THMUIM, 213.
THOMU, 193.
THONIS, 67.
TINEH, 96, 125.
TINODES MONS, 189.
TOHUM, vel THOUM, 118.
TOPAZOS INSULA, quæ & OPHIODES, 233, 234.
TORA, ou DER-GERGIS, 175.
EL TOR, sa position & sa latitude, 222; son nom, 236; ses palmiers, 237.
TORRENS ÆGYPTI, 101, 102.
TOUM, 212.
TRAJANUS AMNIS, 108, 133.
TRINYTHEOS, 188.
TROGLODYTICE, 133.
TROJA, 175.
TROICUS MONS, 175.
TUPHIUM, 210.

W

WADI HOFAÏB, 75.
EL WAH, ou EL OUAH, 187. description de ce canton.

VALLÉE DU NIL, sa largeur, 95 & suiv. Sa direction, 118 & suiv.
VALLÉE entre Memphis & Kolzum, 142, 227.
VENUS AUREA, 132.
VICUS JUDÆORUM, 116.
VIEUX CAIRE, 112.
VILLES (18 ou 20000), attribuées à l'Égypte, 28.
VOSTANI, ou Égypte du Milieu, 36; 39.

X

XOIS, 85.
XOITES NOMUS, 86.

Z

ZACA, 103.
ZAMAKER, 196.
ZAOUIÉ, 164.
ZEBID, 252.
ZEMORGETE, 233.
ZIDEN ou GEDAN, port, 247.
ZOAN, 94.

Fin de la Table des Matieres.

www.ingramcontent.com/pod-product-compliance
Lightning Source LLC
Chambersburg PA
CBHW060647170426
43199CB00012B/1704